PPPの人材育成

2023～2024

東洋大学PPP研究センター 編著

時事通信社

はじめに

本書は、2006年度に、東洋大学にPPP（Public/Private Partnership）専門の社会人大学院公民連携専攻を開設して以来、全国の関係者に、PPPに関連するテーマについての論考やその年に発生した事例を提供することを目的として毎年発行してきており、今回で18回目を迎えることができた。

連続して発行することは決して容易なことではない。これもひとえに、PPPの推進のためにご後援いただいている機関、ならびに、本書を楽しみにしてくださっているすべての読者、また、企画段階から尽力いただいている時事通信出版局の永田一周氏の支援のおかげであることは言うまでもない。この場を借りてあらためてお礼申し上げたい。

今回は、第Ⅰ部の特集テーマを「PPPの人材育成」とした。PPPに限らず人材育成は大学にとって社会からもっとも期待されている使命であり、その期待に応えられているのか常に検証し、評価を反映していくことが求められている。第Ⅰ部では、本学のPPP人材育成のねらいについて、根本祐二「PPPの人材育成－東洋大学の考え方－」を掲載した。基本的な考え方に加えて、院生自身が地域の現場の課題に取り組み解決策を実践する地域再生支援プログラムを実施していることを紹介した。

次いで、地方創生の分野で先進的な人材育成の取り組みを進めている高知工科大学の那須清吾社会マネジメントシステム研究センター長に「高知の地方創生における大学の取り組み」を、長崎大学の松田浩名誉教授に「国土交通省認定『道守』で養成する産官民の人材－大学が先導するインフラ維持管理の仕組み－」を寄稿いただいた。いずれも、大学の社会的使命を見事に実現している好例であり、読者の参考にしていただけるものと思う。

東洋大学では、このテーマに関して、2023年10月30日に第18回国際PPPフォーラムを開催した。今回は、前述の地域再生支援プログラムの事例を、現在各地域の担当となっている院生（当時）から紹介した。白書ではそのエッセンスを転載する。鎌田千市氏（岩手県紫波町）、徳江卓氏（神奈川県三浦市）、西田喜久氏（三重県桑名市）、星野篤史氏（広島県廿日市市）、奥田育裕氏（奈良県広陵町）の５名である。

また、加藤聡氏（株式会社長大）からは同社が中心となって手掛けたフィリピン・ブトゥアン市の事例を取り上げる。これらを踏まえて、ペドロ・ネヴェス氏からいただいた「世界のPPP人材育成と大学への期待」と題するコメントも掲載した。

第Ⅰ部の最後には、内閣府PPP/PFI推進委員会専門委員でもある本田信次富山市政策監の「自治体から見た大学への期待」を掲載した。

第Ⅱ部は、「PPPの動き」である。第１章以降は、公共サービス型、公共資産活用型、規制・誘導型のPPPの３分類に沿って整理した後、PPPを取り巻く環境とPPPの各分野での動きを整理している。紹介している事例は、例年通り、時事通信社iJAMPからの情報を基に取り上げた。対象期間は、2022年10月～2023年10月を対象としている。事例数は、744に上り類書の中では圧倒的に多数の事例を紹介している。

是非多くの方々に本書をご一読いただき、参考としていただければ幸いである。

2023年12月

「公民連携白書」執筆者の代表として
根本祐二

目次 公民連携白書 2023～2024

装幀・大島恵里子
出口　城

第 I 部

PPPの人材育成

第1章 PPPの人材育成
―東洋大学の考え方―

東洋大学教授　根本祐二

東洋大学は、2006年度に世界で初めてのPPP専門の大学院「経済学研究科公民連携専攻」を開設した。PPPの人材育成にあたって必要と考えた点は2点ある。官と民の融合と、社会科学と自然科学の融合である。

1. 官と民の融合

1点目は官と民の融合である。PPPは官と民の連携であり、官民が相互に理解することの重要性は抽象的には常識である。しかしながら、現実はそう簡単ではない。なぜならば官民の行動原理が全く異なるからである。

図表Ⅰ-1-1は、官民の行動原理の違いをまとめたものである。

自由主義経済においては、民間が市場で自由に競争し、品質・価格の面で競争力の高い生産者が供給することで、経済全体の資源配分が最適化される。キーワードは「競争」である。競争的な市場で、消費者のニーズがすべて満たされるならば政府は必要なく、したがってPPPも必要とはならない。

しかし、消費者にとって必要なサービスでも市場で供給されないものがある。一般道路・橋や、警察・消防などの公共財の供給などは、市場に委ねても供給されない。民間が保有する私的財であっても、外部性（地域活性化効果を持つ民間建築物など）や自然独占（ネットワークインフラなど）の場合は、資源配分が最適化されない。そこで、民（市民を含む）は政府を創設し、市場の失敗を是正するために必要なルールを法令として制定し、違反する者を処罰できる権限を持たせた。さらに、法令の執行に必要な財源を確保するために徴税権、および、最終的に徴税によって裏付けられる公債発行権を与えた。これが「公権力」で

図表Ⅰ-1-1　官と民の融合

官民	行動原理	キーワード
民	●市場において必要とされるサービスを提供することが役割 ●品質・価格の面で競争力を高くすることを目指す	競争
官	●必要であるが、市場においては自動的には供給されないサービス（公共サービス）を提供する、外部性、自然独占などを含めた市場の失敗を是正することが役割 ●市場の失敗を是正するために必要なルールを法令として制定し、違反する者を処罰できる権限を持つ。 ●法令の執行に必要な財源を確保するための徴税権および最終的に徴税によって裏付けられる公債発行権を持つ。これが公権力 ●政府は倒産しないので効率化しようとするインセンティブが働かない。経済は不活性となり、財政が肥大化して持続性がなくなる	公権力
PPP	●公権力を有する官自ら供給するか、民が生産する公共サービスを購入する、あるいは、民に公共サービスを供給してもらうかの選択を行う ●選択の過程に自由競争を導入する	競争＋公権力

（出典）筆者作成

あり、官のキーワードになる。政府がすべてのサービスを民間よりも効率的に供給できれば、逆に市場は要らないことになる。その場合は、PPPも不要となる。しかし、公権力を独占している政府は倒産しないので効率化しようとするインセンティブが働かない。経済は不活性となり、財政が肥大化して持続性がなくなる。こうしたことはPPP先進国の英国ほか各国の歴史が示すところである。

これに対して、PPPはどのような位置づけにあるのか。端的に表現すると、「公共サービスの供給に競争原理を導入すること」である。あるサービスの供給にあたって、公権力を持つ政府が供給するのが良いか、民間が政府に代わって供給するのが良いか競争するのである。自由競争であれば、潜在的に供給可能な民間は多数存在するので、官、民1、民2、民3……による競争環境が出現する。民が選択された場合は、官は民に当該サービスを生産してもらい、それを購入するという「サービス購入」概念が発明された。それまでの考え方では政府以外に供給者がいなかった公共サービスに対して、競争状態を作り上げたのである。競争状態にあれば、その競争に勝とうとする主体が（官も含めて）、質を高め価格を下げようと努力する。PPPのキーワードは、「競争＋公権力」である。

競争と公権力の共存は、それまでの官か民か（あるいは、大きな政府か小さな政府か）の単純な二分論に終止符を打った革命的な概念である。

しかし、競争を旨とする民間人と、公権力を旨とする公務員はなかなか双方の原理を互いに理解することができない。それをつなぐPPPの専門家は、競争と公権力の両方の概念と、それを同時に実現する知識に精通している必要があるのである。

2. 社会科学と自然科学の融合

2点目が、社会科学と自然科学の融合である。専攻を開設して驚いたのは、理工系出身者の院生が多かったことである。設計・建設・設備関連の民間企業の技術者のほか、自治体職員でも建築士、道路技師、水道技師などが多数入学している。彼らが異口同音に語ったのは、「もはや頑丈で格好いいものを作るだけでは喜ばれない」ということである。投資の効率性を高め、この分野に必要な資金を供給するにはどうすれば良いのか、経済や金融や経営の知識がない限り仕事にならないと語っていた。

逆に、経済や経営系の人材からは、建設、不動産、都市計画、環境、防災、まちづくりなどの知識が求められていると聞いた。利益重視の企業に勤務していても、良好な地域やインフラを作りたいという志はある。今や企業自体にもそうした観点が求められている。社会への貢献は決してボランタリーではなく、企業が持続していくために不可欠の要素なのである。

したがって、PPPを成功させるには、それぞれ分野の専門家が集まって調整していくプロセスが重要となる。しかし、問題となるのが、共通言語の不存在である。

図表Ⅰ-1-2は、多分野の知識が必要とされるPPPの現状を示している。左右方向に社会科学と自然科学を配置している。また、上下方向には官と民の方向を示している。

分野は、左側に政治、行政、財政、法律、経済、経営、金融、不動産を配置して

図表Ⅰ-1-2　社会科学と自然科学の融合（PPP前）

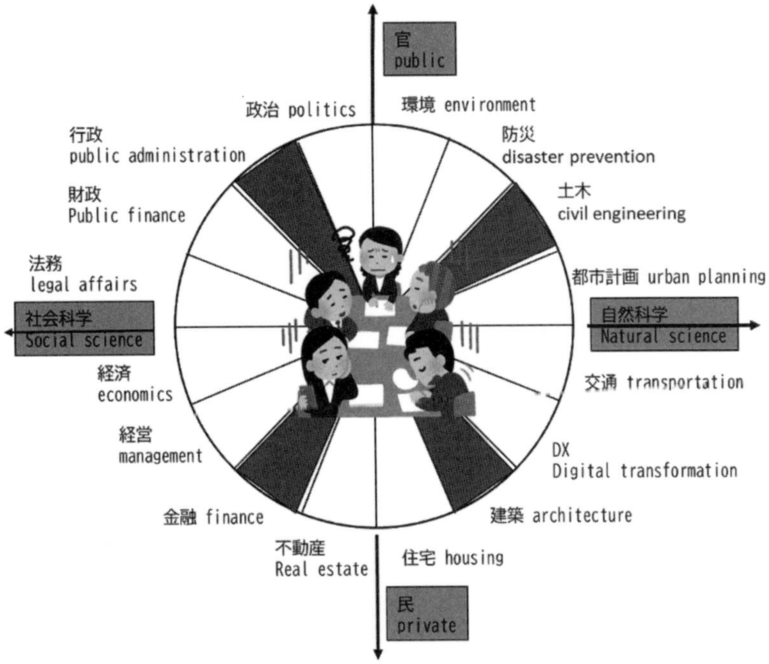

いる。これらがPPPに関連する社会科学系の分野である。

右側には環境、防災、土木、都市計画、交通、DX、建築、住宅を配置している。これらが自然科学系分野である。

もちろん、具体的なプロジェクトにはこれ以外にも様々な分野が関係してくる。図で示しているのはほんの一例に過ぎない。

さて、図の中の人たちはこうした縦割りの分野のいずれかの専門家である。たとえば、公務員、銀行員、建築士、弁護士などが集まっていると考えれば良い。基本言語が異なるためなかなか議論がかみ合わない。図表Ⅰ-1-2は、かみ合わない議論で疲弊している姿を描いている。

3. USJでの経験

PPPを現場で進めようとするとこの種のことは多く体験する。筆者の個人的な原体験になったのは、前職（日本政策投資銀行）時代に経験したユニバーサルスタジオジャパン（USJ）プロジェクトの企画である。このプロジェクトは、大阪市内の工業地帯の一画が産業構造の転換により遊休地化し、そこに、大阪市が大規模集客施設として誘致したことから始まる。関係者は、土地を賃貸し出資もする市および他の地権者（ガス、鉄鋼、造船などの民間企業）と、コンテンツやプランを提供する米国のユニバーサル・スタジオ社である。事業会社は、このプロジェクトのために設立された官民共同出資の第三セクターであるUSJ社である。当初段階で総額２千億円の巨額の投資であったために資本金で賄えない部分は、金融機関からの借り入れが必要となる。日本国内における初期のPPPプロジェクトであった。筆者はこのプロジェク

図表Ⅰ-1-3　USJのストラクチャー（当初）

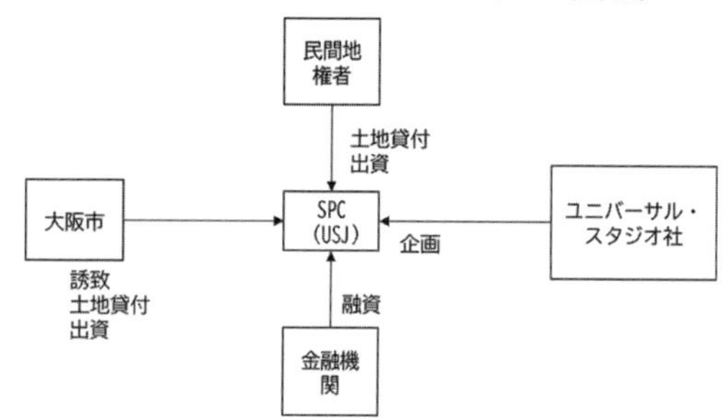

トの推進役として大阪に赴任した。

調整過程では、多くの困難に直面した。代表的なものが、集客リスクへの対応である。プロジェクトのポテンシャルは高いとは言え、もしお客さんが予想外に来なかった場合、どうするのかということは考えておかないといけない。主導者が大阪市であることは、このプロジェクトが地域にとって重要な意味を持つことを意味しているが、自治体が集客リスクに対してできることはほとんどない。リスク発生時に一番頼りになるのは、コンテンツ供給者であるユニバーサル・スタジオ社であるが、株主ではないので不安がある。

この問題を解決する役割を求められたのが、当事者間の複雑な関係を金融上の立場に置き換えるプロジェクトファイナンスであったが、当時国内の事例はなく、自分自身を含む金融関係者ですらその活用方法を知っているわけではなかった。プロジェクトファイナンスの結果求められる細かい約束事とそれを具現化した契約書の知識もなかった。元々、日本の官民関係は、相互の信頼関係とあいまいな約束に特徴があった。この弱点を克服する新しい手法がPFIでありその後のPPPであるが、当時は導入されていなかった。

このプロジェクトにはさまざまな立場を代表する専門的な知識を持った担当者が参画し議論したが、容易に合意は見いだせず非常に苦労した。いま思えば、互いに他の専門領域のことを十分に知らなさ過ぎたと言える。その結果、手探りの調整が必要となり、膨大な時間と費用を費やすことになった。結果として成功したから良いという問題ではない[1]。

4. PPPの専門家の役割

われわれがUSJから学んだものは、PPPプロジェクトには、多方面の分野をつなぐ共通言語と、それを駆使して、官と民の接点、社会科学と自然科学の接点となり、さまざまの専門家同士の橋渡しを行う人材が必要であるという点である。

横断的な知識を持つ専門家の有用性を示したのが図表Ⅰ-1-4である。PPPの専門家は、PPP共通の考え方やPFIなどの制度手法に精通していることはもちろんであるが、それだけでは不十分である。関係する多くの分野についても一通りの知見を有し、専門家の意見の意味を理解し、他の専門家に説明し、全体の合意を調整する役割が求められる。

縦割りではなく、横断性こそがPPPの専門家の特性なのである。こうした専門家を育成することが、東洋大学公民連携専攻の目的となった。

5. 東洋大学の教育プログラム

図表Ⅰ-1-5は、現在の東洋大学公民連

1　プロジェクトはその後順調に成功し、途中でリファイナンスを行って現在は民間プロジェクトとなっている。

図表Ⅰ-1-4　社会科学と自然科学の融合（PPP後）

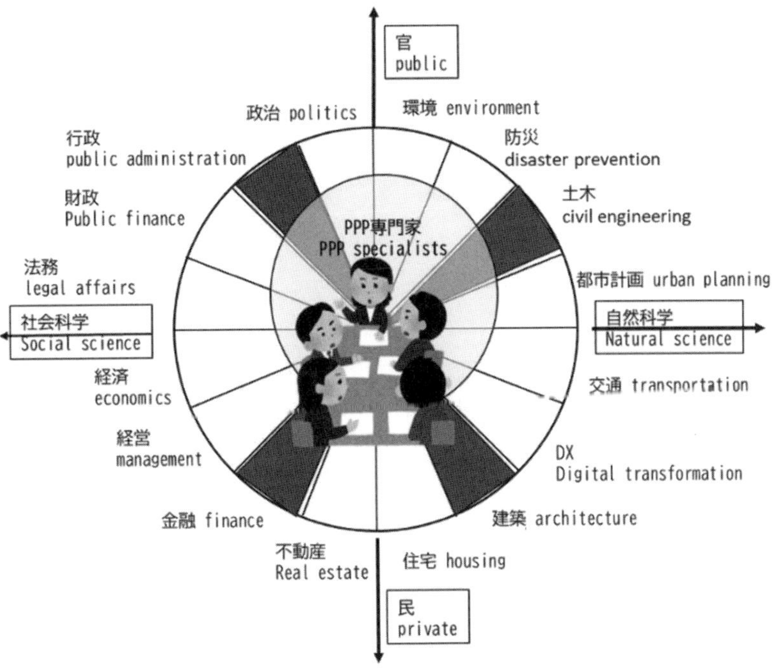

図表Ⅰ-1-5　東洋大学公民連携専攻の人材育成プログラム

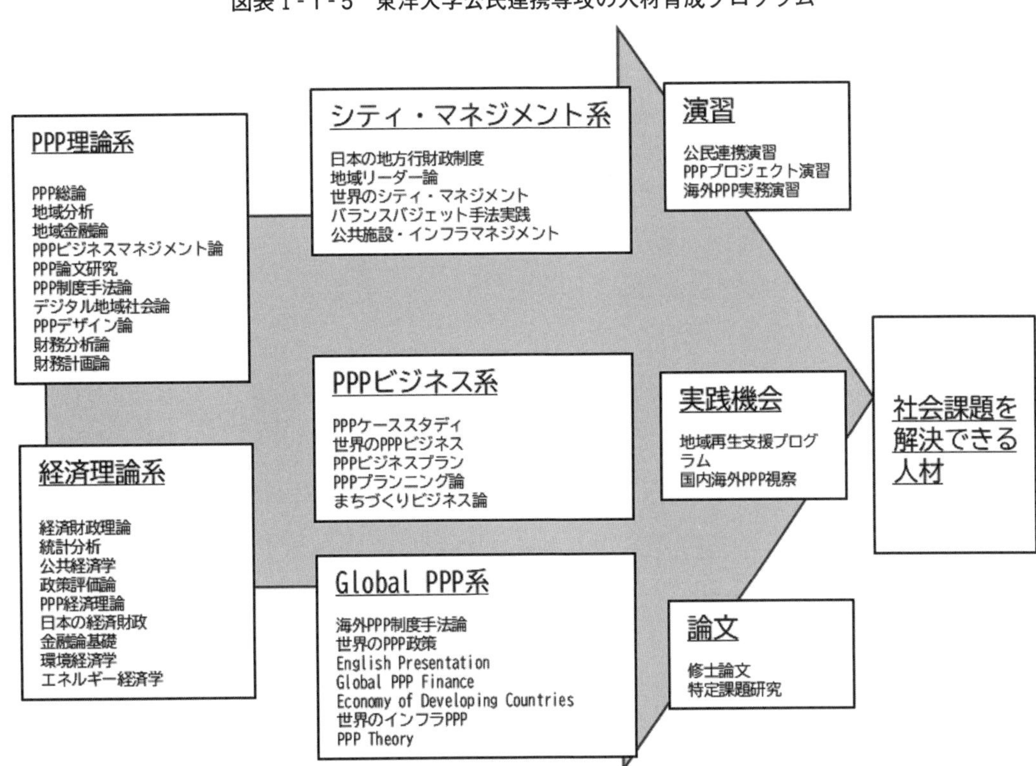

携専攻の人材育成プログラムである。

基礎としての経済学、PPP理論を中核としつつ、広範な分野の科目を配置している。科目群は、シティ・マネジメント系、PPPビジネス系、Global PPP系に分けているが、それは、前述の円グラフの多分野を再編したものと理解していただければ良い。

さらに、これらを踏まえて人材としての有効性を高めるのが演習、論文と実践機会である。中でも実践機会は、特定の自治体からの要望に応じて課題解決を提案する地域再生支援プログラムが特徴的である。自分が専門性を持たない分野の専門家から見れば何が問題となるのか、それを知るには、具体的な地域の課題に即して深く考え議論を戦わせることがもっとも有効である。全国的に知名度の高い岩手県紫波町のオガールプロジェクトは地域再生支援プログラムの第1号である。

教員や院生自身が、官と民、社会科学と自然科学の何らかの素養をもって集まっていることもプラスに作用している。大学院の中ですでにPPPの環境があり、そこで切磋琢磨することが「横断性」を身に付けることにつながる。東洋大学は、今後も、PPP人材育成のための最良の環境を提供していく方針である[2]。

2 https://www.pppschool.jp/

第2章

高知の地方創生における大学の取り組み

高知工科大学社会マネジメントシステム研究センター長　那須清吾

1. 地方創生の意義と大学の地域貢献

少子高齢化や人口減少等の理由により地域の社会、経済、生活の活力が低下し、維持していくことが困難になっている。この様な中で地方創生には活力の維持とともに、地域の特性を生かして求められるwell-being（幸せ）を実現できる社会を創造する意義がある。これにより活力ある日本が維持、発展する。地方はこのような状況の最前線にあるので、地方大学の存在意義を語ることには大きな意味がある。

本稿においては、全国の大学がほぼ共通的に行っている地域貢献ではない地方大学の取り組みや在り方を取り上げたい。

2. 地方大学の地域貢献

地方における大学の存在は、都市に存在する大学とは異なる部分もある。それは、地方が置かれている環境からくる地方の実態を踏まえた大学存在の必要性である。高知工科大学にあって共通する部分は、工学系の技術や研究開発の成果を利用した事業創造である。

高知工科大学にも地域貢献に資する研究を行っている教員は多く、例えば松本泰典先生のスラリーアイスは鮮魚の鮮度を長時間保つことができることから、高知県の漁業における付加価値を著しく向上させることに寄与しており、そこから地域の事業創造に展開している。釣れたカツオをスラリーアイスで保存すると都市部に輸送された24時間後も鮮度が落ちないので、高額で売買されている。

小廣和哉先生の無機酸化物マリモ状多孔体は、強力な接着剤開発に応用され、地元企業で歯科材料を生産している企業に導入されようとしており、地方の中小企業とも連携して事業創造や価値創造を実現している。

地域社会に関連した取り組みも活発である。高木方隆先生は、キャンパス周辺地域を里山生活圏ととらえ、その中で豊かな自然要素を資源として有効活用することを中心に、中山間部の人口減少・超高齢化に備えるインフラ整備など、大学が有するさまざまな知的資源を投入して里山再生を実証的に推進している。

西條辰義先生は一般社団法人フューチャー・デザインを設立し、持続可能な自然と社会を将来世代に引き継ぐために、新たな仕組みをデザインしたが、現在の社会の仕組みである市場や民主制を何らかの形で制御しようとする新たな分野を創造し、地域課題解決に取り組んでいる。

高知工科大学は初期から大学発ベンチャーにも熱心であった。その中でも比較的規模の大きい起業事例は、高知工科大学の永野正展特任教授および那須清吾教授により2012年７月に起業した木質バイオマ

大学発ベンチャー：株式会社グリーン・エネルギー研究所（HPより）

ス発電会社である。年間9万3千トンの木材を燃焼して発電を行っており、高知県内の低迷していた木材価格の上昇に大きく貢献した。通常は廃棄物となる丸太を取って残る林地残材も木材並みの価格で購入することで、林業の付加価値が大きく増大した。

また、高知県黒潮町で2014年3月に設立された株式会社黒潮町缶詰製作所は、南海トラフでの津波予想高が全国一の34.4メートルに対して立ち向かう決意をシンボルとして、缶詰に「34M」の旗をデザインした防災缶詰の製造販売を始めたが、高知工科大学の松崎了三特任教授（当時）が中心となってプロモーションおよび経営コンサルティングを行った。地域の経営資源を活用するとともに、雇用創出にも貢献している。この他、高知工科大学では企業経営者となることを許可により許容しており、多くの起業家教員が存在する。

3. 高知工科大学および大学院起業家コースの設置

高知工科大学は、1997年4月に最初の学部生を受け入れてから26年が過ぎた。工科系大学が設置された理由は、高知県内に工学系の学部がなかったからであり、公設民営による私立大学として設立された。1999年4月には大学院工学研究科が設置されたが、5分野の工学系コースに加えて全国で初めて「起業」という名称を冠する起業家コースが設置された。

当初から社会人学生を対象に実務で活躍する博士の養成を目指したものであり、これまでに77名の博士を輩出し、そのうちの約4分の1の方は全国で大学教員となって活躍している。これは、文科省大学院設置基準第4条に規定されている「博士課程は、専攻分野について、研究者として自立して研究活動を行い、又はその他の高度に専門的な業務に従事するに必要な高度の研究能力及びその基礎となる豊かな学識を養うことを目的とする」との趣旨の枠組みの中で、高知工科大学は研究実績に比重を置く従来の博士（高度研究者）に加え、新たに広範囲な学識と実社会での実践力に比重を置く博士（高度技術者）を育成してきた成果である。特に近年は実務系教員の需要が高まっていることもあって博士号取得者に対する需要は高い。

大学院の社会人教育は、産業に乏しい地方の新たな事業を創造する起業家育成にも貢献している。また、輩出した修士および博士の研究成果の多くは地域貢献に資する内容となっている。例えば、2023年９月に博士号を取得した実務家であり経営者である矢野健三氏は、その研究において経営資源、組織間関係、経営戦略の新たな連関構造分析理論を創造し、寡占が進む流通において地方の中小食品会社の取るべき戦略を指導し、多くの中小企業を救っている。地方大学の大学院教育が地域経済に貢献している好例である。

また、大学院の社会人教育は、県内の中小企業の人材育成にも貢献している。起業版Ｉターンで高知県に立地したある中小企業は、修士および博士の各コースに社員を派遣している。特に博士を多数輩出しているが、新製品開発や経営改革に大きなインパクトがあり高知県に進出してから大きく成長している。

大学の実務系教員や実務で活躍する人材を輩出しているもう一の理由は、その研究指導の在り方にある。特に博士後期課程の研究指導にあっては、３分野の専門領域に精通していることを求めており、「学術レベル諮問試験」で確認している。また、研究対象が実務である場合が多く、これらの複数の専門分野の理論を統合すること、いわゆる学術統合で研究対象を論理的に説明することを求めている。この様な指導で養成された研究能力は、複雑な実務的課題を学術統合で解き明かすこと、その課題解決方法を創造することなどに活きる。

さらに、2008年４月にマネジメント学部を創設しているが、これも高知県内に経営系の学部がなかったからであり、大学進学時に県外に流出する学生を留める大きな効果があるなど、大学自体が地域における ニーズに対応することで発展してきた。

4. 地方大学の優位性と「知の拠点」としての役割

高知工科大学の地域貢献および教育の活動の一部を紹介したが、地方大学の存在意義は、地域が抱える社会的課題の研究や解決のための社会貢献で先進的に大きな成果を上げることができることにある。

言うまでもなく、少子高齢化や人口減少が10年以上早く進行しており、高知県などの地方に立地する大学は、この社会環境の中で課題解決に向けて先進的な研究を行うことができる。高知県の地域課題、社会、経済、生活の在り方は日本全体の将来の姿だからである。真に将来社会が直面する課題解決に必要な研究環境は地方にこそ存在するので、地域に関わる先端的研究は地方大学にアドバンテージがある。

一方、地方のニーズで都市部と異なる点もある。都市圏であれば埋もれてしまうような中小企業が多く、また、県外から移転してきた企業もある。これらの企業に共通する利点は、地方では行政や大学が振り向いてくれるという点であり、行政も丁寧に対応する。その結果、都市部から移転してくる中小企業にとっては、ビジネスの在り方にも寄るが地方は非常に良いビジネスのエコシステムを有しており、人材確保の点でも地方大学はその一端を担っている。

高知工科大学では2008年度から、内閣府の支援の下で高知県における「知の拠点」として「地域再生システム論」を開講した。地方における「知の拠点」は重要である。企業数や企業規模、産業クラスターの存在が疎であることから、産業振興を行う上でビジョンを提示し、メンターとして指導する存在が少ないので地方大学がその役割を期待され、高知工科大学が「知の拠点」として選ばれた。

地域に存在する資源（森林、農産物、自然、人材等）を活用したビジネスモデルを企画、構築できる人材を養成することを目的に、各省庁の地域活性化政策担当者、全国の地域再生事業に関わるリーダー、有識者、大学教員、高知工科大学の経済・マネジメント学群教員等の講師が、講義、パネル討議、グループワーク等を通して、実践的な人材養成を目指したが、県境を越えた社会人や高校から大学院に至る多数の学生の参加もあって、実際の起業や事業創造の成果もある。農業ビジネス、中山間ビジネスおよびスモールビジネスの3分野を設定した構成で、現在も継続している。

5. ローカルな先端課題研究からグローバル展開へ

ここまで紹介した高知工科大学の取り組みは、現実にはまだまだ課題先進県の高知県の課題解決に十分に貢献できているとは言えず、したがって今後の可能性が非常に大きいとも言える。

また、これは日本の地域に寄り添った地域課題解決では終わらない。なぜならば、先進諸国に限らずアジア諸国においても日本の地方で起きている地域課題がすでに現れているからである。ローカルな課題解決研究や実務的な取り組みは、そのまま国際的に応用、展開できる成果なのである。

東南アジアのタイではすでに10年以上前から地域活性化や事業創造が地域課題となっており、アドバイスを求められている。地方における気候変動適応策などの行政課題に関する研究と地方自治体支援の仕組みなどに関する研究成果もタイ政府やチュラロンコン大学からも連携研究を求められている。つまり、地方大学が地域課題解決に取り組んだ研究成果や社会貢献で得られた課題解決モデルや経営システムは、国際的にも有用な存在となっている。

地方大学は、都市部の大学よりも将来課題解決においては有利な研究環境を有していることは間違いなく、その活用方法が問われている。今後の地方大学は、ローカルではなくグローバルに研究および社会貢献の活動を展開できる環境になってきており、その成否が大学の発展を大きく左右することは間違いない。日本の大学をローカルとグローバルに分類する議論があったが、これは研究分野ごとに考えるべきことであり、大学単位で考えることではない。少なくとも地方創生あるいは地域活性化の研究分野においては地方大学がグローバルに分類されるべきである。研究は課題が存在する地域が中心である。

6. リスキリングとデジタルトランスフォーメーション（DX）による地域課題解決

高知工科大学大学院起業家コース（現・起業マネジメントコース）における複数の

学術分野の統合（学術統合）による実務や課題のモデル化と課題解決やソリューション導出に関する研究教育の指導についてはすでに述べたとおりである。24年前の起業家コース設立時に初代末松安晴学長によって提唱された研究教育方法であるが、これは国際学術会議の提唱するInter-discipline（学術分野を繋ぐ）とtrans-discipline（学術分野と現実を繋ぐ）を開学当初から実践していたことになる。

なお、地方創生のテーマとは異なるが、この研究教育方法は他大学では行われていない。したがって、実務的な課題解決や研究を目指すときに必ず必要となる学術統合による新たな理論構築が求められる研究テーマで、主として都市部の大学で受け入れてもらえない社会人学生が少なからず高知工科大学に来ており、博士号を取得している。その中には大手企業社員が多く、博士号取得後まもなく大学教員となっており、すでに著名な大学・大学院の教員の方で入学する社会人も存在する。

以上の教育研究方法は、政府が求めているリスキリングとデジタルトランスフォーメーション（DX）にとっても重要な役割を果たす。デジタル/知識社会が到来し、デジタル技術や多様な先端技術が利用可能となっている環境における地方の在り方は新たな重要課題である。

地方大学の地方創生に対する貢献において考えるべき要素は、デジタル社会の到来と技術的革新である。そこでは、デジタルトランスフォーメーション（DX）は特に言うべきことではなく、むしろ当たり前に求められる社会変革や地域変革の「手段」であると言える。あえて「手段」と述べたのには理由がある。高知工科大学の起業マネジメントコースではすでに博士課程においてDX研究の指導を進めている。地域IT企業の経営者がDX研究をする事例が出てきているが、多くは社会的課題を解決するためである。

図Ⅰ-2-1　高知工科大学大学院起業マネジメントコースにおける社会人教育（DX分野）

●大学院における社会人対象のDX開発指導

・高知工科大学大学院起業マネジメントコースは、新学群の大学院として将来は機能する予定。

・2022年度よりデジタルトランスフォーメーション（DX）のシステム開発を目指した社会人学生が入学。

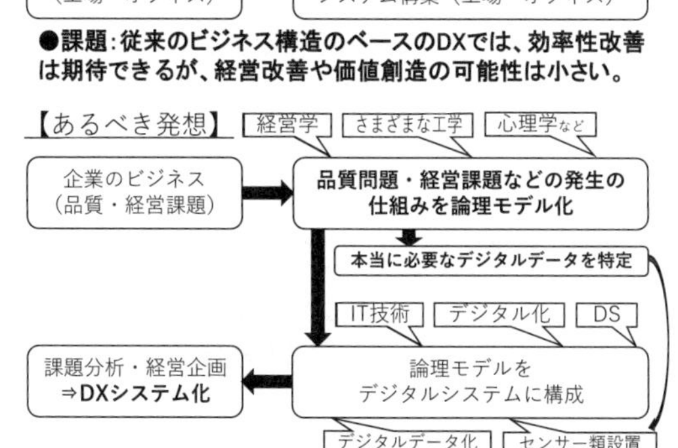

【社会人によるDX研究の例示】

1. 行政ニーズに対応したDXプラットフォーム開発
2. 新しいコンサルタントのDXビジネス分野開拓
3. 木材工場のDXシステム開発による経営改革

【デジタルトランスフォーメーション（DX）の定義：那須】

DXとは、多様なWell-Being（多様な幸せ）を目的とし、

①経営課題を、さまざまな社会的要因を踏まえた多様な学術の統合で説明できる社会システムモデルを構築し、

②経営課題の現象分析やソリューション創造を実施するため、社会システムモデルをデジタル化によりデジタルツイン（現実をデジタル化した双子）を構築し、

③デジタルツインによる経営課題分析を踏まえソリューション創造する経営企画のデジタル機能を構築、運用する。

三層構造で構成されるDXシステムを構築し、その目的を実現することである。

国が推進するデジタルトランスフォーメーション（DX）には二つの方向性がある。一つは単純なデジタル化による業務効率化である。もう一つは、課題解決のためのデジタル技術の応用であるが、後者に関わる明確な定義が存在しない。図Ⅰ-2-1に示したデジタルトランスフォーメーション（DX）の定義は、筆者が日本学術会議土木工学・建築学委員会/インフラ高度化委員会の中の議論において提案した内容であり、残念ながら他分野に配慮して「見解」には記載されなかったが、高知工科大学大学院起業マネジメントコースにおいても学生指導の中で使用しており、社会人学生を指導している過程でまとめた。

地方にはさまざまな課題があり、総務省が導入する地方自治体のDXシステムはそのソリューションの事例であり、業務の効率化が図られることが期待されている。しかし、例えば地域医療に関する行政課題をいかにDXシステムで解決するのかと問われたら、国や医療機関もその答えを持っていない。

これを具体的なIT企業経営者の研究事例に沿って解説する。殆どの人が受診する健康診断では、その後の健康指導を踏まえて実践する人が少ない。これは、さまざまな理由が考えられるが、健康診断に対する信頼感、受診後の健康指導の内容や効果に対する信頼感やニーズに対するミスマッチなどである。これをDXシステムで解決することを考えた場合、前述の課題構造の論理モデルを構築する必要がある。それには、市民のニーズ把握から始まり、行動変容に関わる心理構造を明らかにする必要がある。

DXシステムを設計する場合、これらの周辺の課題構造のモデル化およびデジタル化が必要であり、医療のDXシステムはこれなくしてシステムの仕様が決まらないので設計できない。そこで、必要となるのが学術統合による課題構造のモデル化およびデジタル化であり、その研究教育を大学院の起業マネジメントコースで担っている。つまり、課題解決のためのデジタルトランスフォーメーション（DX）は、学術統合による課題構造のモデル化なくしては実現しないのであり、デジタル/知識社会における地域課題の解決、地方創生はカギとなると考えている。

社会人のリスキリングも同様に学術統合による課題構造のモデル化の能力の養成が中心になるとの認識である。データサイエンスや人工知能によるデジタルトランスフォーメーション（DX）はむしろ当たり前との認識である。その上で、真に必要なリスキリング教育は、①多種多様なデータからソリューションとイノベーションに必要な情報を合理的かつ簡易に抽出でき、②多様な分野の原理的理解に基づき、これらの情報や課題などを多視点で分析し、その成果を踏まえて課題解決の方法あるいはイノベーションを多視点により創造し、③そのために必要な、多様な学問の原理を理解できる能力の育成であり、さらにはこれらを具体化できるマネジメント能力を養成することである。社会経済や課題、価値創造を俯瞰的かつ構造的に理解できる人材不足は日本の弱点である。

なお、デジタルトランスフォーメーション（DX）による地域貢献も具体化している。地域の経済界で構成するニュービジネス協議会などとの研究連携協定書の締結を行い、地域課題解決のためのDXシステム開発の研究を実施している。教員による課題解決のためのコンシェルジュ実験を行い、データサイエンスや人工知能などの先端技術を応用する前に課題構造を論理的にモデル化することで、必要なDXシステムのアーキテクチャーを提案する。これは緒についたばかりであるが、行政問題から地域経済や地域活性化に至るさまざまな対象に取り組んでいる。

7. 地方創生の未来に向けた貢献と学会活動

前述したInter-discipline（学術分野を繋ぐ）とtrans-discipline（学術分野と現実を繋ぐ）、つまり学術統合により実務的課題を解決する取り組みは、大きく二つの学会活動で実践してきている。2004年の文部科学省21世紀COE「社会マネジメントシステム」に採択され、地域活性化や事業創造、行政経営や地域経営などの個別的課題を解決するための社会マネジメントシステムの創造により社会貢献を行っている。また、それを学会活動に展開すべく、国際学会「社会マネジメントシステム学会」を設立し、主としてアジア地域の政府と主要大学との研究および社会貢献の連携を図ってきた。

また、内閣府主導で設立された「地域活性学会」にも積極的に参画し、2008年の設立時に理事を出し、現在はNPO法人を通じて高知工科大学内に学会事務局を置いている。地方再生のための活動とともに、地域活性化の実践者に使ってもらえる「地域活性学」の体系化のための研究活動も展開している。

第3章

国土交通省認定「道守」で養成する産官民の人材—大学が先導するインフラ維持管理の仕組み—

長崎大学名誉教授　松田　浩

2012年12月、中央自動車道笹子トンネル天井板落下事故を契機として、内閣府は2013年をインフラメンテナンス元年と定め、インフラ長寿命化基本計画を策定した。文部科学省「地域再生人材創出拠点形成事業」として、2008年度から長崎大学のインフラ長寿命化センターが中核となり、長崎県と連携して市民を巻き込み地域の道を守る人材“道守（みちもり）”の養成を進めてきた。「道守養成ユニット」と呼ばれるこの資格制度は2016年１月、国土交通省により民間資格として認定された。

1. 40年前の国内外の道路インフラ

米国では1980年代に多くの道路ストックが高齢化し、財源を増強して維持補修に注力したことにより欠陥橋梁は減少したものの、2004年時点でまだ約30％の欠陥橋梁が存在していた。一旦、道路が劣悪な状態になると、元に戻すことは容易でないことを示すものであり、実際、2005年、06年、07年に、立て続けに橋梁落橋事故が発生した（図Ⅰ-3-1）。荒廃するアメリカの惨状と言われる由縁である。

国内でも図Ⅰ-3-1に示すように、落橋、鋼材破断事故等が発生している。国土交通省（以下、国交省）が2007年２月に道路橋に対する定期点検の実施状況を調査したところ、「橋点検せず」の自治体が８割もあった。予算不足と点検専門職員不在がその理由であった。国交省は「荒廃する日

図Ⅰ-3-1　荒廃するインフラの惨状

本としないための道路管理」の通達を同年3月に出したが、三重県木曽川橋梁（同年6月）、秋田県本庄大橋（同年8月）に、いずれもトラス橋のトラス斜材の破断が相次いで見つかり、建設した橋梁を確実にメンテナンスする重要性が強く認識された。

2. 長崎県の道路インフラの状況

長崎県は多くの島々を抱えるとともに、少子高齢化と過疎化の進行が深刻で、いわば日本全体の縮図である。観光立県を推進する長崎県には、「長崎と天草地方の潜伏キリシタン関連遺産」に関わりのある教会群、軍艦島をはじめとする明治日本の産業革命遺産などの観光資源が半島や離島に点在しており、それらを結ぶ多数の渡海橋等（図Ⅰ-3-2）をはじめとする道路や港湾等のインフラ施設の老朽化が進行していた（写真Ⅰ-3-3）。

的確に手当てしなければいつかは必ず不具合が生じ、車両制限や通行止めをせざるを得ない場合が生じ、最終的には架け替えが必要な時が来るが、予算と人口減のため更新できないことが想定されていた。早急に着実に対策を進めなければ、特に島が多く少子高齢化が著しい長崎県では50～100年後のインフラはないかもしれないという危機感があった。

3. 長崎県土木部の対応

長崎県土木部（以下、県土木部と略記）は2007年3月に全国に先駆けて公共土木施設等維持管理基本方針［1］を策定し，総合的なマネジメントシステムの構築に取り組んでいた。そこでは維持管理システム

図Ⅰ-3-2　長崎県の離半島に架かる橋梁

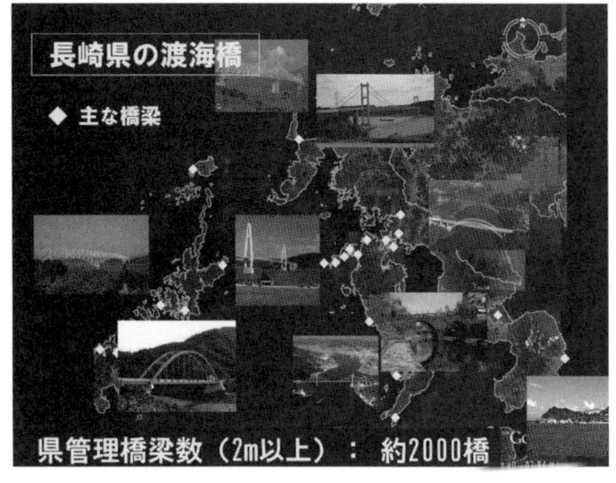

写真Ⅰ-3-3　長崎県の橋梁の劣化・変状状況

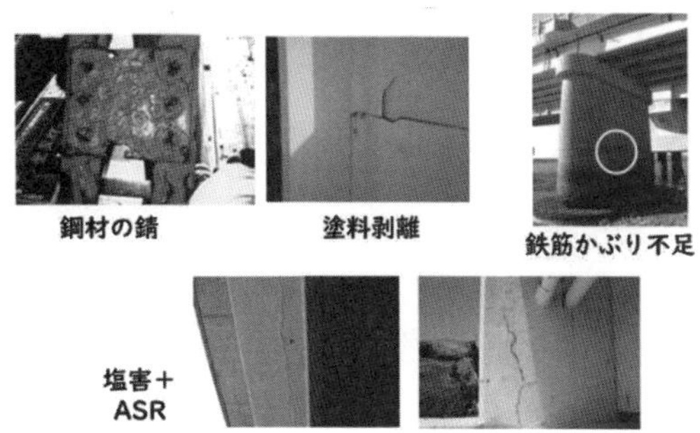

の考え方と方針を示すとともに，維持管理の計画策定，予算確保と体制の充実，県民との協働の取り組みを進めていた。

図Ⅰ-3-4は2007年時の維持管理予算のシミュレーション結果である。従来の対症療法的管理手法では寿命を迎えた施設はその都度、更新することになり、更新費用に多額の予算が必要となる。一方、予防保全的管理手法によると、損傷の激しいものから早めに補修し、施設の寿命を延ばすことが可能となる。初期に費用が増えるが、長期的にみると費用を節減できる。図Ⅰ-3-5は橋梁の耐用年数を50年として、架け替えと修繕との将来事業予測シミュレーションである。架け替え費1730億円から修繕費320億円に縮減できる。

しかし、多くの自治体と同様に長崎県に

図Ⅰ-3-4　事後と予防保全のシミュレーション

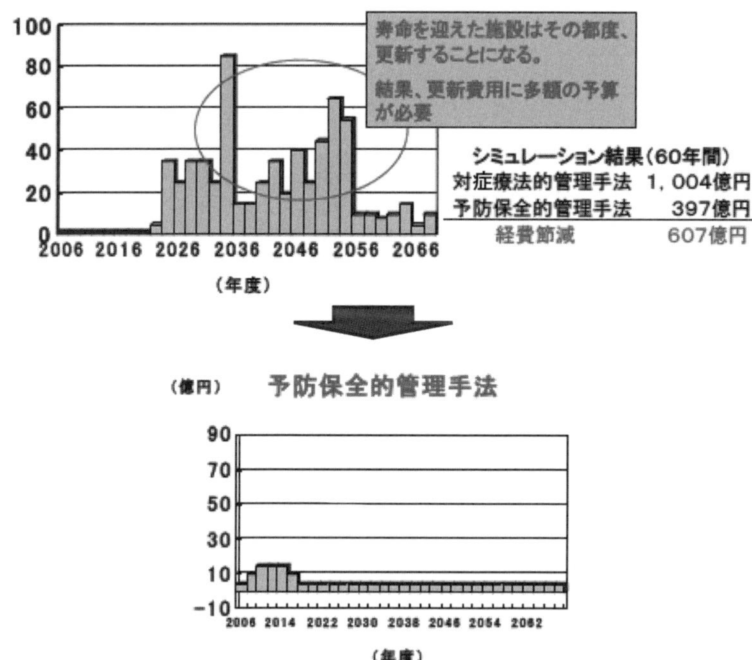

図Ⅰ-3-5　架け替えと修繕の将来事業予測

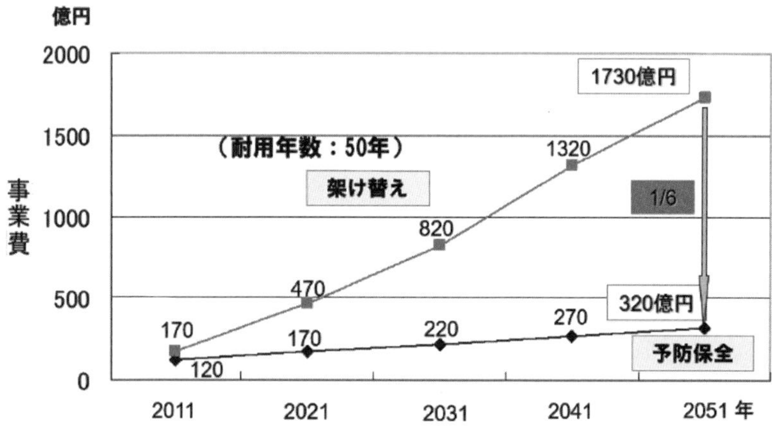

おいても、行財政改革の下に、県職員が削減されるとともに、建設事業費は削減され、維持管理費の増額も見込めない状況にあり、人材や費用の面で多くの課題があった。県内各地に点在する多くの構造物の維持管理業務を適切に実施するためには、地域に密着した維持管理技術者が相当数必要であるが、当時はそうした技術者の数が絶対的に不足しており、その養成が喫緊の課題となっていた。

4. インフラ長寿命化センター

老朽化インフラが増え、土木技術者が減

り、地方自治体の財政難という状況では、すべてのインフラ施設を適切に維持管理することは到底無理である。一方、民営化されたJR各社や高速道路各社、大手ゼネコンなどの民間企業の技術力は極めて高い。インフラの安全と安心を推進するためには、これまでの維持管理の延長では対処できなくなるのは明らかで、インフラ維持管理のイノベーションが不可欠である。

長崎大学では、①地域住民の協力、②情報通信やロボット技術、いわゆるICRTの徹底的利活用、③民間企業の高い技術力を活用するPFIやPPPなどの公民連携のシステムづくり等々の、新しいインフラ維持管理の仕組みづくりが重要になると考えた。

そのような背景下、長崎大学では工学部重点研究構想において、他大学や他分野との競争に互角に張り合うため、ベクトルを合わせた共通目標を検討した。その結果、当時の社会開発工学科と構造工学科での合同会議でインフラの長寿命化に特化した研究開発を目標とすることを決定し、工学部教授会の承認を経て、インフラ長寿命化センター（以下、インフラセンターと略記）は2007年１月に設立された。図Ⅰ-３-６に示すように、インフラ長寿命化研究拠点形成、地方自治体への技術支援及び協働活動、インフラ長寿命化に係る教育支援等をミッションとして活動を開始した。

構造物の健全度診断技術はよく医療の診断に例えられる（図Ⅰ-３-６下）。長崎大学は日本の近代医学の発祥の地であり、大学病院を中核とする医療体制により地域を支えている。僻地、離島などもカバーし、風土病等の公衆衛生にも対応している。土木インフラの維持管理の仕組みづくりにおいても、病理、手術、遠隔診断、保険・衛生、臨床医育成、医療保険システム、さらには、インフラの大学病院構想など、類似点も多く検討するのに非常に参考になる。

5. 道守養成ユニット

インフラセンター設立当初、「人、もの、

図Ⅰ-３-６ インフラ長寿命化センター

場所、カネ」も何もないバーチャルな組織だったので、教育研究活動を実質化するために競争的外部資金に申請し、文部科学省の科学技術戦略推進費の「地域の特色を活かした人材養成ユニット」を獲得した。長崎県と連携して、市民も地域の建設業も巻き込み、道路の維持管理に関わる人材をつくる教育プログラム“観光ナガサキを支える道守養成ユニット”の運用を2008年度に開始した。道守養成とは前述の医療における臨床医育成の道路インフラ版である。

(1) 実施体制と実施内容

当時の道守養成ユニットの実施体制と実施内容（以下、本システム）をそれぞれ図Ｉ-３-７および図Ｉ-３-８に示す。本システムの運営においては、インフラセンターが中核となり、長崎県土木部、長崎県建設技術研究センター（以下、NERC）、長崎県建設業協会、長崎県測量設計コンサルタンツ協会と連携して道守養成ユニット運営協議会を設置し、現在まで地域のニーズを踏まえた産官学連携で本システムを自立運営できるレベルに成熟させてきた。本システムのプロセスと運営を特徴付ける点は次のとおりであり、図Ｉ-３-９に示すように、受講終了後のアンケート等の結果を受けて道守養成ユニットの運営に反映している。

✧県土木部と長崎大学が連携して実施する人材育成コースである。

✧養成コースの入口と出口にあたる受講者

図Ｉ-３-７　実施体制

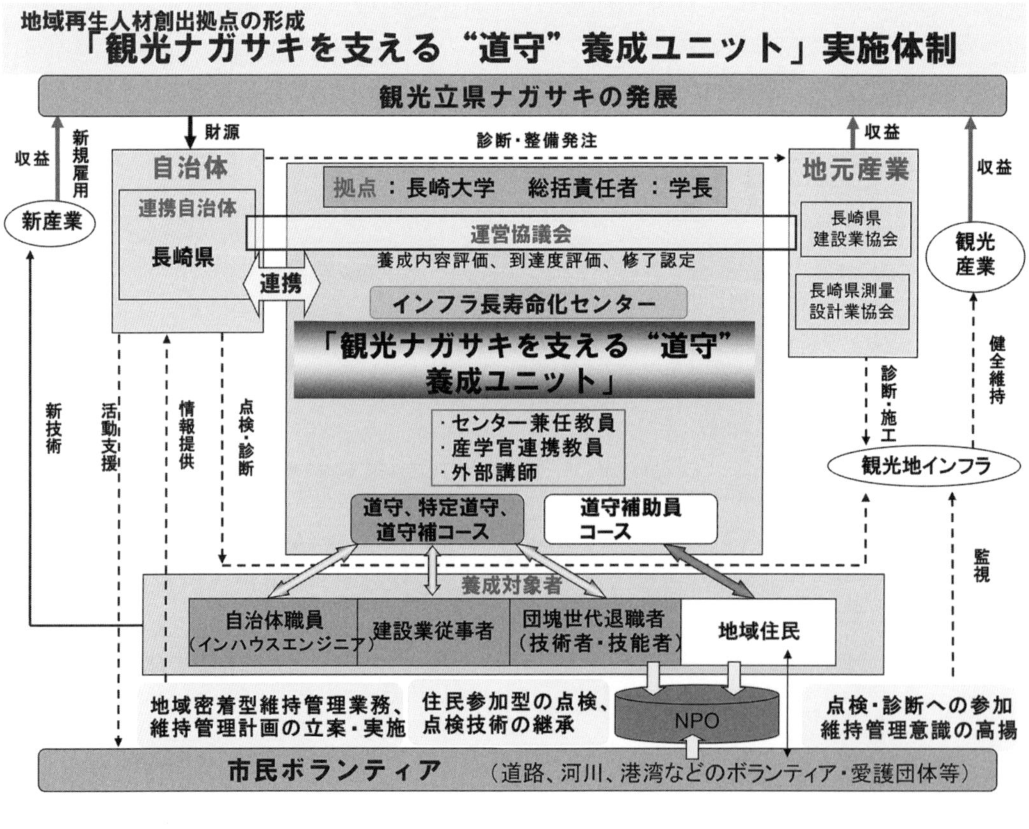

図Ⅰ-3-8　事業の概要

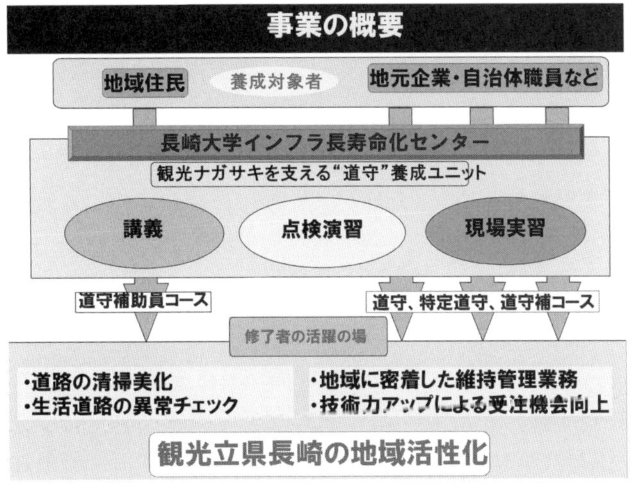

図Ⅰ-3-9　人材養成手法の妥当性の検証

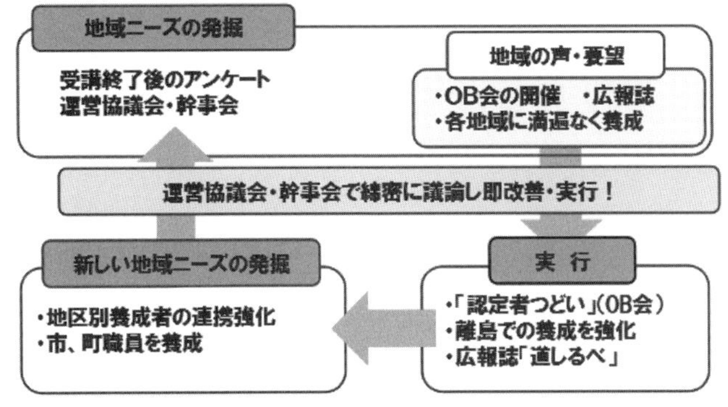

の選考および各種道守認定には、長崎大学が主体となって審査し、その結果を外部審査委員会で審議し承認を得る。

✧長崎大学と県土木部は、外部評価委員会の意見や評価に基づいた継続的な技術者養成改善システムを築く（図Ⅰ-3-9)。

道守養成講座開始時はインフラ構造物の維持管理の人材ニーズが少ない状況で道守認定者（道守補、特定道守、道守の資格保有者。以下、認定者と略記）の活動はボランティアが主であった。しかし、2012年の笹子トンネル天井板崩落事故の後に、先見性があった道守養成講座に即戦力となる技術者養成のニーズが高まった。また、開始当時の受講生からも、「インフラ構造物を造ることは生業としてきたけれども、構造物の維持管理の知識は全く知らない」という声があった。

(2) 道守養成講座の教育プログラム

道路の維持・管理に必要な知識と技術の習得を目的とした道守養成講座は、図Ⅰ-3-10に示すようにそのレベルに応じて、▷道守補助員▷道守補▷特定道守▷道守の学習ユニット積み上げ方式の4コースから構成される。

道守補助員コースは、近隣に住んで構造物の変状に気付ける人を対象とし、3時間の講義と点検実習で養成する。想定者は町内会会長やPTA会長などである。常日頃から通っている道や橋の軽微な変状を見逃さず、大掛かりな対策を回避するための予防保全型メンテナンスとなる地域の目、いわゆる人間センサーとして活躍していただく。人間センサーは学習すればするほど性能が向上する。日本大学岩城一郎先生が実施されている住民との協働による橋の維持管理「橋の歯磨き活動」[2] は、人間センサーを一歩超えた活動であり、今後我々が目指すべき方向である。

道守補コースは一定レベル以上の知識があり点検作業が行える人材を想定している。各種土木構造物がどのように劣化していくかを座学で学んだ上に、大学の構内に置かれた撤去橋桁を教材として、コンクリートのコア抜き、打音検査などによる点検・検査の演習・実習を行い養成する。座学、演習・実習の合計時間は約40時間である。

特定道守コースはコンクリート構造や鋼構造の点検計画の立案、健全度診断ができる人材、そして、道守コースは道路全体の維持管理ができ、高度な技術開発が行える人材の養成である。

なお、図I-3-10には、維持管理技術を習得した道守認定者を対象として、近年のAIやDXなどの革新的先端技術を実務に活用できるスーパー道守構想も記載している。

図I-3-11に特徴的な道守養成講座のカリキュラムを示す。座学よりも演習や実習主体のプログラムで運用している。

6. 国交省登録技術者資格と認定者の活用

2015年1月、国交省のインフラメンテナンスに対応した登録技術者資格として、道守補、特定道守、道守が認定された。インフラセンターのミッションは道路の維持

図I-3-10　学習積上方式の道守養成講座

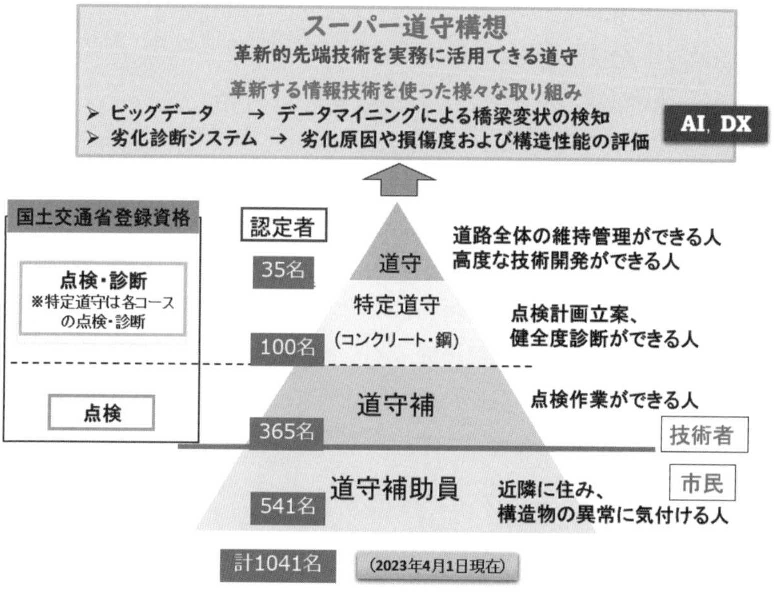

図Ⅰ-3-11　特徴的な道守養成カリキュラム

道守補：点検演習

非破壊試験装置を用いた演習

道守補：点検実習

点検および点検シートの作成

特定道守：プロジェクト演習

受講生、大学職員、県職員、外部講師でディスカッション

道守：道守総合演習

維持管理予算を算定

図Ⅰ-3-12　道守認定者の活用検討と成果

「道守」活用検討部会の活用の方向性

長崎県産学官連携建設業人材確保育成協議会 ➡ 道守活用検討部会

検討部会委員
長崎県、国土交通省、長崎市、NERC、建設業協会、測量設計コンサルタンツ協会、長崎大学、工業高校、労働基準監督署等

項　目	インフラ長寿命化センター	公共機関	建設業
アウトプット	公共サービス（安全、快適、負担の低減）の向上		
方向性	インフラ長寿命化への貢献	公共インフラの適正な維持管理システムの構築	地域建設業の仕事の量質確保
	・道守活用の確立 ・道守制度システムの向上 ・点検新技術の研究・活用	・維持管理体制の充実 ・維持管理システムの向上	・地域建設業へ複数年一括発注 ・県内建設業が施工可能な工法の導入と普及
	・情報共有システムの一元化		

道守認定者の技術者としての活用の検討と成果の一覧

実施主体	開始年	入札制度	対象資格
長崎県建設技術研究センター	2014	制限付一般競争入札 長崎県市町橋梁定期点検業務委託	担当技術者：道守補以上 管理技術者：特定道守以上
国土交通省	2015	簡易公募型競争入札方式 総合評価落札方式等(橋梁・トンネル・検業務)	担当技術者：道守補以上
長崎市	2015	制限付一般競争入札 長崎市橋梁定期点検業務委託	担当技術者：道守補以上
長崎県	2016	総合評価落札方式(簡易型、特別簡易型) 橋梁上部工(工事)（加点）	配置予定技術者： 特定道守以上
長崎県	2016	制限付一般競争入札 橋梁補修調査設計業務委託	管理技術者・照査技術者： 特定道守以上

管理ができる人材の養成であるので、今回の登録認定により活用の道が大きく広がった。

長崎県建設産業団体連合会が設置した産官学連携建設業人材確保育成協議会（2015年1月）に、「道守活用検討部会」が設置された。その目的は産官学が連携して公共インフラ維持管理人材育成と資格活用及び技術導入・普及を検討することである（図Ⅰ-3-12）。

国交省民間資格に準じた県内での技術者としての活用が議論され，県及び市町の橋梁点検業務の制限付き一般競争入札の参加条件や、県独自の取組みとして県総合評価（工事）に関する配置予定技術者の能力における「配置予定技術者」の評価に道守資格が導入された。

実積によればコンサルタント業は道守資

格で橋梁・トンネルの点検業務を受注している。建設業（施工業）では維持管理を考慮した工事の技術提案はできているが，施工の資格でないため受注には結び付いていない。施工について道守認定者の活用をどのようにするかが課題となっており，地域限定のオプションによる活用等が議論されている。今後の課題であるが、現在、下記に示すようなインフラメンテナンスの会議を活用して課題解決していければと考えている。

2023年10月に実施されたインフラメンテナンス国民会議九州フォーラムピッチイベントでも『維持管理の未来像と自治体の悩み～包括的民間委託と新技術～』のパネルディスカッションが開催された。また、第３期SIPスマートインフラマネジメントシステムでも地方自治体等のヒューマンリソースの戦略的活用がテーマとして設定され、進められている。

7. 道守認定者の活躍と期待される効果

2023年４月現在、道守認定者の人数と分布を図Ｉ-３-13に示す。離島を含め、県内に満遍なく合計1041人を養成した。

道守認定者には以下のことが期待される。

✧長崎県内道路インフラ網の健全な維持
✧インフラ長寿命化で地域再生に寄与
✧産官学民協働によるインフラメンテナンスの仕組みの構築
✧民間企業・自治体・大学の退職者の人材と技術の活用

図Ｉ-３-14に示すように、後追い的（事後）維持管理では大掛かりな対策が必要で、仕事が地域外へ流出するのに対して、予防保全型維持管理は小規模で継続的事業が必要かつ効果的であることから、地元企

図Ｉ-３-13　道守認定者の人数と分布

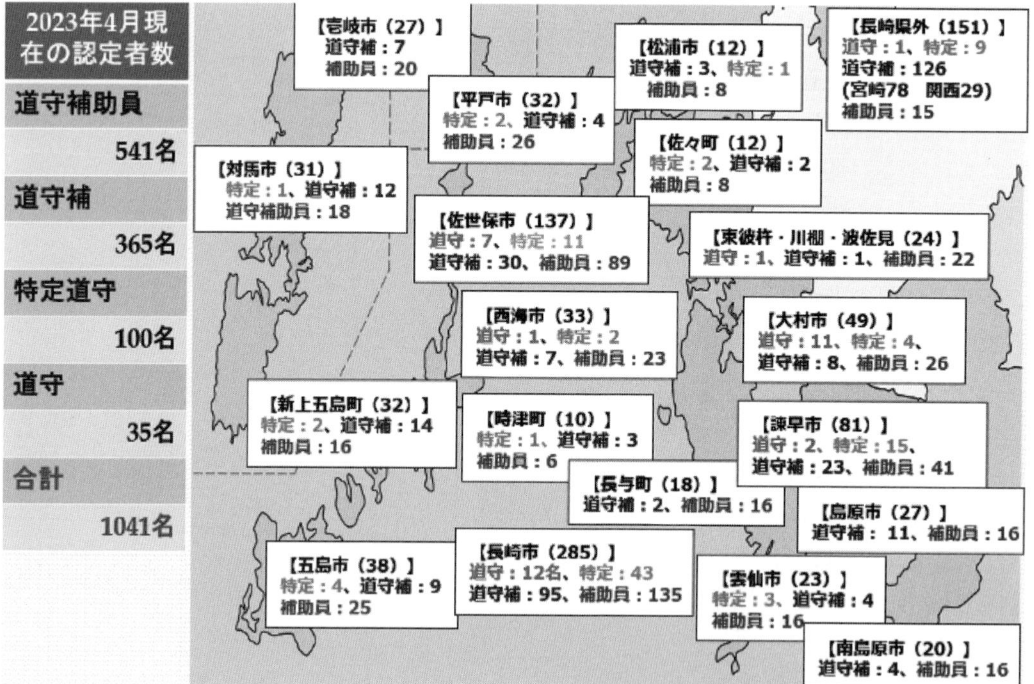

図Ｉ-３-14　予防保全型管理による地域活性化

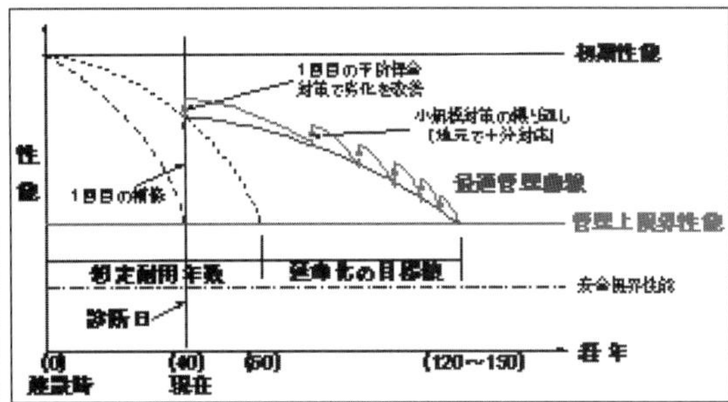

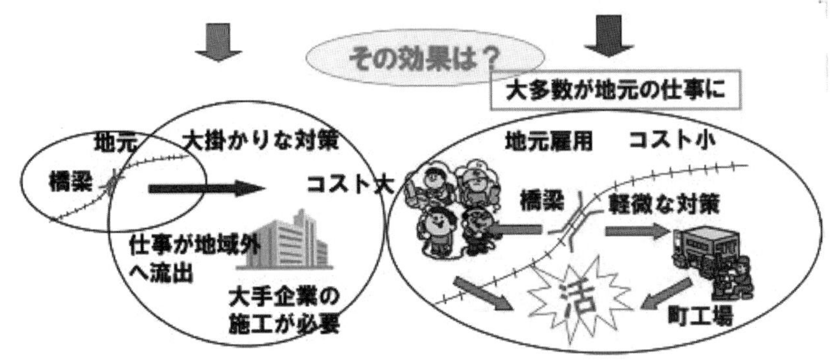

業や地元住民の参加が有利となり、地元企業の活性化と雇用創出が期待できる。

図Ｉ-３-15は長崎県におけるインフラの維持管理の内容と道守の関係を示したものである。下線で示した部分において道守の活動が可能である。ボランティア、企業と活動基盤は異なるものの、「点検」「事業実施」のすべてにおいてこれまで養成してきた道守の活躍の場がある。その一方で、管理者側の技術力の養成が課題となってきていることが長崎県から提示された。

長崎県が管理する社会資本ストックの維持管理については、ほぼ計画が策定されており、今後のフォローアップが重要になる。そのためには、官・民の技術力の向上が不可欠であり、長崎県からは今後とも地域の道路インフラを守る“道守”の育成を期待されている。

8. 道守養成ユニットの会の活動と受賞

道守補以上の認定者数は2023年４月で500人に達している。現場見学会、技術講習会、特別講演会の開催等による認定者のスキルアップ、ネットワーク形成と活用等の組織的な活動のために、認定者の会「道守養成ユニットの会」が2017年度に結成された。長崎県には島嶼部や半島地域が多く、長崎市での活動に参加しにくいことから、県内を８地域に分けて地域部会の設置によって地域ごとに認定者が集まり、最寄りの自治体等と連携して、道路の異常点検と道路清掃からなる道路見守り活動（写真Ｉ-３-16）、自主点検実習（写真Ｉ-３-17）、研修会等が実施されている。

産官の異業種の認定者が会に所属してい

図Ⅰ-3-15　インフラの維持管理と道守の関係

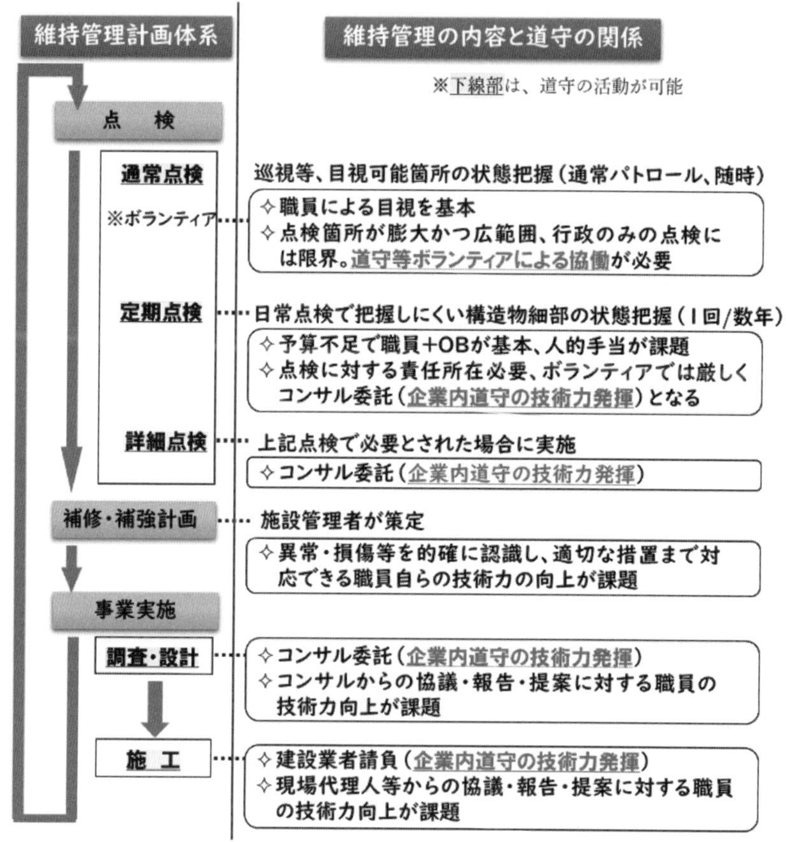

るため、点検・設計を担当するコンサルタント業認定者と補修工事を行う施工業認定者との連携、点検や補修に関する管理者との連携（情報の共有）が可能になった。

また、長崎県教育庁高校教育課との新しい連携も生まれている。長崎県内工業高校（鹿町、大村、佐世保）土木科の生徒のインターンシップとしての道守講座の実施である。講義は大学関係者、橋梁点検実習は道守認定者が担当している（図1－3－18）。生徒は点検シートを作成し、google mapに掲載している。当該工業高校の教員（4名）も、自らの技術力の向上と生徒指導を目的として道守補コースを受講している。

さらに、長崎県内市町の橋梁点検の委託を受けているNERC（図Ⅰ-3-19）は、点検を受託したコンサルタントが道路橋定期点検要領に基づいて診断した判定区分の適正化と統一化を図ることを目的として，NERC内に「橋梁定期点検結果健全度評価委員会」を設置している。委員会ではコンサルタントから提出される損傷写真や所見を確認し，点検要領や構成員の知見に基づき判定区分を証査している。この委員会にNERCに所属する特定道守認定者11人が参画している。公的機関所属の道守認定者が活躍できる分野として期待される。

以上のように、組織的体制が整ったことにより、岐阜、愛媛、山口大学ME等との連携、長崎大学との共同研究、新技術の社

写真Ⅰ-3-16　道路見守り活動（長崎地域）

写真Ⅰ-3-17　佐世保市協力を得た自主橋梁点検
（左）橋梁点検説明会、（右）高所作業車点検実習

図Ⅰ-3-18　高校生講座（点検演習）

高校生講座

点検演習　**① コンクリート構造物点検演習**

コア採取・中性化試験

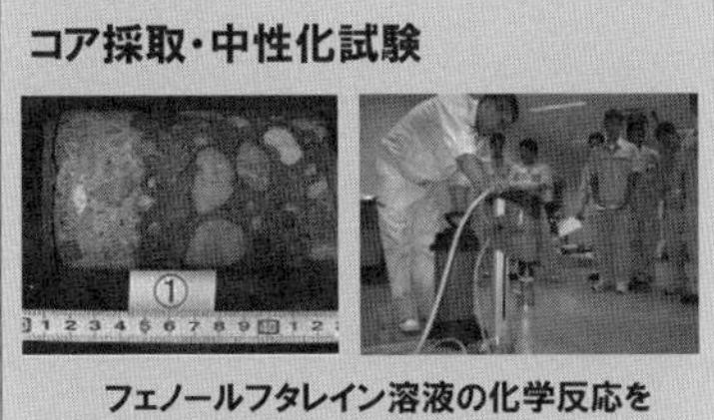

フェノールフタレイン溶液の化学反応を
利用して中性化深さを推定

電磁波レーダ

電磁波レーダを利用して鉄筋の位置を検出

反発硬度法

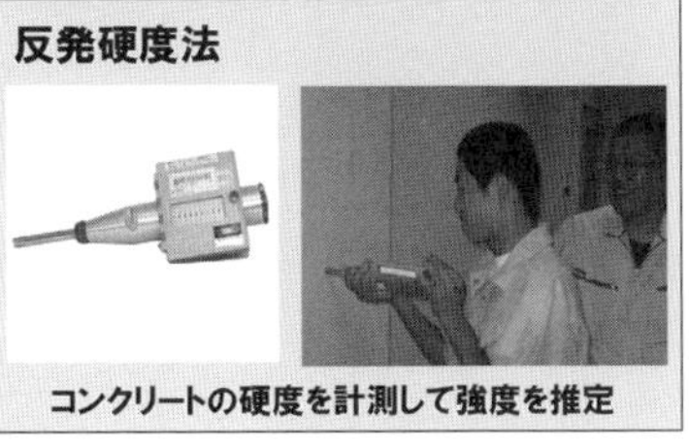

コンクリートの硬度を計測して強度を推定

電磁誘導法

電磁誘導現象を利用して鉄筋の位置を検出

図I-3-19　NERCでの市町橋梁一括発注

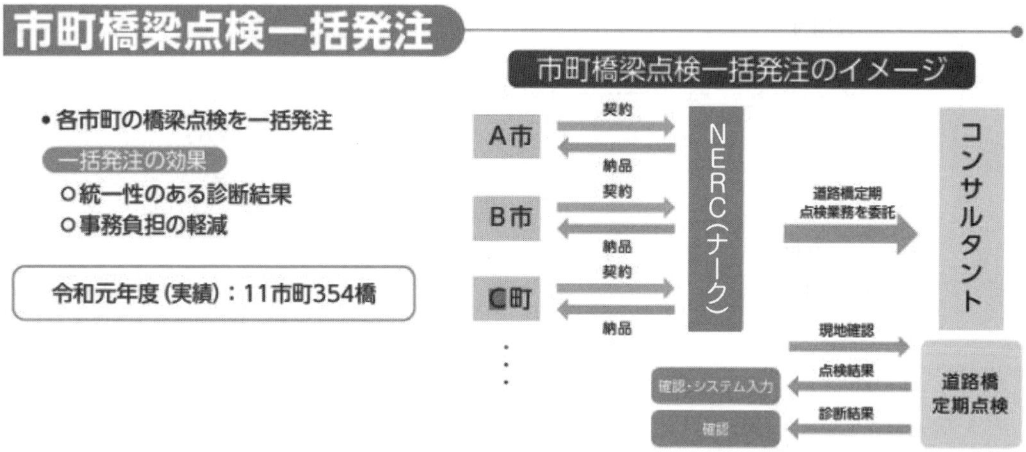

市町橋梁点検一括発注

市町橋梁点検一括発注のイメージ

• 各市町の橋梁点検を一括発注

一括発注の効果

○統一性のある診断結果
○事務負担の軽減

令和元年度（実績）：11市町354橋

A市　契約　納品
B市　契約　納品
C町　契約　納品
・
・
・

NERC（ナーク）

道路橋定期点検業務を委託

コンサルタント

現地確認
点検結果
診断結果

確認・システム入力
確認

道路橋定期点検

写真I-3-20　成果報告会での出席者集合写真

会実装、広報活動、成果報告会（写真I-3-20）に取り組んでいる。「道守養成ユニットの会」の自立運営のための収入を伴う活動や道守養成講座の継続のための支援活動も視野に入れており、その一環として認定者が養成講座の演習、実習、講義を担当し、次の世代の道守を養成している。さらに、島嶼が多い地域特性を踏まえ、地域部会を拠点として、ボランティア活動、自己研鑽、技術支援等を県内産官学の連携をもとに創意工夫しながら取り組んでいる。このような地域発の「道守養成ユニットの会」の活動に対して、土木学会から2021年度インフラメンテナンスプロジェクト賞が授与された。

9.　最後に、将来展望

道守養成講座は文科省補助事業として10年間無料で実施してきた。2018年からは受講料を徴収しているが、受講希望者は減じてなく、受講者を制限して実施している。

今後、道守養成は特に市町の自治体職員の養成者不足と技術力向上が課題であるので、変状を的確に認識し適切な措置まで対応できる人材養成が急務である。また、点検箇所が膨大で広範囲に及ぶことから、通常点検を職員のみで行うには限界がある。“地域の力”を活用するためにも多くの道守補助員の養成依頼がある。地域の消防団員や農業就労者などの活力ある若者を道守補助員として養成することを目論んでいる。

なお、道守養成ユニットの展開として、道だけではなく、人間の生活に必要不可欠な地域の水、海、川、山、森を守る人材育成、最終的には防人（さきもり）への拡充を掲げていた。長崎大学ではすべての社会資本ストックの維持管理と防災・減災と歴史的建造物の保全分野成を実施するために、2022年10月にインフラ長寿命化センターをインフラ総合研究センターに改組した。

インフラ維持管理や防災に関する技術は地方自治体管理の小規模施設に対しては従来のローテクでも十分対応可能である。デジタル化とAI技術を活用することによって課題解決が期待される。そのためには、ハードのインフラだけでなく、ソフトのインフラのシステム改革も重要である。

参考文献

1）長崎県：公共土木施設等維持管理基本方針、2007年３月
2）岩城一郎：“ふくしま発”市民とともに道を造り、橋を守る！，セメント・コンクリート，No.790，2012年12月

第4章 地域再生支援プログラムとPPPの人材育成（第18回国際PPPフォーラム抄録）

東洋大学が2023年に開催した第18回国際PPPフォーラムでは「PPPにおける人材育成」をテーマに取り上げた。フォーラムでは、東洋大学が2007年より実施している「地域再生支援プログラム（Regional Development Advisory Program）」を実施した地域の報告が行われた。

地域再生支援プログラムでは、これまでに国内外で50件を超える調査を実施している。内容は公有地の活用、公共施設マネジメント、公共施設へのPPP手法の活用、新しいPPP事業スキームの検討、市役所のアウトソーシング、財政改革、長期のまちづくりビジョン、地域の産業活性化、災害復興など多岐にわたる。

調査は、外部資金や自治体等からの研究委託の形態で行われていることが多い。通常、数か月から１年をかけて調査を実施している。複数年度にわたって調査を継続するケースや、異なるテーマに対して継続的に研究を行っている地域もある。

1. 10年間塩漬けだった町有地をアメリカ型PPPで活用

鎌田千市氏（岩手県紫波町）

コロナ禍が沈静化して、岩手県紫波町には多くの自治体などからの視察が相次いでいる。2023年10月で28件、11月も30件近い視察をお迎えした。紫波町という小さな町で多くの自治体や企業の方に、オガールだけでなくPPP手法を用いた民間主導のまちづくり、面的整備を感じてもらいうれしく思う。

紫波町は東京から盛岡経由で約２時間半のところにあり、人口は減少している。鉄道のある中央部は人口が社会増に転じたが、東西の農村部は自然減の状態で、この10年で1000人ほど減少した。ただ、社人研が出している人口推計に比べると減少は緩やかになっている。それがまちづくりのちょっとした成果と言えるだろう。

オガールの開発が行われた紫波中央駅前には、1988年から10年間塩漬けだった町有地があった。そこで公共施設の整備と民間の経済開発を行う、しかも町には十分なお金がない状況では民間の知恵と資金に頼らざるを得ないという時に、東洋大学の公民連携専攻の1.5期生として岡崎正信さんが学び直したというのが大きな転機となった。それを当時の町長に報告したことから紫波町の公民連携は始まった。

レモンをレモネードにする、30年の長期の計画を立てる、アメリカ型PPP手法というものを大学院で学んだ。それを受けて２年かけて公民連携基本計画を策定し、都市と農村の暮らしを楽しみながら環境や景観に配慮したまちを作る、PPPの理念を重視して手法にこだわらずに町の再生、再編集の成長戦略を描くと言うことをやった。

町としてはPPPによるまちづくりの実績がない中で、オガール紫波株式会社という

PPPエージェントを設立し、民間の投資誘導の方法を代理人から教えてもらいながら進めてきた。さらにデザイン会議を設置してデザインガイドラインを作った。こうして、単なる土地活用ではなくエリアの価値を上げていくことに取り組んだ。

東洋大学にPPPの可能性調査をお願いした時、まだ何も決まっていない段階で当時の藤原孝町長は「公民連携元年」を宣言した。これしかない、という首長ならではの直感があったのだろう。町長のブレない意思があったからこそ、行政として安心して進めることができた。町の代理人であるPPPエージェントの岡崎さんは市場調査をして町の代理人としてリーシングをしてくれた。町役場の職員は市民の意向や議会の理解を促す。その中心にデザインがあり、どういうコンテンツ、建物を土地の上に載せるかというこの三つが合わさり事業が進んだ。

最初に岩手県フットボールセンターが東日本大震災の年の４月30日にオープンした。その後、町民待望の図書館と農業の町である紫波町の産品を扱うマルシェの合築施設である「オガールプラザ」、そして中心にはシンボルとなる広場を通した。さらに南側には「オガールタウン」という57区画の宅地分譲を行った。そのエリアの価値が上がった段階で余剰地を民間に使ってもらおうと公募をかけてできたのが宿泊施設とバレーボール専用体育館の「オガールベース」である。その後、町役場をPFIで建設し、これらの施設には木質チップを活用したエネルギーステーションから地域熱供給を行っている。町長が現在の熊谷泉町長に交代し、安心して子育てできるゾーンにしようということで保育所、診療所や町の福祉部門が入った「オガールセンター」を整備した。これを「オガール」プロジェクトと呼んでいる。

それぞれのプロジェクトを進める際には、ストラクチャーシートを描いて役割を整理し、プロジェクトが成り立つかを考えることができるようになり、役場職員の共通言語となった。オガールは単純な公共事業ではなく、「オガール紫波」を代理人として市場から資金を集めて整備し図書館を造ったので、その維持管理運営の財源を確保する必要があり、余剰地を貸し付けることでその収入を図書館に回すという仕組みを考えた。図書館やマルシェは多くの人が訪れる場所となっているので、町のビジネスを支援する図書館でもあるとして「稼ぐインフラ」というコンセプトが受け入れられるようになった。

町としての政策誘導も行った。町が直接57区画を分譲した宅地では、地元の建設会社を使うこと、エコハウスでなければならないとした。紫波型エコハウスというのが紫波のみならず普及している。

大学の調査を受けて事業を実装するために、公共側がプロセスをデザインするということも考えなくてはいけない。オガールは、東洋大学の可能性調査の後、２年ほど費やして市場調査と住民の合意形成というのを行った。大学が与えてくれたアイデアをどのように実装していくかについて自治体は知恵を絞っていく必要がある。

紫波町は、何らかの政策目的を持つ事業をこの土地で展開してきた。誰が何をやるか、どんな成果を見込むか、何の課題を解決するかによって、狭義のPPP手法を使い分けてきた。その経験、やり方は他の事業をやるときにも生かされている。

旧町役場庁舎の活用事業でも、部署横断でまずは役場が自分たちで考え、住民のみなさんの意見を聞き、方向性が見えてきたところで民間と対話をして実施方針を策定して公募し、町として提案のデューデリジェンスを行って議会にも納得してもらう。旧庁舎跡は本格的なサウナを備えた温浴施設に生まれ変わった。いま取り組んでいるのは、人口が減少している東西の農村部で廃校になった七つの小学校の活用事業だ。産業振興と人材育成という方針を定め、教育、スポーツとエンターテイメント、農業、伝統技術などの七つの基本方針を定めて五つが進んでいる。

さらには老朽化した公共施設がリニューアルをしなければいけない局面を迎えている。給食センターの建て替えや温泉保養公園のリニューアルなどに対して、PPPが全てに共通する共通言語になっている。紫波町では、プロジェクトを通して若手職員が小さな成功体験を積み重ねて育つ環境が整ってきていると実感している。

時代に合わなくなった制度は変えていくということや、組織を変えていく、あるいは民間の事業を進めるスピードに合わせて伴走することで機会損失を減らすというのを続けていって初めて信頼関係が生まれると考えている。紫波には生かせる資源と人が多くあると思うので、公民連携で新しい価値をつくっていく発展途上にあると考えている。

2. 海業とPPPで市民の「あこがれ」をつくる

徳江卓氏（神奈川県三浦市）

神奈川県三浦市では現在、海業プロジェクトに取り組んでいる。「海業」という言葉は三浦市が発祥の言葉で、三浦市を選挙区とする小泉進次郎代議士もアピールしてくれて国会議員や自治体、インドネシア政府などさまざまな視察を受けるようになってきている。

三浦市と東洋大学の研究のきっかけとなった二町谷という埋め立て地で、今後ホテルなどの開発を行う事業者が2023年の7月にイベントを行った。この開発は富裕層をターゲットとしており、クルーザーや高級車のオーナー等を招待した。そういった富裕層が三浦に訪問してくれることで、三浦の水産物を楽しんでもらった上で、富士山の脇に沈む夕日を眺めて、花火を楽しんでもらうというようなイベントとなった。三浦は世界にはまだまだ知られていない場所だが、イベントを通じてブランディングをして最終的にリゾートとして完成させていきたいと思っている。

三浦市は人口4万人で神奈川県の最南端にある。農業、漁業、観光業を主要産業としていて財政力は弱く、人口減少、少子高齢化という課題にも直面している。地域の活性化のために「選ばれる町」になることを目指していろいろと取り組んでいる。私が所属する市長室は市長が発案した組織で、市長からの特命事業を担うために2014年度に設置された。現在、市長室では市役所の移転や現市役所敷地の開発、海業プロジェクトなどに取り組んでおり、全てに東洋大学が関わっている。財政力の弱い自治体にとっては、PPPという手法は非常に有効であるという認識の下、積極的に取り組んできた。

今回は海業プロジェクトに絞って説明する。海業とは耳慣れない言葉かもしれないが、海が持つ多様な価値や潜在能力を経済活動の対象とする産業群を示すもので、1985年に当時の三浦市長が言い出した。三浦では漁業を核として観光など他の産業との結びつきがあれば全て海業だと解釈している。2022年の水産基本計画にこの言葉が採用されたことをきっかけとして、さまざまな可能性を持つものとして市長は「海業元年」を宣言して推進していこうとしている。

過去には1991年に開業した、「うらりマルシェ」という産直施設は海業の走りのもので、第三セクターの「株式会社三浦海業公社」をつくり運営しており、現在でも年間約100万人が訪れる主要な観光施設となっている。

三浦市における海業の振興は第一期と第二期に分かれていて、当初のものは市と三セクによる生業、狭義の海業と言える。第一期の頃にも産直だけでなくコンベンションやホテルという計画もあったが、三セクの限界もあり実現できなかった。現在進めている第二期の海業プロジェクトは、公民連携をフルに活用する形になっている。

元々は市内に点在していた水産加工団地を集積するために13.3ヘクタールの埋め立て地を整備した。埋め立ての開始は1996年で分譲を始めたのは2007年。埋め立て工事が長期化したことで経済環境が変化し、企業の立地が進まなかった。東洋大学からもPPPによる活用の提案を2011年に受けたが、実行には至らなかった。その後、私も東洋大学の大学院に入学し、その後に市長室ができて二町谷埋め立て地の分譲を担当することになった。

企業誘致を進めるにあたっては、企業に対するヒアリングを開始した。用途を水産関連施設に絞らずに話を聞いたところ、海際で相模湾越しの富士山が見える絶好のロケーションであると言うことが示唆され、利活用計画を変更すべきではないかとなり地域再生計画策定協議会を設置した。その中で海業をコンセプトとして事業者募集することとした。日本で唯一の魚の専門学校も開校し、水産加工団地部分もほぼ全て埋まった。

リゾートの開発は2020年から3フェーズに分けて行うことになっており、まずは浮桟橋の整備、スモールホテル、大規模ホテルという形で2030年頃までに全体が完成する予定になっている。

この事業は海業とPPPがうまくかみ合った。事業用地は「漁港」、特に「特定第三種漁港」という国の重要な漁港に定められた場所である。全国には遊休化した漁港も多く、本事業は利活用のリーディングケースになると考えている。水産加工団地としては活用する事業者に手を挙げてもらうことは難しかったが、「海」をコンセプトとして海業と公民連携を組み合わせたことで、弱みを強みに変えることができた。事業者募集のコンセプトの幅が広いほど民間事業者のアイデアの幅も広がり活用の可能性が高まる。海業という幅広い概念は最適だった。

公民連携事業を進めるにあたっては官民の役割分担が重要だ。民間はアイデアを出してそれを実行するが、漁港や海面の利用を実現できる環境を行政が整える。そういった姿勢がないと実現は難しい。役割分担をしながら官民で進めることで双方にとっての利益最大化を目指すことができる。

大学院の在学中に海外の成功事例を視察する機会があった。そこで大きな衝撃を受けたが、だからといって三浦市のロケーションも負けていないとも感じた。これが実現できれば三浦市の活性化につながるという確信を得ることができた。そういう経験があったことで、苦労があっても事業を進める力になったと思う。また、PPPの学びとして情報や権限をリーダーに集中することが重要だということで、私が中心となる体制をつくり情報を集約し、判断を行うことができた。また、企業誘致を目的とするのではなく、そこをスタートとして事業者と伴走していくという考えを持つことができたことで民間事業者の方と協働できていると考えている。

三浦市のように財政力の弱い自治体にとって自らこのような投資を行うことは難しい。それが公民連携で取り組むことによって行政だけではなし得ない大規模な投資を実現することができた。富裕層をターゲットとしたリゾート開発することによってあこがれをつくる。それが市民のシビックプライドにもつながり、働く場所もできる。そのためにPPPであこがれを創出したいと考えている。

3. 民間との対話窓口の設置が縦割りの解消にも

西田喜久氏（三重県桑名市）

桑名市は三重県の一番北部に位置する都市で、愛知県、岐阜県に隣接している。名古屋から鉄道で約20分の距離にある。JR、近鉄など4路線が桑名駅に乗り入れている。名古屋近郊の住宅都市として発展してきた。ただ、この鉄道がまちづくりの課題でもあるのでそれを後述する。人口は13万9000人程度である。

公民連携の取り組みとしては、2004年に日本で初めての図書館PFIというのを取り入れたが、職員にとってはPFI手法というのはなかなか難しく、その後10年ほどは大きな公民連携の取り組みはなかった。市長の強い思いがあり、2015年に公民連携の専門部署を立ち上げ、それを機に私が東洋大学の大学院に入学した。そして、大学院の研究として駅周辺の課題について調査をした。同時に、市としては民間企業との対話をする、民間のスピードに行政も対応していこうということで民間提案の窓口として「コラボ・ラボ桑名」を設けた。また、2017年度には大きな組織改編も行って公民連携を進めてきた。その結果として健康増進施設である神馬の湯と桑名福祉ヴィレッジが整備された。

桑名駅は、4路線が乗り入れていることもあり、駅の幅が180メートルもある。このため、東西が駅で分断された状態で、それが大きな課題となっていた。調査当時は改札を通らなければ駅の逆側に抜けられない状態だった。市として自由通路を整備する計画を進めており、同時に駅の西側で土地区画整理事業を行っていたが、区画整理事業がかなり長期化していた。区画整理でできるだけ早期に駅前広場と幹線道路を整備したいと考え、区域内に住んでいる方のための中断移転住宅という一時的な仮住まいの集合住宅を整備しようと考え、大学に研究をしてもらった。大学からは、時間短縮とコスト縮減を目指して中断移転住宅を整備するために民間事業者から2段階の提案を受けてはどうかという提案を受けた。この提案を受けて市内部で検討を行い、2段階方式かつインセンティブを付与するという形の民間提案を受け付けることとした。インセンティブを付与する形の民間提案制度は当時中部地方ではまだ実績がなかった初の取り組みとなった。そこで大和リースから提案があり、構造の変更とそれに伴う工期の短縮、また市が保有しなくてもよいリース方式、さらに15年の事業期間が経過した後に解体する、事業期間を延長する、市が財産として保有するという選択肢を選べることになった。その上、イニシャルコストとランニングコストの合計で3300万円の削減も達成された。早期にこの中断移転住宅が整備されたことにより、駅前広場や幹線道路の整備も順調に進んでおり、2024年度には主要な部分ができてバスの乗り入れも可能になる。駅の東側は、駅前広場とホテルをデザインビルド方式で一体的に整備する計画も進んでいる。

このように公民連携の事業が進んでくる中で、官民の対話の必要性や民間のスピード感に合わせていく必要性が高まり、従前はばらばらに所管していた公共施設マネジメントや行政改革、財政改革を行う部署を集約し、スピード感をもって取り組める体制とした。また、公民連携の対話を行うための窓口として「コラボ・ラボ桑名」を設置した。この窓口はワンストップで、テーマを決めた提案募集、いつでも何に対しても提案できるフリー型提案、サウンディング型市場調査、包括連携協定などをすべて取り扱っている。

公民連携の民間提案を受け付けるようになった成果として、健康増進施設である「神馬の湯」と多世代共生の福祉施設「桑名福祉ヴィレッジ」が完成した。このほかにも消防庁舎の再編や小中一貫校整備でも公民連携の取り組みが進んでいる。

神馬の湯は、当初公設公営で進めようとしていた施設を、コラボ・ラボのフリー型提案を使って民設民営で整備する提案をもらった。民間のノウハウのおかげで年間25万人が訪れ、観光情報サイトのスーパー銭湯ランキングでも全国3位になる人気の施設となっている。市としては土地の賃貸収入、入湯税を得ることができている。

福祉ヴィレッジは、市内各所に点在していた福祉施設を集約し、多世代共生型の施設を整備することをコラボ・ラボに対して事業者から提案してもらった。事業者は社会福祉協議会と大和リースである。施設は母子生活支援施設、養護老人ホームの「すまいのエリア」と保育所、児童発達支援センター、生活介護事業所の「かよいのエリア」に分かれているが、子どもと高齢者が触れ合う機会がつくられている。これまでは直営や公設民営であったが、現在はすべての施設が民設民営となっている。この施設の敷地は市の公園で、公園、地域交流施設は公設民営として、これも社会福祉協議会に運営してもらっている。

桑名市においては、従来方式で行われている従来の公共施設を「第一の施設」、PFIなどの従来型のPPP手法を用いる施設を「第二の施設」、そういった公共サービスの垣根、固定観念を取り払って地域に貢献できる施設を市の独自の概念として「公的な利益を生む施設＝Public－Profit Facility（PPF）」と位置付けて、コラボ・ラボを活用して民間との連携を進めている。

大学院で学ぶ際に、民間の人と一緒に取り組んでいくことで、行政の公平性や平等を重視する考え方と民間事業者の市場性に着目する考え方の違い、スピード感の違いなどを体感することができた。また、「コラボ・ラボ桑名」を設置したことの効果は、民間事業者からの提案を受け付けられるということにとどまらず、行政の内部にとってもとても重要だった。つまり、通常は民間事業者と意見交換をする場というのがなかなかないが、民間から提案を受け付けられる窓口があることによって、課題を抱えている担当部署もその窓口に課題を投げかければ、そこから民間事業者に課題を提示して対話をすることができると考えてもらえるようになり、行政内部の縦割りの解決にもつながっている。

また、行政の人材にとっては、当初はPPP手法などに半信半疑であっても、大学による調査や、その報告会から事業を見守り、民間の提案を受けて実際にプロジェクトが実現していくというプロセスを見られたことが大きいと思う。職員が成功を体験することができたことで味方を増やしていくことができるということは、組織にとっても重要である。

4. ターゲットを広げ利用者が２倍に

星野篤史氏（広島県廿日市市）

廿日市市は中国地方、広島県の西部に位置し、南は瀬戸内海から北は中国山地まで南北に広い自治体である。平成の大合併で2003年に佐伯町と吉和村、2005年に大野町と宮島町が合併して現在の市域となった。廿日市市の名前の由来は、厳島神社の参詣者のために毎月20日に市が開かれていたことから、十を二つ組み合わせて廿という漢字を使う廿日市という名になった。

市の人口は現在11万6000人ほどで、沿岸部の廿日市地域と大野地域に人口が集中している。中山間地域の佐伯地域や吉和地域は人口の減少が顕著になっている。世界遺産のある宮島地域は、人口は1400人ほどで過疎地域にも指定されているが、コロナ禍前（2019年）の来島者数は465万人で、コロナ禍の期間中に188万人程度まで落ち込んだが、2023年には400万人を回復する見込みである。廿日市市への外国人観光客はコロナ禍前で37万人となっていて、多い順にフランス、アメリカ、スペインとなっている。

2023年に開かれたＧ７サミットは宮島でも開催された。その際にテーブルやネームプレートなどの木材、お土産として配られたけん玉も廿日市産で木材産業が盛んである。

私自身は民間の設計事務所を経て2008年に廿日市市役所に入庁し、2018年から東洋大学の大学院で学んだ。現在は経営企画部の公共施設マネジメント課で公民連携事業や公共施設の包括管理事業などの仕事を担っている。私以前にも２人の職員が東洋大学の大学院で学んだ。

本市の場合、東洋大学には筏津地区公共施設再編事業にコンサルタントとして参画してもらった。2018年度に公民連携導入可能性調査と基本計画策定、事業化支援に関する公募型プロポーザルを実施し、東洋大学が選定された。

整備する施設は老朽化した体育館、市民センター、図書館の再整備に新たに子育て機能を追加するというもので、DBO方式で整備し、23年の３月に供用開始した。大学には、基本計画の策定から実施方針の策定、さらに募集要項を公表して優先交渉権者を選定し、契約するまで協力してもらった。

大学の関与で効果的だったと感じているのは、廿日市市において大野地域だけが人口が伸びている状況だったため、当初市としては子育て世代や児童・生徒だけをターゲットと考えていた。それに対して、大学からは子育て世代がメインのターゲットではあるが、対象を絞りすぎずに将来の利用者ともなり得る中高年世代や高齢者、障がい者も利用者として想定すべきで、それによって利用者のサイクルが生まれるというアドバイスをもらい、計画を修正した。また、子育てに積極的な市の姿勢を示す意味でも、公共施設マネジメントの視点での施設の集約・延床面積の抑制ばかりを目指すべきではないという指摘もあった。

子育て世代に特化しすぎない計画へと変更したことが功を奏して、開業後は子育て世代の利用が多いものの、子育て世代に限らず非常に多くの高齢者や障がい者など幅広い人に使ってもらえる施設になった。3月の供用から約半年で29万人の人が利用している。再整備前の施設の利用者が年間合計15万人程度だったので、すでに倍増している状況である。SPCが目標としているのは年間37万500人だが、現在のペースでは初年度で40万人に到達しそうな勢いだ。

8月にすべての施設がオープンした。市民センター、体育館、図書館、子育てリビングの運営事業者が連携してイベントを開催しており、複合施設のメリットが発揮できていると感じている。

大学での学びでは、これまで当たり前だった仕様発注ではない官民連携手法を活用した性能発注による施設整備ができ、それによってこれだけの人が集まる施設ができた。また、さまざまな事例を学んで院生同士で議論を交わすことで、事業の目的や事業手法、それをどう実現するのか、どういう戦略があるのかということを考える力を身に付けることができた。

また、大学が関与したことによってとても大きかったのは、民間とのサウンディングに多くの企業に参加してもらう機会を作ってもらうことができたことだ。地方の行政では、民間事業者の参加者が限られ、対話などをしてもあまり広がらないということがある。その点では、東京でもサウンディングを行う機会を得られ、多くの企業の意向を聞くことができたのはとてもありがたい経験であった。それによって良い事業になったと感じている。

とはいえ、行政職員は日々自分の所管業務や議会対応などに追われていて、なかなか時間をとって新しい知識を学ぶということができない。また、日常的にはどうしても前例主義でこれまでのやり方を踏襲し、新しいやり方、考え方を試すということができない。それを変えていくのは大変だが、変えるためには若手職員ではなく中堅以上の管理職の人たちがPPPを学び、組織の中でPPPを引っ張っていくということが大切だと思う。そのためにも、大学院に通いやすくするための支援なども必要だろう。私自身はPPPというものを一切知らないというところから大学院で学ぶことになったが、前任者が2人、同じように大学院で学んでいたことでいい形で公共施設マネジメントや事業を引き継ぐことができた。

この事業の後、宮島地域の歴史民俗資料館と伝統産業会館も、当初は従来方式やDB（設計施工一括発注）方式で進めるつもりでいたが、課題を整理して持続可能な施設とすること、有形文化財に指定された屋敷の維持・保存と活用を実施していくことを両立するためにはPPP手法を検討することになり、10月に実施方針を公表した。そのほか、市役所周辺のシビックコア地区のまちづくり事業でもまだまだ目標設定を行っている段階ではあるが、公民連携を検討していきたいと考えている。また、すでに実施している公共施設の包括管理委託の第三期の契約更新に向けた仕様の見直しや、PFI手法で整備した宮島水族館の契約更新が近づいていることから、採算性の確保や魅力の向上のためにコンセッション方式の導入についての検討も進めている。

5. 客観的な選択肢を提示し町民の意思決定へ

奥田育裕氏（奈良県広陵町）

広陵町は奈良盆地の中西部にあり、大阪から直線距離で約30キロに位置している。1955年に３町村の合併で誕生した。1985～95年にニュータウンの開発が起こり、人口が急増した。現在の人口は約３万5000人で奈良県下の町で最も人口が多い。

産業としては靴下製造やプラスチック形成が盛んであり、靴下生産は日本一である。また、町内には国の重要文化財や史跡も多く点在している。町域の70％が市街化調整区域になっており、四つの特徴的な地域からなっているが、人口の40％がニュータウンに住んでいる。

2018年に内閣府の地方人材支援制度によって、東洋大学の客員教授を務めていた中村賢一氏がまちづくり政策監に就任したのがきっかけで東洋大学とのつながりができた。中村氏から「自治体こそ、一定のポジションにいる人がPPPを学ぶべき」との助言を受けて、私が大学院で学ぶことになった。管理職がPPPを理解することが、町全体でPPPの実践につながると実感している。それ以外にも、SDGs未来都市の認定やカーボンニュートラルの取り組み、ビデオ会議の導入なども自分たちでは考えもつかなかったことについて視野を広げてもらうことができた。

これまでに、公共施設マネジメントの面では、これまでに首長をトップとする公共施設のあり方検討委員会という庁内組織の設置、公共施設長寿命化計画の策定、公共施設等総合管理計画の改訂、幼稚園跡地の未利用地の売却を行った。公民連携、自治体経営などに関連した職員研修を若手職員から管理職までを対象に実施し、PPPへの理解を深めている。また、公民連携室を設置して町の公民連携窓口を一本化した。各課が抱えている課題に対してPPP導入可能性を検討したりサウンディング調査を実施するなど全庁的な取り組みを進めたりしている。加えて、2022年に東洋大学とは公共施設等の総合管理を含む研究に関する協定を締結した。老朽化した「中央公民館の再整備」など具体的なテーマについての覚書を結んで院生が参加した共同研究を行っている。研究として中央公民館の再整備基礎調査を実施し、研究には担当課長も院生として加わった。

この中央公民館の建て替えについては、2017年に利用者を中心に早期の建て替えを望む声があがり、町では25年度をめどに再整備の基本構想及び基本計画を策定することとなった。

今回の基礎調査では、中央公民館の建て替え計画と、公共施設の総量削減などを目指す公共施設等総合管理計画を対立軸として捉えるのではなく、各計画の趣旨を尊重して「公共施設としての安全性、財政的負担の持続性、中央公民館が果たしている機能の確保」を同時に実現する方法を検討した。

基礎調査では、町、町民が最終的な判断

を行うことができるように情報を整理し、優先順位をつけられるようにどの程度の予算が必要になるかを比較的な案として示し、客観的に比較をした。選択肢としては、施設の「更新」「大規模改修」「機能移転」「広域連携」「学校連携」という5つの選択肢をあげ、延べ床面積やライフサイクルコストなど7つの項目を比較検討の前提条件とした。具体的に14のケースを比較し、相対的に優位な4つの選択肢に絞り込んだ。2023年度は必要な情報を補完して基本構想をまとめる予定である。

合意形成の検討のため、再整備の各パターンについて職員を対象にしたアンケートを東洋大学式デリバレイティブポリングの手法によって実施した。質問について説明を加える前と加えた後で意見が変容しているのがわかる。

今年度は、町民2000人に対して公共施設に関するアンケートを行った。有効回答数は800を超えた。中央公民館を含む施設の利用経験は、「ほとんどない」または「まったく利用したことがない」という意見が大半を占めた。アンケートでは役場庁舎、総合福祉会館、ふるさと会館、はしお元気村の四つの施設について、再整備について現地建て替え、大規模改修、集約再編の三つの案を提示した。まず、再整備の対象である中央公民館や役場庁舎などの利用経験を尋ねたところ、全ての施設で「週1回・月1回」といった高頻度での利用は数パーセントにとどまり、「ほとんど利用したことがない」「全く利用したことがない」が大半を占めるという役場の想像していない結果となった。改めて、中央公民館だけでなく公共施設のあり方を根本的に見直していかなければならないと言うのを感じさせた。また、中央公民館の建て替えの三つの案については、現地建て替えが12.7%、大規模改修が11.7%に対して集約再編が55.1%を占める結果となった。集約再編を支持した人は地域的な偏りはなかったものの、30代を分岐点として若い人ほど支持する傾向にあることがわかった。この結果を踏まえて今後、住民ワークショップなどを実施し、2023年度末には中央公民館再整備の基本方針を決定する。町と大学との共同研究が数年後には大きな成果となるように取り組んでいきたいと思う。

大学院で学んだことで、PPPとはハードの整備だけではなく、ソフト面で町の課題を解決していくための幅広い場面で使うことができると学ぶことができた。立場上、新規事業の査定をする際にも、これまでのやり方に固執するのではなく、異なるやり方や民間事業者などを巻き込んでやっていくための方法を考えてもらうように促すことができるようになった。一方で、まだまだ生かせていない点としては、人口が減り役場の職員も減ることが自明な中で、限られた財源を優先順位をつけて使っていくという点で、地域分析の視点やデジタル化というのを進めていかなければならないとも感じている。

行政の内部では、数年ごとに人事異動があるので多くの業務がマニュアル化されており、それに従って業務を進めるという傾向が強くある。それによってどうしても前例踏襲に陥りがちである。なので、大学院での学びを生かして、いま取り組もうとしている課題が果たしていままでのやり方で解決できるのか、いままでのやり方で効果が上がっているのかを考えようと声をかけるようにしている。アイデアがあってもお金がない、行政内部でうまくできないという問題がある。小さな成功体験をつくっていくこと、外部の人から話を聞いて視野を広げていくことを繰り返していくことが必要だと考えている。

6. PPAP（官、民、大学連携）が海外PPP展開のきっかけに

加藤聡氏（株式会社長大）

今回の事例報告は、いずれも自治体の方からの報告であったが、私は民間企業である株式会社長大に勤務している立場から、唯一民間企業、唯一の海外事例ということで報告をしたい。

私は2009年に長大に入社し、2011年４月に東洋大学の大学院に入学をした。その在学中に地域再生支援プログラムの一環として、フィリピン・ブトゥアン市に行く機会を得て、それをきっかけに会社としてブトゥアン市での事業をスタートした。私どもではミンダナオの地域開発と呼んでいる。

所属している長大という会社は、2021年に持株会社体制に移行して、人・夢・技術グループという会社の７社の子会社の一つになっている。元々は橋梁、国の公共事業を基幹事業としているが、公共関係費の予算が減少している中で、従来型の基幹事業をコアとしながらも環境・新エネルギー分野や地域創生分野に取り組もうという方針を2009年頃に打ち出した。PFIのアドバイザリーにも多く関わってきているものの、新規事業についての海外、PPP・PFIなどを充実させていこうとしている。

ブトゥアン市はフィリピン・ミンダナオという島の北東部の人口約40万人の中心都市である。ここに2011年の９月に大学が院生・修了生10人のメンバーで地域再生支援プログラムとして調査を行った。元々ブトゥアン市は木材、その後エビの養殖、ODAという主要産業の変遷があり、それなりの雇用創出があり栄えていた時代もあったが、2010年頃になるとODAによる投資にも終わりが見えてきて、これからの主要産業のあり方を探っていた。公共の予算もマニラやセブといった大都市が優先的に配分されることから、民間手法で何かやれることがないかと考え、そこからPPPにたどり着いた。新たな地域開発のビジョンを示すための調査となった。

この調査報告書では、地域が持てる開発の源泉・ポテンシャル「レモン」を使って付加価値を加えた「レモネード」を作るという考え方をベースに、ブトゥアン市が持つ多くのリソースをどのようにPPPを使ってビジネスに繋げていくかについて検討をした。この報告書の作成の後、東洋大学はブトゥアンにある三つの大学と学術協定を締結したり、PPPのワークショップを実施したりし、それを契機にブトゥアン市としてもPPPのための組織を作ったり、フィリピンの地方自治体として初めてとなるPPP条例を制定したりした。これが、当社が事業をするのを強力に後押しをしてくれた。

当社は2011年以降、現地の建設会社をパートナーとして事業を展開してきており、地域の雇用創出、産業創出を通じた地域経済開発を目指して電力（再生可能エネルギー）や基礎インフラ、工業団地開発を段階的に進めている。具体的には、小水力発電事業、上水供給のコンセッション事業、エビやウナギの養殖事業、稲作・精米事業等に出資やコンサル業務契約を結んで関与してきた。そのほかにもバイオマス発

電事業、風力発電事業、太陽光発電事業、工業団地の整備事業などを進めている。

アシガ川小水力発電事業を例にとると、大学で調査を行った翌月には会社として現地を訪問し、3カ月後には小水力発電の開発に関する覚書を結び、翌4月には基本契約を締結、12月に着工した。建設工事に時間がかかり事業開始こそ遅れたものの、通常の事業の展開と比べてもかなり早く展開した。それにあたっては、PPPにAcademicを加えたPPAPというコンセプトで東洋大学、また現地の大学が参加することのメリットを享受することができた。

官、民、大学という多様なプレイヤーがこの地域において国を超えて重層的に携わることで事業が進んだ。海外での事業では、PPPの民間の中にも複数の日系企業、現地の企業、公共も当該自治体だけでなく国や複数の省庁が関与することになり、その中で課題が出てくる。そういった日本の大学だけでなく、現地の大学が入ることで現地の言葉で公務員や住民に説明してもらうことができるなどの土壌をつくってもらえた。この事業は開始から10年経った2021年には国連欧州経済委員会のPPPアワードで世界2位になるという栄誉にも輝いた。情報発信の機会も多く得ることができ、特にバックに大学が関与することで、民間企業の営利目的という色合いを薄めることもできたと思う。

さらに、事業の展開にあたっては、大学という営利企業とは異なる主体の存在により、相手国の自治体やパートナーとの協業において、事業化の入口の段階で協議のテーブルに着きやすいというアドバンテージを与えてもらえた。さらに、PPPのワークショップ、レクチャーで相手自治体のPPPの知識を向上してもらえたことも追い風となった。

一方で、大学と企業とでは意思決定のスピードが異なったり、大学の学期中は現地に出張するのが難しくなったり、一方で企業は営利を目指さなければならなかったりという側面もある。大学としてどこまで一民間企業のために時間を使えるのかといった整理も必要である。

当社からは15人が東洋大学の大学院で学んだが、特に地域再生支援プログラムは理論だけではない実学の機会を得るという点で非常に貴重であった。また、PPPの大学院で得たものは、何よりも人脈形成という面が大きく、さらにPPPに関する考え方を学ぶことができた、実務・実学に触れることができたというのが大きな点であったというのが修了生・在学生の評価である。企業で実務としてPPPに携わっていても、知識が偏ってしまうということが起こり、満遍なく知識を学ぶことは困難で、多岐にわたる分野をカバーすると言う点では人材育成で苦労している点でもある。また、事業を進めていく上で多くの苦労がある中で、知識や情報の共有だけでなく、この地域で何をやりたいのか、どうしたいのかというような思いを共有する点も苦労としてある。社内において、なぜ海外で事業を展開するのかということを理解して応援することも必要である。

7. 複雑なPPPにはキャパシティインジェクションがカギ

ペドロ・ネヴェス氏（UNECE PPP for the SDGs プロジェクトリーダー）

東洋大学の取り組みを知り、何度か訪問

している。これまでにも紫波町やブトゥアン市での取り組みには触れることがあったが、その他の多くの自治体で行われている多様なPPP事例について知ることができた。日本で多くの自治体が実施しているPPPは、同様のプロジェクトを必要としている世界中の多くの都市、自治体にとって参考になる部分が多いだろう。

まず、世界的にどのようにPPPに関する人材育成が行われているのかについて述べた後、人材育成の課題、そして最後に改善するにはどのようにしたらよいのかについて論じたい。

その前に、根本教授がまとめたPPPの人材育成で必要な内容というのは、SDGsを学ぶ上でも重要な内容と共通である。社会科学と自然科学や工学や法律が学際的に融合していくべきだというのは、PPPでもSDGsでも共通だと感じる。なぜなら、都市におけるより良い未来を目指しているからだ。そもそも、SDGsもPPPも公共が投資を促進するための方法であると言える。これは、民間が自らの商業活動に投資をするのとは異なる。PPPは、公共の投資を民間の資金を使って行うものであり、公共の福祉を目指すものである。そこにおいてどのように民間の能力を使うかを検討する。PPPは公共政策の領域であることに変わりはない。

ここが、世の中で増加しているPPPの人材育成があまりうまくいっていない理由でもある。なぜなら、従来のPPPの人材育成は、「PPPとは何か」「PPPプロジェクトを組成するにはどうしたらよいか」ということにばかり注目している。そのため、PPPの教科書のような本を読むと、そういったPPPの方法論やPPPの技術的なこと以上のことを忘れがちになる。そういった理論や技術的な内容だけでなく、実際にフィールドでプロジェクトを経験した人から学ぶことこそ必要だ。それは、地域を知り、地元の人々と話し、課題を見つけ、何がうまくいっていないかを知ることであり、「ゲーム」の内容を知ることだ。一般的に広く行われている人材育成のコースや国連欧州経済委員会が実施している「人材育成（キャパシティビルディング）」の取り組みは、コンサルタントが月曜日に来て金曜日には帰ってしまい、その地域のことなど忘れてしまう。現地の人々は、その地域を変革し、目標に向かって進むための手段を求めているにもかかわらず、短期間の研修が行われるだけで終わってしまう。「キャパシティビルディング」だけではなく「キャパシティインジェクション」が必要だ。

では、キャパシティインジェクションとは何だろうか。仮にキャパシティビルディングが講義をするだけだとしたら、キャパシティインジェクションとは、課題を抱えている地域で人々と並んで座り、手取り足取りやり方を教えてあげることだ。例えば、自動車の運転を学ぶ時に一緒に運転席に座ってハンドルやアクセル、ブレーキの操作を教えるようなものだ。学習している人が少しずつ上達したら、助手席、後部座席からアドバイスするだけにして、自走させる。プロジェクトが実際に飛び立てるようになるためには、それくらいの深い関与が必要だ。本当に機能する人材育成というものを考えたとき、そのような伴走型の支援が必要となる。

通常の大学が担っている役割は、知識を学生に教えることやリサーチをして知識の蓄積をすることだ。東洋大学の事例を見ると、東洋大学はそこからさらに進んでプロジェクトの「インキュベーター」になっている。つまり、人々や地域の課題を理解し、アイデアをプロジェクトに変え、そのプロジェクトをビジネスに成長させている。アイデアをビジネスにしていくためには、パートナーとなり、地域に伴走する支援が必要だ。また、地域との長年のつながりによって、プロジェクトを加速させる役割も担っている。仮にインキュベーターとしての役割は1年程度のものであるかもしれないが、実際には、東洋大学と地域との関係は複数年続いている。まるで、地域と大学が友人同士としてパートナーシップを構築しているような関係だ。

もう一つは、軸足が大学の中ではなく、地域にあることだ。PPPは先述したとおり公共政策の一部であるから、市長をはじめとしたハイレベルの意思決定が必要だ。ただ、そういった意思決定者は多くの場合、大学院で学んでいる時間がない。だからこそ、学校が外に出て行く必要があるが、市長室に人を送って「あなたを教育してあげます」と言ったところで機能しない。そこで、市長などのハイレベルの意思決定者に良いアイデアを提供して、彼らの領域の中で意思決定をさせる方法を考えなければいけない。それをどのように実行するか。それを実行するには、これまでと違うタイプの教授陣、講師陣が必要だろう。

ここで紹介された事例の多くが、単に一つのプロジェクトの紹介にとどまらず、組織の中でのマインドが変わり、他のプロジェクト、これから行われるプロジェクトに言及していたのが印象的である。つまり、公共政策の意思決定のあり方が実際に転換したということなのだ。

今日の世界、アメリカと中国という超大国の狭間で日本が持つ重要性はますます高まっている。外国人の目から見て、日本というと効率性、信用、物事の実行力の高さを思い浮かべる。そういう点からも、日本の教育機関が、世界に出て行って、日本企業にとってのビジネスの仲介役となることが必要だろう。「大学」であれば、アジア、アフリカ、ヨーロッパ、北米、中南米のどこへ行っても人と会うのが容易になる。日本での成功をもってすれば、世界のどこでも同様の取り組みをすることはできるだろう。もしそれができるのであれば、JICAなどの国際協力機関や、商業銀行等も参加することへのハードルが下がるだろう。日本ができることは、日本の製品を売るだけでなく、日本でうまくいっていること、日本のサービスに世界の人々がアクセスしてそこからメリットを享受できる仕組みをつくることだ。学術機関は、縦割りに陥ることなく、金融、工学、行政経営などに横串を刺すことも可能だし、中央政府、地方政府、国際機関などを繋ぐこともできると信じている。

日本は人口減少を国の最優先課題として捉えている世界で唯一の国であろう。人口が減れば財政も厳しくなる。他国にも近い将来訪れる未来だ。

SDGsの達成に必要なプロジェクトへの投資に対して、公的機関はその1/3程度しか資金を提供できない。残りの2/3は民間から来なくてはならず、パートナーシップが必要だ。そのためにも、行政と大学が地域の現場に行き、理論を実務にして、ケーススタディから学び合うということが必要だと思う。

第5章 自治体から見た大学への期待
～未来共創に向けた新しいかたち～

富山市政策監　本田信次

1. はじめに

富山市は、人口減少や超高齢社会の進行を見据え、「公共交通を軸とした拠点集中型のコンパクトなまちづくり」を政策の基本に据えて、雇用や子育て環境、教育、文化などさまざまな分野の施策に取り組んできた。その結果、人口の社会増や地価の上昇による固定資産税や都市計画税の増収、高齢者の外出機会の創出など、さまざまな成果を生み、国内外から高い評価を受けている。

一方で、郊外や中山間地域に住む市民の中には、政策の効果が実感しにくいとの声があるのも事実である。

さらに、近年は市民ニーズが多様化し、それに伴い、行政課題も複雑化・高度化しており、行政だけで課題を解決していくことが困難になってきている。

国においては、これまで「まち・ひと・しごと創生総合戦略」や「デジタル田園都市国家構想総合戦略」などに基づき、ヒューマン、デジタル、グリーンの三つの視点に立ったさまざまな取り組みが提起されており、将来にわたって「活力ある地域社会」を実現するためには、自治体が、大学、企業、そして住民と連携し、それぞれの役割を果たしながら、地方創生を進めていかなければならない。

図表Ⅰ-5-1　富山市のまちづくりの推移（著者作成）

2005.3（H17）	総合的都市交通体系マスタープラン策定	コンパクトなまちづくり ↓		
2007.2（H19）	中心市街地活性化基本計画第一次認定			
2008.7（H20）	環境モデル都市第一次選定			
2011.12（H23）	環境未来都市第一次選定			地方創生 ↓
2015.9（H27）	まち・ひと・しごと総合戦略策定			
2018.6（H30）	SDGs未来都市第一次選定			
2019.1（H31）	センサーネットワーク整備		スマートシティ	
2020.3（R 2）	富山駅路面電車南北接続開業		↓	
2022.11（R 4）	スマートシティ推進ビジョン策定	コンパクトシティの深化（コンパクト＆スマート）		
2023.11（R 5）	スマートシティ推進プラットフォーム設立	↓		

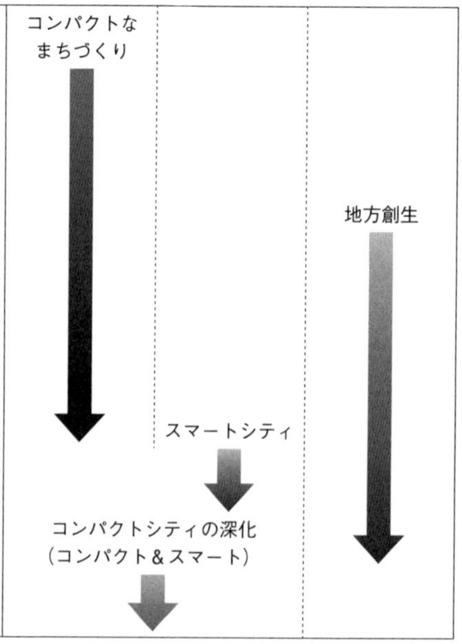

自治体や大学、企業、住民の役割を整理すると一般的には以下のように列記できる。

①自治体：地域の課題の把握を行うにあたって、地域住民や団体等の声を十分に聞くとともに、大学や企業等から提供される知見や技術を基に具体的な計画を作成しプロジェクトを実施していく。

②大学：地域の課題解決に必要な専門的な知識や人材の提供を行い、研究開発や実践的な教育プログラムを通じて、人材の育成や、地域社会の発展、持続可能なまちづくりを支えていく。

③企業：投資や技術支援などのリソースを提供し、地域のイノベーションや経済成長に貢献するとともに、地域の課題解決に関連する商品やサービスの提供を行い、産業振興や雇用創出に寄与する。

④住民：地域の課題やニーズを発信し、自治体や大学、企業と協力して、課題解決に取り組み、地域の魅力の向上やコミュニティの形成に寄与する。

本市においても、地域の特性を生かした地方創生を推進していくために、産学官民による共創は不可欠であり、とりわけ大学が果たす役割は今後ますます大きくなると考えている。

本稿では、地方創生の推進とコンパクトシティ政策の深化を目指す富山市のスマートシティ政策や、アントレプレナーシップ（起業家精神）の醸成、まちなかシェアハウスの整備など、大学や企業等との連携による未来共創の取り組みを紹介する。

2. コンパクトシティ政策とスマートシティ政策の融合

(1) 富山市版スマートシティの取り組み

本市では、デジタル技術を活用して、「コンパクトなまちづくり」を深化させる「富山市スマートシティ推進ビジョン」を2022年11月に策定した。デジタル技術の導入とそれにより得られるデータの利活用により、市民や地域の課題解決に資する官民のサービスを創出する政策である。

図表Ⅰ-5-2　三つのまちづくりの目標

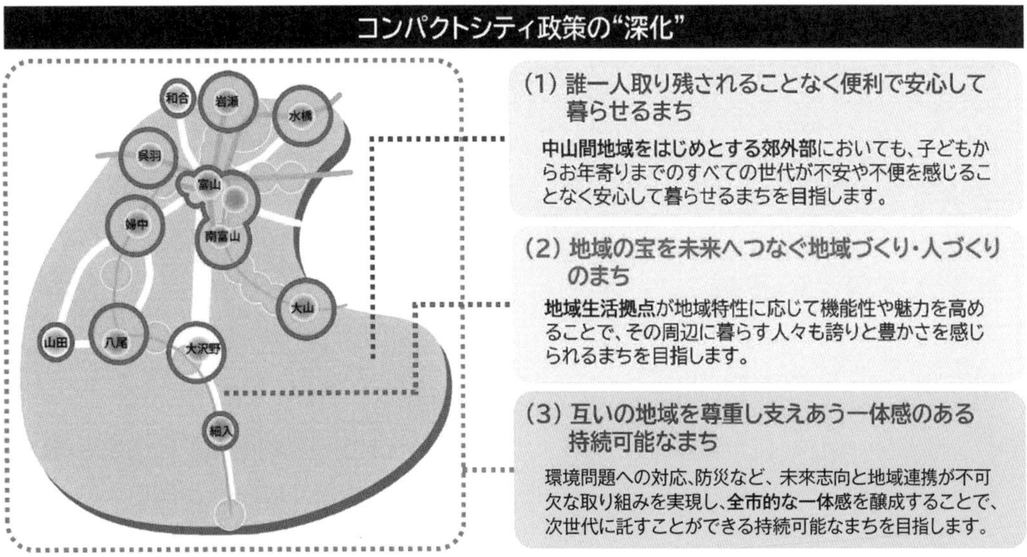

コンパクトシティ政策の“深化”

和合　岩瀬　水橋　呉羽　富山　婦中　南富山　大山　山田　八尾　大沢野　細入

(1) 誰一人取り残されることなく便利で安心して暮らせるまち

中山間地域をはじめとする郊外部においても、子どもからお年寄りまでのすべての世代が不安や不便を感じることなく安心して暮らせるまちを目指します。

(2) 地域の宝を未来へつなぐ地域づくり・人づくりのまち

地域生活拠点が地域特性に応じて機能性や魅力を高めることで、その周辺に暮らす人々も誇りと豊かさを感じられるまちを目指します。

(3) 互いの地域を尊重し支えあう一体感のある持続可能なまち

環境問題への対応、防災など、未来志向と地域連携が不可欠な取り組みを実現し、全市的な一体感を醸成することで、次世代に託すことができる持続可能なまちを目指します。

図表Ⅰ-5-3　ビジョンのロードマップ（10年後）

サービス設計・創出	データ管理・データ連携	人材育成・情報弱者支援 市民参加
官民連携プラットフォームの構築と事業創造	産学官民のデータ相互利活用の促進	デジタル理解の向上、市民参加の促進
	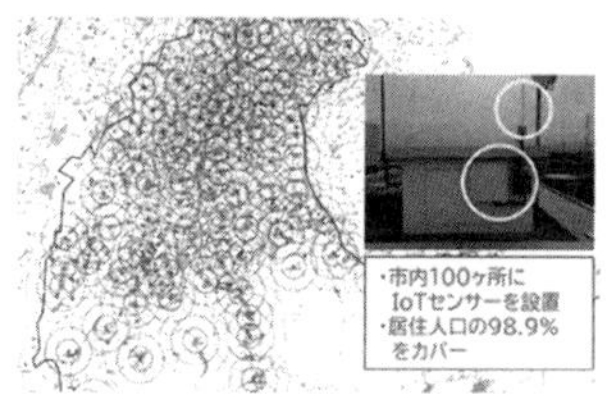 	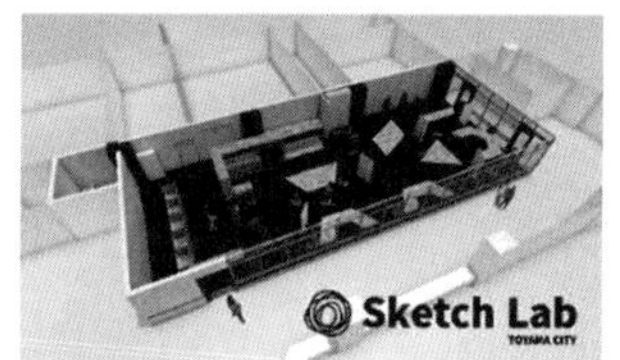
富山市スマートシティ推進PF	富山市センサーネットワーク	未来共創拠点「スケッチラボ」
・サービスの全市展開 ・サービスの横展開	・まちの“見える化”の実現 ・EBPMの実現 ・エコシステム形成	・市民のデジタル理解向上 ・高度デジタル人材の輩出 ・市民共創の実現

(2) ビジョンの基本理念と全体像

ビジョンの基本理念は、①コンパクト＆スマート、②市民（利用者）中心主義、③ビジョン・課題フォーカスであり、「誰一人取り残されることなく便利で安心して暮らせるまち」など三つのまちづくりの目標と、「産学官民の共創が生まれる暮らし」など9つの施策テーマ、そして「便利な暮らし」など27の取り組みの方向性によって政策目的を実現する構造となっている。また、10年後のロードマップは産学官民の連携により、サービスの全市展開やまちの「見える化」の実現などを目指している。

3. 大学等との連携

(1) 包括連携協定

近年、自治体が地方創生の推進などに向けて、大学や企業等と包括連携協定を締結するケースが増えている。富山市においても、ヒューマン、デジタル、グリーンという視点に関連した項目が多いが、内容的には、PBL授業への協力やSDGsセミナーの開催、UIJターン就職意識醸成事業の実施、ボランティア情報の提供、災害発生時における協力や歩いて暮らせるまちづくりの普及啓発、燃料電池車の無償貸与などである。

包括連携協定は、組織のインセンティブを高めるシンボリックで有意義な取り組みであるが、当事者間の自主的・主体的な取り組みが持続されないと、住民の行動変容や地域課題の解決には至らず、形骸化していく恐れがあるのも事実である。

もとより、これまでも、地域包括ケア体制の推進や、歩行数と健康・医療費縮減の相関関係の検証など、大学との連携で効果をあげてきた事業も少なくない。

(2) さまざまな実証事業と内包する課題

現在、スマートシティ推進ビジョンなどに基づいてさまざまな実証事業が展開され

図表Ⅰ-5-4　富山市の包括連携協定締結状況
（R6.1.1 現在の富山市の資料を基に筆者作成）

連携先	締結数	主な内容
大学 短大 高専	3	・教育研究 ・人的交流 ・知的物的資源の相互活用 ・SDGsの推進
郵便局	1	・移住・定移住者への支援 ・地域見守り活動 ・廃棄物の不法投棄の情報提供 ・道路損傷等の情報 ・災害発生時における協力
企業	17	・SDGsの推進 ・スマートシティの推進 ・健康・福祉の増進 ・ふるさと納税の協力

ている。富山市と大学の連携による政策立案プロセスに関わる事業として、スマートシティの推進に伴うデータサイエンティストの養成講座の開催や、エゴマ栽培等にかかるスマート農業のイノベーション、日本財団と共同で取り組んでいる「海洋ごみ削減に向けた富山モデル市内電車へのラッピングデザイン事業」などがある。

自治体と大学や民間企業がそれぞれの課題の解決を図るため、SDGs等の連携事業がさまざまな分野で展開されているが、実証事業への国等の補助金の交付年数が定められているため、多くの事業が実装化されずに終わってしまうことが大きな課題となっている。また、これまで人流センサーやバイオマスなど産学官の実証事業によって得られたアイディアが提案されても、すでに関連設備が更新済みのため実装化の組上に載せることができなかったケースもあった。

このことから、社会的価値があると判断される事業については、実装に向けた最適なタイミングで、いかに安定した財源を確保していくか、ステークホルダー間で知恵を出すことが求められている。

なお、本市では富山大学の交通政策の研究者を非常勤特別職である交通政策監に任命し、交通ビジョンへの助言をはじめ、高山本線のブラッシュアップ事業やコミュニティバスのパターンダイア化などさまざまなご提案をいただいている。

4. あたらしい連携のかたち

(1) 未来共創～Sketch Lab～

富山市では、地方創生をはじめとしたさまざまな事業を産学官連携で行うにあたって、多様な主体が立場を超えて自由に交流し、対話を重ねることで新たなビジネスの創出やまちづくりの課題解決を目指す未来共創拠点施設として、2020年9月にSketch Labを富山駅前に開設した。

自動運転実証

顔認証乗車（コミュニティバス）

図表Ⅰ-5-5　Sketch Lab（スケッチラボ）施設のポジショニング

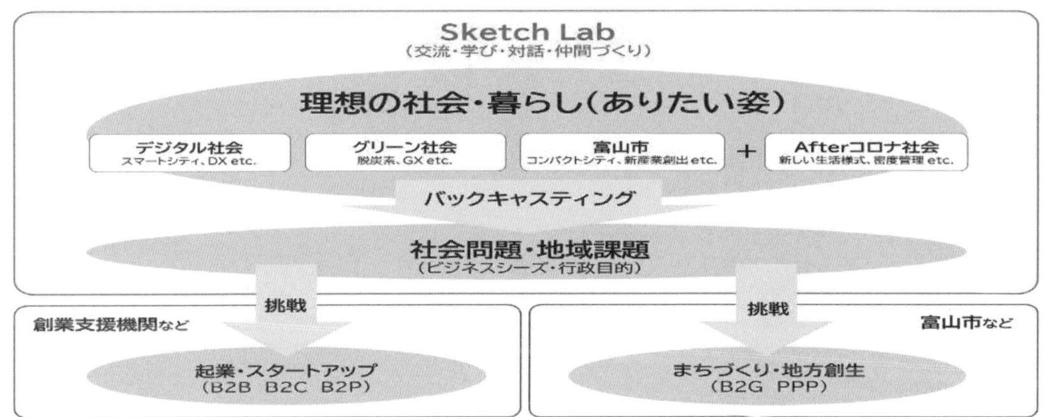

本施設は、産学官連携組織である「とやま未来共創チーム」が運営しており、一般会員のほか、高校生を含む80名以上の学生が令和６年１月15日現在で登録している。

未来共創の定義は、「富山市の産学官民が、立場を超えて対話を重ねることにより、未来のビジョン（ありたい姿）を共に描き、共有した上で、ビジョンからのバックキャスティング（未来起点の発想法）で地域課題を明確化するとともに、実証・試行を通じて課題解決に取り組み、新たな価値を創造すること」である。

また、未来共創のテーマは、①オープンイノベーションの推進、②スマートシティの推進、③関係人口の拡大としている。

Sketch Labを運営する、とやま未来共創チームは、創造的対話の文化とアントレプレナーシップを醸成するとともに、イノベーション創出のための思考法について学び、実践する機会を提供している。

また、すべての人が自由に夢を語り、仲間をつくることができ、失敗を恐れることなく挑戦し続けられるよう、イノベーティブな思考法（デザイン思考、システム思考など）や産学官連携などに関する交流・学び・実践の機会等を提供している。

地方創生を進める上で、先導的人材の育成・確保は喫緊の課題であるが、本県の15歳以上人口に占める起業化率や大学発スタートアップ数は全国最下位レベル[1]であ

Sketch Lab外観

ワークショップ

り、産業構造の硬直化が懸念されている。

今日、富山県のビジネスモデルとしては、モノ消費からコト消費への移行が求められているが、製造業が中心でサービス業をはじめ他業種のバリエーションが少ないことなどから若者の県外流出が続いている。

こうした中で、とやま未来共創チームは2022年12月に、日本初で唯一のアントレプレナーシップ学部を有する武蔵野大学アントレプレナーシップ研究所と包括連携協定を締結し、学生の相互交流などを実施している。

また、アントレプレナーシップ教育で27年連続全米No.1評価を受けているバブソン大学の日本人学生を講師に迎え、学生目線で自分にとってのアントレプレナーシップとは何かについて考える機会を提供した。アントレプレナーシップ教育は、人間としての生き方を学ぶことであり、自分で自己決定していけるマインドを持った人をどう増やしていくかという実践でもある。

こうした中、とやま未来共創チームと地元経済界が共催して、伴走型ビジネスプランコンテストとして、スケッチオーディションを2020年度から開催している。

このビジネスプランコンテストで得た知見を基に共催団体である富山経済同友会は富山県への政策提言をとりまとめた。オーディション参加者の変化として、アイディアの挑戦意欲の高まりや挑戦することへのハードルの低下、地域課題への関心の高まりがみられ、プログラムを通して参加者の多くが、失敗を恐れずにチャレンジするマインドに変化していることがわかった。特にマインドの変化には知識やスキルのみではなく、人的な繋がりを提供していることが必要であると分析している[2]。

(2) まちなか生活価値創造～fil～

2022年、富山市のまちなかに学生シェアハウスfilが誕生した。第三セクターのまちづくり会社である株式会社富山市民プラザが、中心地域をフィールドにして活動する富山大学都市デザイン学部の教授からの提案に共鳴し、都市のスポンジ化対策として整備したのが、空きビルを活用したfilである。filは、まちなか学生シェアハウス棟とランドリー棟、まちなか庭園で構成されており、食堂、庭園などは地域にも開かれた人々の集いの場となっている。

これまで、まちなかから離れたキャンパス周辺に居住していた学生が、まちなかとの新たな関係性を構築できることを期待し入居にあたって「まちなかの活動に参加できる学生」という条件が設けられている。

また、学生のまちづくりへのアイデアを実現するために地元企業等で組織された「まちなか学生シェアハウスサポートクラブ」が活動を支援している。県外出身の入居者がfilでの活動がきっかけとなってさまざまな交流ネットワークを構築し、富山で就職し定住する決め手となったケースも増えているのはうれしい限りである。感性のフレッシュな時期に自分のやりたいことを通じて地域の人と交流し、仲間と一緒にまちづくりを実現することがfilの魅力であると入居学生が語っている[3]。なお、filは2023年10月に「土地活用モデル大賞　都

1　総務省「就業構造基本調査」(2017年)、経済産業省「大学発ベンチャーデータベース」(2022年)

2　富山経済同友会「アントレプレナーシップ人財育成プログラムから見えてきた「富山の未来を支える」人財づくりとは　提言」(2023年3月)。

3　株式会社富山市民プラザ「Fil通信」創刊号(2023年7月)。

fil外観

食堂（画像は株式会社富山市民プラザ提供）

市みらい推進機構理事長賞」を受賞した。

5. 未来共創に向けた大学への期待と課題

大学には、地域の産業や社会の発展を主導し、地方創生や地域課題の解決を図るためのリーダーシップやビジョンが求められている。また、未来に向けて、地域のまちづくりや文化を大学の研究や教育に活かし、地域の魅力やブランド力を高めることが期待されている。

しかしながら、限られた予算の中で研究とまちづくりを両立させるには、地域との連携不足や人材の流出、新しい財源の確保などの課題が考えられる。

このため、学生がまちづくりに参画しやすい環境の整備を進め、地域課題に関する実践的な教育プログラムやワークショップの機会を提供するとともに、複数の研究室が行政や自治振興会などと連携して、地域のニーズや課題を把握できる体制をつくる必要があると考える。また、資金面については、地域の企業や金融機関などと連携し、プライベートファンディングなどの活用を検討する必要がある。さらに、連携プラットフォームを構築して、アントレプレナーシップ教育を推進し、大学発スタートアップに産学官連携で注力していくべきである。

これまでは、一般的に大学のキーパーソンの個の力で新しい事業が推進されることが多かったと思われるが、地方創生を推進するにあたり、地域全体を実践的フィールドとして学生も住民も参画していく仕組みづくりが、これまで以上に組織的に展開されるべきである。

先のSketch Labやfilもそうであるが、現場で一緒に汗をかきながら未来共創を目指すプロデューサーの役割を担っている大学や自治体、企業の担当者の存在は、地方創生などのまちづくりにおいて不可欠である。彼らの活動の意義を、組織が一体となって評価し、全面的にバックアップしていくことが必要である。「課題＝理想（ありたい姿）－現状」という未来共創のアプローチがあるが、アントレプレナーシップに限らず、理想（ありたい姿）を明言できることが、目標と現状のギャップである課題を明確化できるということであり、幼少の頃から現在の課題を見つけられるマインドの醸成が重要なのである。

また、個人の学びの主体性を最大限に引き出す効果的なリスキリングが可能となるよう産業政策や教育政策、労働政策の連携が求められる。

大学には、大学発スタートアップの取り組みも含め、これまで以上に、シンクタンク機能の強化と専門的で実践的な教育プログラムの提供、さらには地域の求心力向上への寄与を期待したい。

6. おわりに～「富山市スマートシティ推進プラットフォーム」の設立

本市では、「富山市版スマートシティ」の実現に向けて、産学官で構成する「富山市スマートシティ推進プラットフォーム」を2023年11月に設立した。このプラットフォームは、ビジョンを共有した企業や大学、団体などスマートシティの事業創出に意欲を持った会員の集合体であり、市民の困りごとや地域課題の解決に資する有効な関連サービスの創出を目的としている。このプラットフォームにより、ステークホルダー間の合意形成は、より円滑に推進されると考えている。運営自体は市が行うが、大学の研究者や実務家からなる運営委員会がさまざまな視点から助言する。

会員区分は本市のパートナーとして連携するＡ会員（共創会員）、創業10年以内のＢ会員（スタートアップ会員）とＣ会員（一般会員）に分類され、2024年１月15日現在で144企業・団体が登録している。

また、市のスマートシティ推進課に「ワンストップ窓口」を設置して、分野横断的な全体最適化の視点を持った推進体制を構築するとともに、「リビングラボ」を実施することにより、新たなサービスの創出や地域課題の把握を市民ニーズに即して産学官連携で進めることが可能となった。本市のまちづくりにおける産学官共創の第一章が始まったといえる。

なお、本稿の校正中に最大震度７の能登半島地震が発生した。本市も震度５強を観測する強い揺れに見舞われ、想像を超えた被害が確認された。現在、各自治体は被災された方の生活再建と地域の復興に向けて

図表 I-5-6　プラットフォームと推進本部

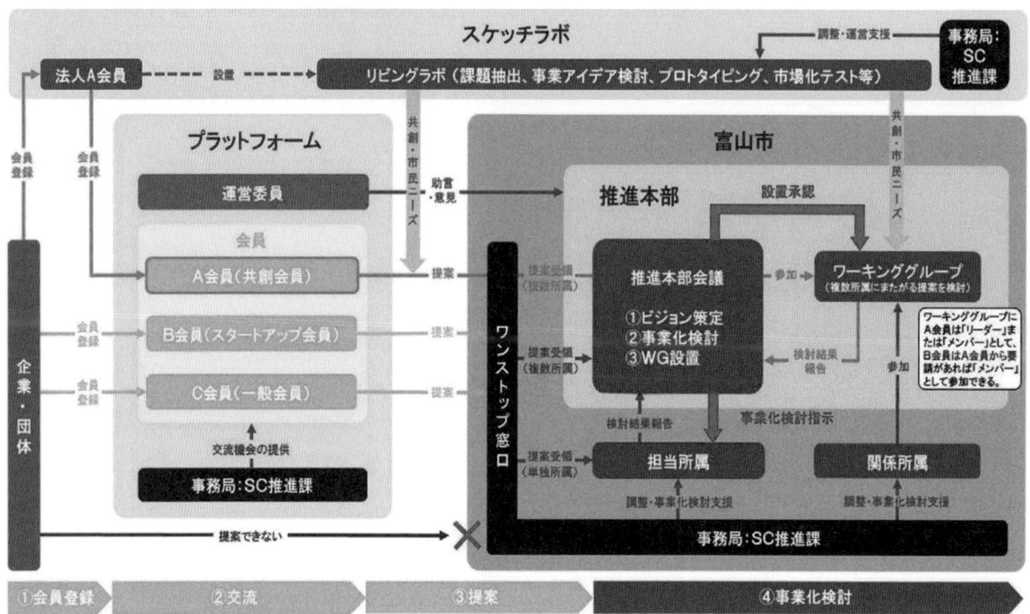

※リビングラボ･･･Living(生活空間)をLab(実験室)と考え、ユーザー(＝市民)の声を聞きながらニーズに合った商品・サービス開発する共創手法

全力をあげて取り組んでいるところである。

BCPの在り方も含め震災対応の課題を検証する必要があるが、このような非常時にこそ、幅広い官民連携によって困難を乗り越えられると信じている。

第 II 部

公民連携の動き
2023～2024年

第1章 公民連携の動き（公共サービス型）

本章では、東洋大学の分類に基づく「公共サービス型」のPPPを取り上げる。これは、公共サービスを公共資産を使って民間事業者が提供するもので、PFI、コンセッション、指定管理者制度などを指す。

1. PPP/PFI

2023年６月に改訂されたPPP/PFI推進アクションプランでは、前年に発表された改訂版に比較して野心的なターゲットが示された。2022年度からの数値目標（10年間で事業規模目標累計30兆円、当初５年間で重点分野の事業化70件）について、計画期間中の事業規模目標は変わらないものの、10年間で重点分野計575件の事業化を狙うとした。

この中でも大きなものが新たに打ち出された「ウォーターPPP」といわれる事業形態である。政府は10年間で水道100件、下水道100件、工業用水道25件という目標を定めた。ウォーターPPPは、水道・下水道・工業用水などの分野で、これまでの包括的民間委託に改築・更新を組み合わせた「管理・更新一体マネジメント方式」で、原則10年間の長期契約、性能発注、維持管理と更新の一体マネジメント、プロフィットシェアを導入することが想定されている。コンセッションへ移行するための準備的なスキームと考えられており、この間に管路の状態のデューデリジェンスなどを国が支援していく。更新工事については、契約した事業者が工事も実施する「更新実施型」と更新計画の策定やコンストラクションマネジメント（コンストラクションマネジャーが発注者の側に立って設計や発注方式の検討、工程や品質管理を行う）を行う「更新支援型」が想定されている。

このほかに、新たに「ローカルPFI」という概念を打ち出し、バリューフォーマネーだけによらず、地域にとって多様な効果を生み出すプロジェクトを促進することをうたった。合わせてPFI事業実施プロセスに関するガイドラインを改正し、事業者選定時に地域企業、特に中小企業の参画に配慮することを追記した。

図表Ⅱ-1-1　PPP／PFIの動き

年月日	見出し	内　容
2022/10/21	収益の一部を港湾緑地整備に＝認定事業者が敷地内で営業－国交省	国土交通省は、港湾管理者の自治体と民間事業者が連携し、港湾緑地や周辺広場の施設・備品を整備できる制度を創設する。自治体が事業者を認定した上で、敷地内で飲食店などを営業して得られた収益の一部を還元してもらい、整備費用に充てることを可能にする。開会中の臨時国会に提出した港湾法改正案に関連規定を盛り込んだ。
2022/10/25	一貫校PFI整備でPT＝埼玉県越谷市	埼玉県越谷市は、PFIの手法を使って小中一貫校３校を整備する事業を推進するため、庁内にプロジェクトチームを立ち上げると発表した。９月議会で事業者選定に問題があるなどとして、契約議案が否決されたのを受けた措置。

2022/11/30	公園活用でサウンディング調査＝長野市	長野市は、Park－PFIを活用し市内の公園に飲食店などを誘致するため、民間事業者を対象にサウンディング型市場調査を実施する。オープン前に地域住民から同制度の活用を求める声があり、当初は遊具などを置く計画だった公園内のスペースを便益施設の誘致予定地に変更。
2023/2/1	PFIで中央公園リニューアル＝東京都多摩市	東京都多摩市は、開園から30年以上が経過し、施設の老朽化が進んだ中央公園をリニューアルする。民間から事業者を募ってレストランなどの収益施設を園内に整備し、その事業者が公園全体の指定管理者となるスキームを想定している。
2023/5/2	風力発電事業者と協定締結＝宮城県加美町	宮城県加美町は、同町漆沢地区で整備が進む風力発電施設について、事業を手掛けるJRE宮城加美（東京都港区）と協定を結んだ。発電施設の運転状況の定期報告などを明記し、町民の不安解消を図る。町と同社は2020年に町有地の地上権設定契約を締結。
2023/6/7	河川敷地占用、規制緩和へ実験＝最長20年、テナント契約も可－国交省	国土交通省は、民間事業者による河川敷地の占用について、規制緩和に向けた社会実験を始めた。実験では、河川管理施設の整備か占用区域周辺の清掃、除草を行うことを条件に、最長20年間の占用を保証。エリア単位での占用や、占用者によるテナント契約も認める。河川管理に民間活力を導入しつつ、河川空間の有効活用で地域活性化につなげる。
2023/6/8	公園有効活用へ民間に貸与＝山梨県甲府市	山梨県甲府市は、市立遊亀公園の活用方針を検討するため、公園の一部を事業者に貸し出す「トライアルサウンディング」を行う。公園の魅力向上につながるアイデアや収益施設の可能性を探る狙い。7月末まで事業者を募集している。
2023/6/13	水道事業へのPPP導入推進＝31年度225件に拡大－内閣府	内閣府は、上下水道や工業用水道事業について、自治体が維持管理や修繕、更新を一体的に民間に委託する「ウォーターPPP」を推進する。2031年度までに上下水道各100件、工業用水道25件のPPP導入を目指す。
2023/7/14	仙台空港でも事前協議か＝保険料の価格調整問題－損保大手	大手損害保険会社が企業向け共同保険契約で保険料を事前に調整していた問題で、仙台国際空港（宮城県名取市）との契約でも事前協議していた疑いがあることが分かった。この問題では、先に東急グループ向け火災保険契約について、東京海上日動火災保険など損保大手4社が不適切な価格調整を行っていたことが判明している。
2023/7/21	全公共施設を一括LED化＝PFI方式で早期整備－山梨県山梨市	山梨県山梨市は、温室効果ガスの排出削減を目指し、市が所有する全公共施設の照明を一括してLEDに切り替える。施設ごとに予算措置する従来の手法を改め、民間の資金やノウハウを活用するPFI方式を導入。
2023/8/22	小規模コンセッションを支援＝空き家活用、民間運営で活性化－国交省	国土交通省は、自治体が地域の空き家や小規模な公共施設の運営権を民間に売却し、リノベーションなどを通じて活性化につなげる取り組み「スモールコンセッション」を支援する。移住者向けの住宅や宿泊施設への活用を想定。モデル事業などを通じ、導入を検討する自治体を後押しする。2024年度予算概算要求に関連経費を計上する方針だ。
2023/8/25	PFIで新庁舎整備検討＝夕張再生へ国、道、市が協議	全国唯一の財政再生団体である北海道夕張市を巡り、総務省と道、市は、財政再建と地域再生に関する3者協議を同市役所で開いた。厚谷司市長は、現庁舎の老朽化に伴う新庁舎整備について、PFIの手法を「最優先に検討することを確認した」と指摘。引き続き3者で丁寧に議論するとの認識を共有し、着工時期は「2026年度を見込んでいる」と述べた。
2023/9/7	Park－PFIを導入＝那覇市	沖縄県那覇市は、公園内に併設された民間施設の収益の一部が公園の維持管理に活用されるPark－PFIを市内2公園に導入する。導入する2公園のうち、漫湖公園ではオープンカフェと遊具広場の設置を予定。新都心公園では大型屋根付きの飲食店と大型遊具の設置、スケートパークの改修を想定している。
2023/9/13	上下水道の官民連携補助金新設＝検討・調査自治体に5000万円－国交省	国土交通省は、自治体が上下水道施設の維持管理や修繕、更新を一体的に民間に委託する「ウォーターPPP」を推進するため、導入に向けた検討、調査を行う自治体に対する補助金を新設する方向で検討している。5000万円を上限に必要経費を全額補助することを想定。
2023/10/10	空調・照明管理を民間委託＝東京都福生市	東京都福生市は、民間企業のノウハウを活用して庁舎の空調設備などの機器を更新する。ESCO事業として、省エネ性能が高い設備の設置や維持管理を事業者が一括して行い、改修期間の短縮やコスト削減につなげる。

2. 委託／指定管理／市場化テスト

2023年度は指定管理者制度の導入から20年となった。2021年１月時点で指定管理者制度が導入されている施設数は全国で７万7537施設に上っている。多くの自治体に使われる制度となっているものの、導入後は公共サービスに携わる人材の非正規雇用化による雇用の不安定化や低賃金化が指摘され「官製ワーキングプア」といった批判にさらされた。その後、労働法令の順守や労働環境、雇用条件への配慮を求める発注者が増加するなど、一定の改善が図られている。

一方で、近年のコロナ禍や物価の高騰の影響から、公募の不成立が相次いでいるとの報道もある（読売新聞2023年７月23日「指定管理者の応募ゼロが続々…コロナ禍や物価高で『採算見通せず』、市民生活に影響も」）。読売新聞が都道府県と政令市に対して行った取材によると、2021～22年度に26自治体（57施設）で一度目の公募が不成立となり、うち23自治体（49施設）は応募者がゼロだった。これに対して、指定管理料の見直しや指定期間の短縮、公募条件の見直しなどが行われたという。公募期間を５年間から単年度に見直すことで事業者の決定に至った事例もあったという。2021年４月時点の総務省の調査では３年未満の指定期間とする施設はわずか2.2％で、７割を超える施設で５年の指定期間となっており、従前はある程度の長期間民間事業者に委ねることにより民間の創意工夫が発揮されやすいと考えられている。しかしながら、コロナ禍による施設の休館や需要減少、物価の高騰、人手不足などから先行きの不透明感が強く、指定管理者制度におけるリスク分担のあり方は今後検討される必要があるだろう。

図表Ⅱ-１-２　委託／指定管理／市場化テストの動き

年月日	見出し	内　容
2022/11/１	窓口業務を担う地方独法設立＝大阪府泉佐野市	大阪府泉佐野市は、市に代わって窓口業務を担う地方独立行政法人「市行政事務サービスセンター」を設立した。窓口業務専門の地方独法は全国で初めて。民間事業者は公権力の行使ができないことから、窓口で受け取った申請の審査・決定は市職員が行う必要があった。市の定年退職者や窓口業務の委託先の従業員らが独法に転籍した。
2022/11/15	自治体とSIB研究会設立＝官民で事業の創出探る－山口FG	山口フィナンシャルグループは、行政が民間資金を活用した事業、ソーシャル・インパクト・ボンド（SIB）を促進するため、地域の自治体を交えた官民研究会をこのほど設立した。下関市内の会場およびウェブ会議システム「Zoom」を使い、初の勉強会を開く。
2022/12/27	特定保健指導、成果連動型委託へ＝松山市	愛媛県松山市は2023年度から、国民健康保険の特定保健指導に、実施率などの成果に応じて委託料が変動する成果連動型民間委託契約（PFS）を導入する。市は日本政策投資銀行などと連携し、特定保健指導にPFSを導入する。
2023/１/17	施設利用料を過大徴収＝10年で計641件－島根県	島根県は、県芸術文化センターで約10年にわたり641件に対して利用料を過大徴収していたと発表した。施設の指定管理者が利用料を算出する際に端数処理を誤り、条例で定める範囲を超えた料金設定となっていた。その後の県の確認も不十分だったため、2012年４月～22年11月に施設内のホール貸出料など総額約５万円を余分に徴収していた。
2023/１/21	行政サービス委託に成果報酬＝民間の知恵活用、広がる「SIB」	行政サービスを民間に委託し、成果に応じて報酬を支払う「ソーシャル・インパクト・ボンド（SIB）」と呼ばれる取り組みが自治体などに広がっている。成果報酬により財政負担を抑えながら民間の創意工夫を促し、事業効果を高めるのが狙いだ。事業を担う企業や資金を拠出する金融機関にとっては、利益を得ながら社会課題解決に貢献できるメリットもある。

2023/1/26	和歌山城天守閣を夜間貸し出し＝和歌山市	和歌山市は、夜間に和歌山城の天守閣を有料で貸し出す取り組みを始めた。和装の結婚式や音楽会、展示会、刀剣や着付けの体験などのイベント会場としての利用を想定しており、文化振興や観光振興、夜間のにぎわい創出につなげる狙いだ。事業を行うのは、天守閣の指定管理者。
2023/5/2	近ツー過大請求、最大16億円＝80超の自治体ワクチン業務で	大手旅行会社の近畿日本ツーリストは、新型コロナウイルスのワクチン接種などに関する受託業務を巡り、80を超える自治体に対して合計で最大約16億円を過大請求していた疑いがあると発表した。
2023/6/2	小中学校の水泳授業を民間委託＝福岡県古賀市	福岡県古賀市は7月から、市内の全小中学校の水泳授業を民間事業者に委託する。屋内プールを使うため、天候に左右されずに授業時間数を確保できるメリットがあるほか、水質管理といった教員の負担を減らす狙いがある。

3. 民営化

過去に実施された民営化の枠組みを社会情勢の変化を受けて見直す議論が続いている。

2005年に民営化された旧道路関係4公団の料金徴収期限について、政府は2065年までとしていたが、これを50年間延長し2115年までとした。道路整備特別措置法を改正した。民営化当初は料金徴収できる期間を45年間（2050年まで）とし、その後は無料開放する考えだったが、2012年に発生した中央自動車道笹子トンネルの事故を受けて、大規模修繕や更新などの老朽化対策を強化したことにより、料金徴収期間が延長されていた。老朽化対策にかかる費用を確保するため、今後は一定期間ごとに更新計画と債務返済計画を見直し、料金徴収期限を延長でき、これを最長で2115年とできる。

NTTが1985年に民営化された際に当時の日本電信電話公社法に代わって定められた日本電信電話株式会社法（NTT法）の改正・廃止が与党内で検討されている。NTT法では、政府が同社の発行済み株式の3分の1以上を保有する義務が規定されている。このほか、ユニバーサルサービスの提供義務や研究開発成果の公表義務に関する規定がある。政府の財源確保やNTTの競争力強化を狙う側面もあるが、競合する通信事業者等は反発を示している。NTT法の対象はNTT、NTT東日本ならびにNTT西日本。

図表Ⅱ-1-3　民営化の動き

年月日	見出し	内　容
2022/12/16	商工中金、民営化へ議論＝来春にも取りまとめ－経産省	経済産業省は、政府系金融機関の商工中金に関する検討会を開き、取引先の中小企業などから要望や意見を聴取した。今後、不正融資問題で先送りされてきた完全民営化への道筋などを議論、来春をめどに提言を取りまとめる方針だ。
2023/2/27	日本郵政、ゆうちょ銀株売却＝1兆円超、保有比率60%程度に	日本郵政は、傘下のゆうちょ銀行株式を来月売却すると発表した。売り出し株式数は最大10億8900万株で、議決権比率は約89%から60%程度に下がる。売り出し価格は未定だが、1兆円超に上るとみられる。ゆうちょ銀株の売却は2015年11月のグループ3社上場時以来となる。
2023/5/31	高速道の有料50年延長＝改正特措法成立	2065年までとしていた高速道路の料金徴収期間を最長2115年まで延長する改正道路整備特別措置法などが参院本会議で可決、成立した。人口減少で料金収入の落ち込みが見込まれる中、老朽化したトンネルや橋の更新に必要な対策費用を確保する。
2023/6/14	商工中金株、2年内に売却＝民営化へ、改正法成立－参院	政府系金融機関の商工中金の民営化に向け、政府保有株式の売却を盛り込んだ改正商工中金法などの関連法が可決、成立した。政府が保有する約46%の株式は2年以内に全て売却。一方、災害時などに中小企業に資金を低利で貸し出す「危機対応融資」は継続する。

2023/7/25	自民、NTT完全民営化を検討＝政府保有株、防衛財源確保へ売却	自民党の萩生田光一政調会長は政調審議会で、政府が保有するNTTの株式売却について、党内で議論を始める方針を示した。防衛費増額の財源確保が狙い。同社の完全民営化も含めて検討する。NTT法は、同社株の政府保有比率を３分の１以上と規定。
2023/8/28	NTT法見直しへ議論開始＝政府保有株も対象に－総務省審議会	総務省は、情報通信審議会（総務相の諮問機関）の総会に、NTTへの規制や政府の同社株保有を定めるNTT法の見直しなどを諮問し、審議会で議論を始めた。今後、傘下の電気通信事業政策部会などで議論を詰め、2024年夏ごろまでに答申をまとめる方針だ。
2023/9/12	競合３社、NTT法廃止に反対＝公正競争に懸念－総務省審議会	NTT法などの見直しを検討する情報通信審議会（総務相の諮問機関）の通信政策特別委員会は会合にNTTと競合３社のトップを呼び、意見を聴取した。競合３社トップは、規制緩和が公正な競争環境に与える影響に懸念を示し、そろって同法廃止に反対を表明した。
2023/9/28	ガス事業を民営化へ＝松江市	島根県松江市は、ガス事業を2026年度から民営化する。利用者の減少に歯止めがかからず、公営事業としての継続が困難と判断。26年度に施設と営業権を売却する民間譲渡を目指す。年内にも外部の有識者で構成する委員会を設置。
2023/10/2	ガス民営化、継続審査に＝松江市議会	島根県松江市議会は本会議で、市ガス事業の民営化に向けた譲渡先選定委員会を設置する条例案について、賛成多数で閉会中の継続審査とした。利用者や関係事業者への説明が不足し、理解が得られていないと判断。市は、2026年度からの民営化を目指し、外部の有識者で構成する委員会を今年中にも設ける方針を示していた。
2023/10/4	ガス事業者と意見交換＝民営化方針巡り－上定松江市長	島根県松江市の上定昭仁市長は、市が民営化を目指しているガス事業を巡り、島根県LPガス協会松江支部の役員らと意見交換した。上定市長は冒頭で「就任してから民営化を検討し、歩みを進めたいと考えた」と述べ、民営化の方針や今後のスケジュールなどを説明した。

4. 第三セクター

大阪府泉佐野市は、窓口業務等を担う主体として地方独立行政法人「泉佐野市行政事務サービスセンター」を2022年10月に設立した。当初はこども部子育て支援課の業務から開始したが、23年７月に総務部市民課のおくやみコーナー、10月には総務部総務課の総合案内、同市民課、健康福祉部健康推進課の窓口業務に拡大している。同市は従前も窓口業務を民間委託してきたが、民間事業者は公権力の行使ができないため窓口業務のフローのすべてを担うことができなかった。地方独法の場合、事務の代替執行が可能となる。同市の定年退職者や民間委託先の社員が独法に転籍した。

山梨県富士吉田市は、ふるさと納税を原資としたまちづくりのためのファンドを設立した。合わせて、まちづくり公社を設立し、ファンドの運用を委託した。資本金は100万円で市が100％出資。ファンドは市街地の店舗の改修などに対して補助金を提供する。公社は、空き物件の調査やマッチング、売買交渉などで事業者を支援するほか、特産品の開発など地域商社としての事業も手がける。

図表Ⅱ-1-4　第三セクターの動き

年月日	見出し	内　容
2022/12/27	公営企業へのアドバイザー派遣拡充＝DX、脱炭素化を追加－総務省	総務省は、地方公共団体金融機構と共同で実施している「経営・財務マネジメント強化事業」で、公営企業などへのアドバイザー派遣を拡充する方針だ。従来支援している経営戦略の策定や公営企業会計の適用などに加え、デジタル変革（DX）や脱炭素化を追加。事業を通じて公営企業の取り組みを後押しし、中長期的なコスト削減などにつなげてもらう。

2023/2/17	新電力に9000万円の賠償請求へ＝松山市	愛媛県松山市は、市教育委員会の所有施設に電力を供給していた新電力会社「ウエスト電力」（広島市）が撤退したことで、余分な電気料金の負担が生じたとして、同社に対し約9000万円の損害賠償を求める訴訟を起こす方針を決めた。公営企業局所管施設分の損失についても別途提訴を検討している。
2023/3/29	阿武隈急行線の経営改善で検討会＝BRT、上下分離も視野－宮城県、福島県	宮城県と福島県は、両県が出資する第三セクター鉄道「阿武隈急行線」の抜本的な経営改善に向けた検討会を設置し、宮城県庁で初会合を開いた。上下線分離方式やバス高速輸送システム（BRT）への切り替えも視野に検討を進める。
2023/4/26	公営企業のDX、GXへ事例集＝経営環境変化踏まえ拡充－総務省	総務省は、公営企業の持続可能な経営に向けた先進・優良事例集を策定した。コロナ禍や物価高、脱炭素化の機運の高まりといった公営企業を取り巻く経営環境の変化を踏まえ、デジタル変革（DX）やグリーントランスフォーメーション（GX）関連の記載を大幅に拡充した。第三セクターへの参考事例集も別途新たに作成しており、それぞれ経営改善などに役立ててもらう考えだ。
2023/6/2	公益法人、「黒字」可能に＝事業拡大へ運営柔軟化－政府	公益法人の制度改革を検討する政府の有識者会議は、柔軟な組織運営を認める最終報告を後藤茂之経済財政担当相に提出した。公益法人が持つ資金を効果的に活用して事業を拡大できるように、単年度収支の黒字化を広く認めることなどが柱。政府は2024年の通常国会に公益法人認定法などの改正案を提出する方向だ。
2023/7/24	ふるさと納税原資でファンド＝公社設立、店舗改修支援－山梨県富士吉田市	山梨県富士吉田市は、ふるさと納税の寄付金を原資に、市街地での店舗改修などを支援するファンドを立ち上げた。新たに「ふじよしだまちづくり公社」を設立して運用業務を委託する。公社では特産品を開発する地域商社事業なども担い、地域全体の稼ぐ力の育成を目指す。

第2章 公民連携の動き（公共資産活用型）

本章では、公共資産活用型のPPPを取り上げる。これは、公共資産の空きスペースなどを活用して民間事業者に活動してもらい、新しい収益源とするものを指す。

1. 公共資産活用

厚生労働省は、子どもの放課後の居場所づくりの検討の一環として、保育所や幼稚園の利用者が減少している場所では、空きスペースを放課後児童クラブ（学童保育）の設置に使う案などを検討している。学童保育の待機児童数が全国で１万5000人を超え過去最多となっていることから、この解消がねらい。加えて、学童保育において障害児の受け入れのために障害児支援部署との連携を強化するように要望した。

近年、自治体が空き家を買い上げるなどして改修し、移住希望者などに貸し出すサブリース事業を行うことが増えている。

京都市は、こういった事業とは逆に、空いている市営住宅を民間事業者に貸し付けて民間事業者が若者や子育て世帯向けにリノベーションして貸し出す仕組みを導入した。６事業者に対して計35戸を貸し付けているという。対象は50歳未満の２人以上の世帯または18歳以下の子どもがいる世帯。所得制限はない。京都市内には２万3000戸の市営住宅があるが、このうち約6000戸が空き家になっているという。

図表Ⅱ-2-1　公共資産活用の動き

年月日	見出し	内　容
2022/10/5	準大手ゼネコンと包括連携＝遊休施設を共有オフィスに―茨城県常総市	茨城県常総市は、準大手ゼネコンの前田建設工業などを傘下に置く持ち株会社インフロニア・ホールディングス（東京）と包括連携協定を結んだ。テレワークの普及を背景にコワーキングスペース（共有オフィス）の需要が拡大していることから、空いている公共施設や民間施設を共有オフィスとして有効に活用したい考え。
2022/11/7	廃校中学活用へ市場調査＝兵庫県猪名川町	兵庫県猪名川町は、３月末に閉校した六瀬中学の施設や土地を有効活用するため、民間事業者を対象に事業構想や提案を募集するサウンディング型市場調査を実施する。内容を踏まえ、今後の事業計画を詰める方針。
2022/12/19	市役所敷地内にキッチンカー＝愛知県小牧市	愛知県小牧市は、キッチンカーを出店する市内外事業者に庁舎敷地内の中庭を貸し出している。新型コロナウイルス感染拡大で打撃を受ける事業者支援と来庁者の利便性向上が狙い。１日当たり市内事業者1000円、市外事業者2000円。
2023/1/16	市役所に凸版印刷のサテライトオフィス＝広島県廿日市市	広島県廿日市市役所内に、デジタルトランスフォーメーション（DX）の推進などを目的に、凸版印刷（東京）のサテライトオフィスが開設された。これに合わせ、市と同社は地域活性化に関する包括連携協定を締結。
2023/1/27	人工サーフィン施設開業＝茨城県境町	茨城県境町は、人工サーフィン施設「S―wave」を１月に開業した。東京・品川に開設していた複合スポーツ施設の造波装置を活用。波の大きさや水圧などを調整できるため、初心者からプロサーファーまで幅広い層が利用できるという。
2023/1/31	所蔵美術品、貸し出しで鑑賞促進＝東京都国立市	東京都国立市は、市が所蔵する美術品の一部を広く貸し出し、市民らの鑑賞機会を広める取り組みを開始する。貸出先としては、市内事業所のオープンな会館など、不特定多数の人が立ち寄ることができる場所を想定。

2023/2/8	学童保育に保育所・幼稚園活用＝子ども居場所づくりで提言－厚労省専門委	厚生労働省の専門委員会は、会合を開き、子どもの放課後の居場所づくりに関する論点整理案をまとめた。共働き家庭の小学生らを預かる放課後児童クラブの待機児童解消のため、保育所や幼稚園の空きスペース活用を含めた受け皿の拡大を提案。障害のある子どもについても学童保育で積極的に受け入れるよう求めた。
2023/3/3	防衛財源「国有地を有効活用」＝コロナ変異で対応見直しも－岸田首相	岸田文雄首相は参院予算委員会で、防衛費増額の財源確保策について、「未利用国有地の処分を一層推進し、定期借地権を活用するなど国有財産の有効活用に取り組みたい」との考えを示した。その一環として、東京・大手町の複合ビル「大手町プレイス」を「4364億円で売却することとした」と説明した。
2023/3/24	廃校でアニメーター研修＝高知県大月町	高知県大月町は、閉校した小学校を改修した施設を開館した。アニメーションなどのクリエーターを主な対象に、滞在しながら研修や創作活動をする施設として貸し出し、関係人口の増加につなげる狙い。運営費として、2023年度当初予算に500万円を計上した。
2023/4/12	神奈川県住宅供給公社の団地で移動販売の受入れを本格的に開始します！	このたび、神奈川県住宅供給公社では同公社が保有する賃貸住宅敷地内において、移動販売事業（キッチンカー含む）を展開できるルールを整備した。
2023/5/25	市役所屋上の活用方法を募集＝奈良市	奈良市は、市役所東棟の屋上を有効活用するため、無料で開放した上で、企業や団体などから活用方法を募集する取り組みを始めた。無料で開放する屋上は、広さが約1300平方メートルあり、人工芝が敷き詰められている。
2023/6/12	メルカリで庁内不用品販売＝都道府県初、循環型社会へ－愛知県	愛知県は、フリーマーケットアプリ「メルカリ」内の「メルカリShops」を活用し、庁内で不用になった物品の販売を始めた。メルカリ社と包括協定を結んでおり、循環型社会形成の推進につなげる狙い。県によると、都道府県レベルでは全国初の試み。
2023/7/24	市営住宅、サブリースで若者向けに＝京都市	京都市は、市営住宅の空き部屋を民間事業者に貸し付け、民間事業者が若者・子育て世帯向けにリノベーションして安価で転貸するサブリースの仕組みを導入した。既に6事業者に築年数35～50年の計35戸を貸し付けており、今秋ごろから入居者の募集を開始。
2023/8/17	公用車でカーシェア＝山形市	山形市は、トヨタレンタリース山形（山形市）と連携し、公用車2台を土日や祝日に市民や観光客らがカーシェアリングで利用できる事業を始めた。公用車のカーシェアリング事業は、県内や東北の県庁所在地では初めて。公用車の有効活用や二次交通の充実を図る。

2. 命名権／広告

○命名権

命名権の募集では、地域の主要施設など目玉となる施設以外では事業者を募集しても苦労することが多い。一方で、新技術を取り入れたことの目新しさによって想定外の財源確保につながった例がある。

山形県西川町は公園の命名権をNFT（非代替性トークン）化してオークション方式で販売したところ、130万円で落札された。命名権をNFT化して販売する取り組みは全国初だという。今回発売された権利は「水沢名水公園」に名前を付ける権利で、落札したのは東京都内に住む個人。「フェリシア公園」と名付けた。オークションは町と東武トップツアーズ、NFTマーケットプレイス「HEXA」を運営するメディアエクイティが連携して実施した。NFT販売で得た収益は高齢者支援対策に使うという。

図表Ⅱ-2-2 ネーミングライツ（命名権）の動き

年月日	見出し	内容
2022/10/25	市有3施設の命名権を販売＝福島市	福島市は、スポーツなどのイベント会場として使われる市有3施設のネーミングライツを販売する。施設の知名度向上や維持管理に要する財源確保が目的。命名権料は年100万円以上、契約期間は3年以上5年以下を原則とする。

2022/11/22	新型捕鯨船の名称を募集＝山口県下関市	山口県下関市は、建造中の新しい捕鯨母船の命名権を民間の船舶所有者から譲渡されたのを受け、「全国的な知名度を高める」（前田晋太郎市長）ため、名称を一般公募している。採用された名称を応募した人のうち、抽選で最大３人にそれぞれ賞金５万円を贈る。
2022/11/28	楽天、本拠地の名称変更＝プロ野球	プロ野球楽天は、本拠地「楽天生命パーク宮城」の名称を2023年１月１日から「楽天モバイルパーク宮城」に変更すると発表した。親会社の楽天が宮城球場のネーミングライツ契約を３年間更新した。
2022/12/12	市有施設に命名権導入＝長崎市	長崎市は、市有施設へのネーミングライツ導入を推進する。市民会館や市恐竜博物館、市民総合プールなど、利用者数が多く、PR効果が高いと見込まれる10施設について、命名権者を募集している。この他、市が対象を特定せず、民間事業者に対象施設を含めて提案してもらう募集を年間を通じて行う。いずれの公募も契約期間は３年以上５年以下とする。
2022/12/23	命名したい施設や価格を受け付け＝栃木県	栃木県は、県有施設へのネーミングライツ導入を促進するため、企業を対象に、対象物件と価格、契約期間などの要望を受け付けている。企業側のニーズを踏まえてネーミングライツを販売し、より多くの利用につなげる狙い。
2022/12/27	３施設のネーミングライツ更新契約を締結＝神奈川県平塚市	神奈川県平塚市は、平塚総合体育館、ひらつかアリーナおよび湘南ひらつかビーチパークの３施設のネーミングライツ更新契約を締結した。平塚総合体育館は特別警備保障（平塚市）と契約し、愛称は「トッケイセキュリティ平塚総合体育館」（５年間、年額301万円）、ひらつかアリーナはサン・ライフホールディング（平塚市）で、愛称は「ひらつかサン・ライフアリーナ」（５年間、年額300万円）、湘南ひらつかビーチパークは湘南造園（平塚市）、愛称は「湘南ベルマーレひらつかビーチパーク　by shonanzoen」（３年間、年額101万円）。
2023/１/26	若手がイベント命名権提案＝茨城県小美玉市	茨城県小美玉市は、若手職員からイベントのネーミングライツを企業に売却し、新たな財源を確保する政策の提案を受けた。庁内の審査委員会で承認されれば、詳細を詰めて実行に移す。市によると、実現すれば県内の市町村で初という。
2023/２/13	ネーミングライツ事業に係るサウンディング型市場調査＝神奈川県茅ヶ崎市	神奈川県茅ヶ崎市は、対象施設のネーミングライツ導入可能性の把握と最適な募集条件を検討するため、１事業者ごとの対話形式で、施設の市場性、適切なネーミングライツ料、希望するパートナーメリットなどに関する意見を聴取する「サウンディング型市場調査」を実施する。
2023/２/22	阪神の新２軍球場、日鉄鋼板が命名権＝プロ野球	プロ野球阪神は、兵庫県尼崎市の小田南公園に2025年完成予定の２軍本拠地球場の命名権を日鉄鋼板（東京都）が取得したと発表した。名称は「日鉄鋼板SGLスタジアム尼崎」。契約期間は28年３月まで。
2023/３/16	みんなの広場のネーミングライツ契約の締結＝神奈川県平塚市	神奈川県平塚市はインクルーシブ遊具を整備した総合公園の「みんなの広場」のネーミングライツパートナーを決定した。愛称は「こどもクリニックどうかい」みんなの広場。パートナーは医療法人聖玲塾で、８年間、年額155万円（税込み）の契約。
2023/４/20	市営野球場にネーミングライツ＝東京都立川市	東京都立川市は、市営立川公園野球場の愛称について、「コトブキヤスタジアム」とすることを決めた。ネーミングライツスポンサーで市内に本社がある「寿屋」の提案を採用した。愛称の使用期間は３年間で、スポンサー料は年間300万円。
2023/５/17	命名権で事業者提案制度＝甲府市	山梨県甲府市は2023年から、市有施設のネーミングライツについて、事業者が愛称を付けたい施設を選んで市に提案する「提案募集型」を導入した。市有施設のほか、市主催のイベントも対象となる。市外の事業者でも応募可能で、金額も含めて提案してもらう。契約期間は３年以上とした。
2023/６/５	新体育館がオープン＝鳥取市	建て替えを進めていた鳥取市民体育館が完成し、開館記念式典が行われた。新体育館は民間資金活用によるPFIを活用した。新たにネーミングライツも導入し、地元ガス会社「鳥取ガス」のブランドを冠し「エネトピアアリーナ」の愛称とすることが決まった。
2023/６/12	新ホーム名は「ピースウイング」＝J1広島	J1広島の新たな本拠地となる広島サッカースタジアム（広島市中区）の名称が「エディオンピースウイング広島」に決まった。家電量販店エディオン（本店・広島市）が命名権を取得し、同市役所で契約締結式が行われた。使用期間は2024年２月から10年間。
2023/８/14	ネーミングライツ事業導入に係るサウンディング型市場調査の実施＝佐賀市	佐賀市は、公共施設等の良好な管理運営を維持するとともに、事業者等の広告活動の機会を拡大し、地域経済活動を活性化するための取り組みの一つとして、「ネーミングライツ」に関する検討を進めている。サウンディング調査を実施する。
2023/10/６	ネーミングライツ、歩道橋で試行＝千葉県	千葉県は、新たな歳入確保を図るため、ネーミングライツを県が管理する歩道橋で試行的に実施する。対象となる歩道橋は、市川市内６カ所、船橋市内４カ所、浦安市１カ所。契約金額は年５万円以上、使用期間は３年以内と設定した。

2023/10/11	関電、SMBCに命名権売却＝宇治発電所	関西電力は、宇治発電所（京都府宇治市）の命名権を三井住友銀行（SMBC）に売却すると発表した。「SMBC宇治グリーン発電所」との愛称になる。３年契約で、売却額は非公表。関電が得た収益は、発電所の維持管理や環境保全、地域貢献活動に充てられる。
2023/10/13	命名権をNFT化しオークション販売＝山形県西川町	山形県西川町は、実在する公園の命名権をNFT（非代替性トークン）化してオークションで販売した。県外の男性が130万円で落札した。命名権が販売されたのは、町の道の駅の隣にある「水沢名水公園」。落札者が決めた公園名は実際に看板として設置される。

○広告

広告事業は、自治体が公共資産の空きスペースなどを広告スペースとして提供したり、印刷物に広告を掲載したりすることによって収益を得る手段。広告スペースとして地元の企業に認知されるようになると、安定した収益源となることもある。

愛媛県は、2006年度に職員向けの給与明細の空きスペースに民間広告を掲載しており、この10年間は年間100万円前後の収入につながっている。各月の給与明細と２回の期末手当の明細に１社の広告を載せることができ、地元の広告代理店や銀行が入札に参加しているという。明細は教職員や警察職員を含めて約２万1000人に発行している。開始数年間は1〜20万円程度の入札額だったが、直近の10年間は約100万円となっていたという。

図表Ⅱ-2-3　広告の動き

年月日	見出し	内　容
2022/11/8	地方情報誌に医師募集広告＝長野県	長野県は、医師募集広告を地方暮らしなどを紹介する雑誌に掲載した。これまでは、主に医学誌や新聞などに掲載していたが、移住先として人気がある県の強みを生かし、医師の確保も狙う。
2022/12/5	市役所玄関マットに広告募集＝愛知県蒲郡市	愛知県蒲郡市は、市の歳入確保の一環として、市役所本庁舎の本館１階正面玄関に敷くマット１枚に広告を掲載する市内企業などの募集を始めた。最低申込価格は月額9000円で、広告の作製費や維持管理費は自己負担となる。
2023/1/27	給与明細に広告、年100万円＝06年度に開始－愛媛県	愛媛県が職員向け給与明細書の空きスペースに民間広告を掲載してから、16年がたった。県財政の改善のため2006年度に始めた施策で、開始後数年間の落札額は１万〜20万円程度だったが、媒体としての評価が上がり、直近10年は100万円前後で推移している。
2023/3/27	広告業者が無償で発券機設置＝熊本県山鹿市	熊本県山鹿市は、市民課窓口の広告付き番号案内表示システムを無償で提供する事業者を公募し、選定された広告業者が発券機を設置した。インターネットで窓口の混雑状況が確認できるシステムも導入した。
2023/5/16	官民で「くらしの便利帳」＝宮城県大崎市	宮城県大崎市は、官民協働事業を手掛ける「サイネックス」（大阪市）と市の行政・防災情報をまとめた情報誌「大崎市くらしの便利帳」を作製した。便利帳の製作費は同社の広告収入で賄うため、市の財政負担はない。
2023/7/6	広告付きの公用封筒募集＝熊本県山鹿市	熊本県山鹿市は、広告付きの公用封筒を無償提供する事業者を募集している。これまで市が発行する証明書などを持ち帰るための封筒には広告付きを採用してきたが、今回は郵送用封筒で初めて導入。市によると、年間40万〜50万円の経費削減につながるという。
2023/8/1	「市民便利帳」を刷新＝長野市	長野市は、行政情報をまとめた冊子「NAGANO市民便利帳」を刷新し、全戸向けに配布する。約17万3000部を発行し、11月から配る。冊子の作成は「サイネックス」（大阪市）との官民協働事業で、印刷費などは広告収入で賄うため、市の負担はない。
2023/8/23	庁舎トイレの広告が人気＝今年度140枠増設－熊本県	熊本県庁トイレでの広告掲載が好調だ。企業の広告を出していたトイレは、これまで本館１階と地下１階のみだったが、応募が多いため今年度は本館２階以上や新館にも広げ、従来の37枠から140枠増やして177枠に。トイレ以外の場所も含む計223枠の広告事業の収入は、年間300万円を超える見込みだ。

第3章 公民連携の動き（規制・誘導型）

本章では規制・誘導型のPPPを取り上げる。これは、民間事業者が自らの資産を使って経済活動を行う際に、公共が何らかの規制や規制緩和などの誘導策を講じることによって公共目的を達成しようとするものを指す。

1. 雇用／産業振興

民間企業と連携して中小企業の後継者不足、事業承継のための支援を強化する自治体が増加している。自治体が地域の金融機関や人材紹介会社など中小企業に経営者候補を紹介する「サーチファンド」と呼ばれる枠組みを活用して、企業と経営者候補のマッチングを行う仕組みなどが広がっている。また、国は「事業承継・引継ぎ支援センター」を設置して相談を強化している。中小企業庁によると2025年までに経営者が70歳を超える企業で後継者が決まっていない会社は127万社に上るとされている。

図表Ⅱ-3-1　雇用／産業振興の動き

年月日	見出し	内　容
2022/10/17	事業承継リーフレット発行＝東京都福生市、昭島市など	東京都福生市、昭島市、両市商工会で組織する「福生・昭島地域の未来をつなぐ協議会」は、地域の持続的な産業振興を図るため、市内事業者に向け、事業承継リーフレットを発行した。両市役所や商工会で配布し、市内事業者数の維持と地域活性化を目指す。
2022/10/18	空港隣接のビジネス拠点開業＝和歌山県	和歌山県は、南紀白浜空港に隣接するビジネス拠点「オフィスクラウド９」（白浜町）を開業した。オフィスや共有スペース、会議室などを備え、運営は企業が担う。東京から飛行機で約１時間というアクセスの良さや豊かな自然を売りに、ワーケーションや企業の誘致を狙う。
2022/10/19	多彩な支援で15企業進出＝県補助、安い電気料金も後押し－福井県	福井県は、県外企業の誘致を促進するため、オフィス機能を移転する企業向けの補助金を2021年度に新設した。同年度は過去最多の15企業が進出。主流だった物流、製造業のほか、新たにITも加わり、業種も多様化している。
2022/10/25	スタートアップ企業を集中支援＝富山県	富山県は、将来的に上場を目指すスタートアップ企業を集中的に支援する「T－Startup」プログラムを始めた。ロールモデルとなる企業を育成し、県内で成長企業が継続的に生まれる機運を醸成したい考え。
2022/11/2	外出困難な人の就労支援＝神奈川県鎌倉市	神奈川県鎌倉市は、障害などで外出が困難な市民の就労につなげるため、「デジタル就労支援センターKAMAKURA」を開設した。IT業務を中心に仕事を請け負い、個人に合った形での社会参加を支援する。センターの運営は民間企業に委託。
2022/11/7	「創業・交流センター」がオープン＝起業、デジタル化など支援－山口県防府市	山口県防府市は、起業や市内事業者の活動支援拠点となる「防府市創業・交流センター」をオープンさせた。市中小企業サポートセンターが移転したほか、DXの導入相談を支援する県の拠点「Y－BASE」（山口市）のサテライト施設となる「Y－BASE・防府サテライト」も入居し、市内の事業者とオンライン相談などで連携する。
2022/11/16	国内初の水酸化リチウム製造工場＝年内にも生産販売開始－福島県楢葉町	東日本大震災と東京電力福島第１原発事故で被災した福島県楢葉町で、国内初の水酸化リチウム製造工場の竣工式が行われた。豊田通商などが設立した新会社「豊通リチウム」が建設した。

2022/11/25	スタートアップ育成を支援＝横浜市	横浜市は、製品開発や実証実験に悩むスタートアップに対し、技術や資金の支援をしたり、製品を試験的に導入する場を提供したりする事業を始める。希望企業を公募し、審査を経て12月に対象企業を採択する。スタートアップの育成が狙い。
2022/11/25	フリーランス育成へ合宿＝大阪府泉佐野市	大阪府泉佐野市は、フリーランスとして独立を目指す人を対象に「フリーランス育成合宿in泉佐野」を開催する。市内の空き家や古民家などを拠点に、約４週間かけてITや動画制作など起業に必要なスキルを学んでもらう。
2022/11/29	省エネ家電買い替えに６万円＝水道料金減免、中小企業支援も－栃木県下野市	栃木県下野市の坂村哲也市長は、エネルギー価格や物価の高騰対策として、市内在住者が省エネ家電を買い替える際に６万円の補助を行うと発表した。４カ月分の水道基本料金の減免、中小企業や個人事業主などに対する支援金の交付も行う。
2022/11/30	地域交通や教育に重点＝「デジタル田園」の戦略骨子－政府	政府は、デジタル技術を活用して地域の活性化を進める「デジタル田園都市国家構想」に関する総合戦略の骨子をまとめた。自動運転バスの導入などによる地域交通の再構築や、オンラインでの遠隔授業といった教育のDXを重点分野として明記。
2022/11/30	地方の若手IT人材発掘を支援＝独創的発想で課題解決－経済産業省	経済産業省は、ソフトウエア開発などを通じ、将来的に地域課題を解決し得る独創的なアイデアや技術を持つ若手IT人材を支援する事業を始める。産官学によるコンソーシアムと専門家が連携した支援体制を地域ごとにつくることを想定。
2022/12/ 1	デジタル人材バンクを新設＝福島市	福島市は、市内の企業や団体のデジタル化による課題解決を支援するため、デジタル分野に精通した個人などと、支援を受けたい企業、団体のマッチングを行う「福島市デジタル人材バンク」を新設する。支援を受けたい企業や団体の募集と、デジタル人材の登録受け付けを始める。
2022/12/ 2	伝統産業支援拠点を開設＝京都府	京都府は、伝統産業専門の支援拠点「Kyo－Densan－Biz」を開設した。デザイナーをはじめ幅広い分野の専門家が伝統産業事業者に商品開発や販路開拓などについて助言し、継続的に伴走支援する。
2022/12/15	新興企業支援で官民組織＝ニーズ探り橋渡し－宮城県	宮城県は、東北大学発のスタートアップを支援する官民連携組織を2023年春ごろに設置する方針だ。資金調達や販路開拓などで悩みを抱える企業と、国や金融機関などが提供している支援策をつなぎ、成長を後押しする狙い。
2022/12/21	海外販路拡大でハンズオン支援＝山口県下関市	山口県下関市は、海外販路の拡大を目指す地元の中小事業者に対し、商品のブランディングと商標出願を手助けするハンズオン支援事業を初めて実施する。支援期間は12月～2023年３月末。応募者の中から、審査会を通じて地元養蜂場を対象事業者に選出した。
2023/ 1 / 4	再配達抑制で脱炭素コイン＝北九州市	福岡県北九州市は、ヤマト運輸などと連携し、無人宅配便ロッカーや電子機器回収ボックスの利用で、社会貢献活動ポイント「アクトコイン」を獲得できる事業を始めた。再配達抑制やリサイクルなど環境に配慮した身近なエコ行動を評価することで、市民の脱炭素意識を高める狙いだ。
2023/ 1 /11	事業承継、後継ぎ向けイベント＝東北経産局	東北経済産業局は、事業承継イベント「東北アトツギDAY」を開催した。中小企業基盤整備機構の東北本部との共催で、家業を持つ後継者のネットワーク形成を促す狙い。
2023/ 1 /16	自治体関与で事業承継＝東北経産局	東北経済産業局は、自治体関与型で事業承継を支援する取り組みを始めた。黒字経営だが後継者不在による「惜しまれ廃業」に歯止めをかけるため、まちづくりに精通する自治体を巻き込んだ枠組みを構築する狙い。
2023/ 1 /18	障害者雇用率2.7％＝来春以降、段階引き上げ－厚労省	厚生労働省は、企業に義務付けている障害者雇用率を現行の2.3％から2024年４月に2.5％、26年７月に2.7％へ２段階で引き上げることを決めた。障害を持つ人の働く機会を確保するのが狙い。労働政策審議会（厚労相の諮問機関）の分科会で了承された。
2023/ 1 /30	公民連携型アンテナショップを認証＝全国初、直営型から転換－兵庫県	兵庫県は、県とゆかりのある東京都内の２店舗を「公民連携型アンテナショップ」として初めて認証した。首都圏で特産品などを扱う店舗と協定を結び、PRに一役買ってもらう方針だ。
2023/ 2 / 3	企業誘致促進サイトを改良＝高知県	高知県は、県外のIT・コンテンツ関連企業を誘致するために設けたサイト「高知県IT・コンテンツ関連企業進出サポート」をリニューアルした。誘致促進につながるよう、補助金などの支援で視認性の高いページを新設した。
2023/ 2 /14	お試しオフィス支援で２社誘致＝宮崎市	宮崎市は、地方進出を検討するベンチャー企業などに対し、試行的なオフィス設置を支援する事業に取り組んでいる。中心市街地への新たな産業集積や雇用創出が狙いだ。同事業に参加した東京都と兵庫県のベンチャー企業２社が同市への進出を正式に決めた。
2023/ 2 /21	再エネ企業誘致に本腰＝秋田市	秋田市は、洋上風力発電などの再生可能エネルギー産業の集積に本腰を入れるため、産業振興部に「新エネルギー産業推進室」（仮称）を設置し、新たに担当部長を置く。推進室には課長級１人を含め3～4人程度を配置する方向。

2023/ 2 /21	事業承継支援で手引作成＝自治体職員向けにセミナー開催－東北経産局	東北経済産業局は、自治体職員向けの事業承継支援ハンドブックを作成した。後継者不在による黒字休廃業を防ぐため、自治体が関与した支援体制の構築を目指す。宮城県仙台市内でオンライン併用のセミナーを実施した。
2023/ 2 /24	「昆虫ビジネス」基本構想策定へ＝福岡県嘉麻市	福岡県嘉麻市は、昆虫を活用した新産業の創出に向けた基本構想を策定する。九州大昆虫科学・新産業創生研究センターと既に協定を締結しており、産学官民が連携した形で、新産業によるまちづくりを進めたい考え。
2023/ 3 / 1	IBMと地域DXで協定＝香川県	香川県と日本IBMは、新たな雇用創出を目指しアプリケーションやソフトウエアの開発などを行う「IBM地域DXセンター」の立地に関する協定を結んだ。
2023/ 3 / 2	半導体の人材確保で産官学連携＝ネットワークの設立総会－三重県	三重県は、三重大学や地元企業と「みえ半導体ネットワーク」を設立し、津市内で総会を開いた。半導体産業を支える人材の育成や確保に向けて産官学で連携し、県内企業の競争力を高める。
2023/ 3 /14	水素企業進出へ補助強化＝兵庫県	兵庫県は2023年度から、水素の製造装置や貯蔵タンクの製造などを手掛ける水素関連企業が県内進出する際の補助率を引き上げ、設備投資額の10%とする。新エネルギー分野などの県内進出を促すことで、県内経済の活性化や雇用創出につなげるのが狙い。
2023/ 3 /14	小規模事業者の開発、販拡を支援＝大阪市	大阪市は、新型コロナウイルス感染症などの影響で経営環境が変わった小規模事業者に補助金を支給し、新商品・サービスの開発や販路拡大につなげる方針だ。実質無利子・無担保の「ゼロゼロ融資」の返済を23年度に控える事業者が多く、事業継続を後押しするのが狙い。
2023/ 4 / 6	外国人材の地域定着へ調査＝秋田市	秋田市は、技能実習生をはじめとした外国人材の受け入れ実態について把握し、将来的な地域定着に向けた施策立案を行うため、市内企業へのアンケートを実施する。対象は、市内に事業所を置く企業で、業種を限定せず無作為抽出で選ばれた1000社。
2023/ 4 /10	水素エネ利活用へ連携協定＝燃料電池自転車で実証実験－甲府市	山梨県甲府市は、水素エネルギーの利活用を進めるため、水素や燃料電池の社会実装を目指す地元企業を中心とした一般社団法人「FCyFINE　PLUS」と山梨大の３者で連携協定を締結した。
2023/ 4 /17	日本IBMとDXで連携＝長野県、長野市	長野県と長野市は、システム開発などを行う「IBM地域DXセンター」の立地協定を日本IBMと締結した。新たな雇用創出や地元で活躍できるデジタル人材の育成を目指す。
2023/ 5 / 9	事業承継マッチングを強化＝岐阜県高山市	岐阜県高山市は、市内の中小企業の高齢化や後継者不足が進んでいることから、事業承継を支援するため、専用のプラットフォームを活用し、事業者と承継希望者のマッチングを強化する。後継者不足による廃業を防ぎ、市内の活力を維持する。
2023/ 5 /18	コンサル派遣で新入社員の職場定着＝福島県	福島県は、県内企業に就職した新入社員の離職を防止し職場への定着を促すため、企業にコンサルタントを派遣する事業に乗り出す。求職者向け就職支援などを手掛ける「キャリア支援機構」（福島県郡山市）に業務を委託。
2023/ 5 /29	子育てママの再就職支援＝相談窓口を設置－宮城県	宮城県は、出産や育児を理由に離職した子育て世帯の女性の再就職を支援する「みやぎ女性のキャリア・リスタート支援センター」を設置した。再就職に向けた相談に応じるほか、子育てと仕事の両立に取り組む企業への職場見学会などを実施する。
2023/ 5 /31	「しごとコンビニ」導入＝北海道奈井江町	北海道奈井江町は、働きたい町民と手伝ってほしい事業所などをつなぐ業務委託型のワークシェアリング事業「しごとコンビニ」を始めた。事業所の人手不足を解消し、時間がネックとなって働けない町民らの活躍の場づくりにつなげる狙いだ。
2023/ 6 / 8	サービス業の販路開拓など支援＝鹿児島県	鹿児島県は、県内のサービス事業者向けに、新たな市場の販路開拓やIT化を図るための経費を補助する事業を始めた。対象となる業種は情報通信、運輸、小売り、飲食、宿泊、不動産など。150万円を上限に経費の２分の１を補助する。200社程度を想定。
2023/ 6 /16	官民連携でNFT市場＝沖縄県本部町	沖縄県本部町は、県内小売り大手のリウボウ商事（那覇市）と提携し、NFT（非代替性トークン）技術を活用した、オンライン上のNFTマーケットプレイスをつくる。町の「応援団」育成を目指して、デジタルアートや特産品の販売に乗り出す。
2023/ 6 /23	市外企業の視察に助成＝北海道函館市	北海道函館市は、企業誘致推進のため、拠点開設を検討する市外企業が同市内を視察する際の経費の助成を始める。１社当たり３人分まで、１人当たり５万円を上限に視察にかかった交通費や宿泊費を補助。10社程度の利用を見込んでいる。
2023/ 7 / 6	地元企業の「万博事業」受注支援＝大阪府	大阪府は、2025年大阪・関西万博の出展者と府内の中小企業をマッチングする取引支援サイト「万博商談もずやんモール」の運用を始めた。パビリオンや関連イベントの運営に必要な物資、サービスなど、万博関連の事業を地元企業が受注できるよう後押しする。

2023/7/18	新エネルギービジョン策定へ＝秋田市	秋田市は、洋上風力発電など再生可能エネルギーで生産した電力の利活用に関するビジョンを策定する。今後の方向性を明示することで、地元企業が新エネルギー事業に参加しやすくするのが狙い。
2023/7/19	県内の全金融機関と協定＝宮城県	宮城県は、ITや営業ノウハウといった高度な知識や技能を持つ人材の活用に向け、県内の全金融機関と協定を締結した。県内企業の実情を把握している金融機関と連携することで、人材紹介業者から適切な人材を紹介してもらう仕組みをつくる。
2023/8/18	地方移転の企業減税、2年延長＝対象拡大も検討－内閣府	内閣府は、東京23区から本社機能を地方に移転した企業の法人税を減税する「地方拠点強化税制」について、2024年3月末までの期限を2年間延長する方向で検討に入った。適用対象となる業務部門を新たに追加するといった制度拡充も探っており、内閣府の24年度税制改正要望に盛り込む。
2023/8/18	ギグワーカーと地元企業をマッチング＝大阪府泉佐野市	大阪府泉佐野市は、単発の仕事を請け負う「ギグワーカー」と市内企業をマッチングする取り組みを始める。企業と連携し、公式サイトを開設。住民の多様な働き方の推進と企業の人手不足の解消の両立を目指す。
2023/8/23	Uターン就職促進へ地元産品＝石川県能美市	石川県能美市は、県外に進学した市出身の学生がUターン就職を考えるきっかけとするため、就職情報誌と食料品などを「のみ・ふるさと便」として無料で届ける取り組みを始めた。対象は、市出身で県外の大学などに通い、保護者が能美市に住んでいる学生。
2023/9/12	事業承継マッチングで信金と連携＝奈良県大和郡山市	奈良県大和郡山市は、市内中小企業の事業承継を支援するため、信用金庫などと連携して無料の個別相談会を毎月開催する。経営者の高齢化や後継者不足に対応。創業予定者とのマッチングで廃業を防ぎ、地域経済の活性化を図る。
2023/9/22	台湾の企業支援窓口、本格運用へ＝熊本県	熊本県は、台湾との経済交流活性化や相互の企業進出サポートを目的に、試行的に台北に設置している企業支援窓口を、本格運用に切り替える。窓口は、台湾に関するビジネス相談対応や、企業訪問支援を行う。
2023/10/10	寄付活用し民間DX推進＝埼玉県熊谷市	埼玉県熊谷市は、産業界のDXに向け、ふるさと納税型クラウドファンディング（CF）を始める。市内の民間企業のDXに関するプロジェクト案を募集。採用されたプロジェクトに対する寄付を募集し、集まった資金から補助金を交付する。

2. 市街地・まちづくり

空家等対策特別措置法が改正された。空き家の活用をこれまで以上に促進するのが目的で、中心市街地や地域の再生拠点など一定のエリアを「活用促進区域」と定め、建て替えをしやすくするほか、用途地域の制限なども緩和してカフェなどの用途に使えるようにする。また、管理状況の悪い空き家が放置されるのを防ぐため、市区町村が「管理不全空き家」に指定する制度を設けて、所有者に対し適正な管理を行うよう勧告する。勧告を受けた場合、住宅用地の固定資産税を最大6分の1に軽減する特例措置の対象外となる。加えて、台風などで倒壊する危険などがある空き家を緊急的に市区町村が除却できる代執行制度も創設した。また、市区町村の指定を受けたNPO法人などが空き家所有者の相談に乗る制度や、所有者に代わって財産を管理・処分する「財産管理人」の選任を裁判所に請求できる主体に、利害関係者や検察官だけでなく市区町村長も加えた。これらの対策により、自治体が空き家対策に取り組みやすくなることを期待している。

総務省は、京都市が申請していた「空き家税」の導入に同意した。正式名称は「非居住住宅利活用促進税」。税率は家屋の評価額の0.7％と土地の評価額に応じて3段階に設定した率を合算する。2026年から導入することを計画しており、導入から5年間は、評価額が100万円未満の資産価値が低い物件は非課税とするほか、京町家などの歴史的建造物や事務所として使うものは対象外とすることを想定している。

図表Ⅱ-3-2　市街地・まちづくりの動き

年月日	見出し	内　容
2022/ 9 /28	空き家対策、バンクは都市の74%が実施＝補助事業は、76%－盛岡市依頼調査・地方行財政調査会	地方行財政調査会は、都市の空き家利活用の支援（補助等）を調査した。それによると、市の空き家バンク制度について、「実施している」と回答（複数回答不可）したのは千葉、熊本など117団体で全体の67.2%。
2022/10/ 4	多摩川河川敷の利活用へ社会実験＝東京都多摩市	東京都多摩市と、同市に本社を置く京王電鉄は、地元を流れる多摩川を活用したまちの魅力づくりとにぎわいのある河川空間を目指し、河川敷の公園で社会実験を行う。キッチンカーの出店や新感覚のウオータースポーツ、たき火などのプログラムを試みる。
2022/10/ 7	リニア駅周辺の整備方針策定へ＝甲府市	山梨県甲府市の樋口雄一市長は、リニア中央新幹線で市内に建設予定の新駅の周辺整備について、まちづくりの方向性の案を発表した。水素エネルギーなどの新産業の育成や振興が柱。来夏をめどに整備方針の素案を策定する。
2022/10/19	空き家を地域住民の「サロン」に＝埼玉県嵐山町	埼玉県嵐山町は、空き家を活用し、地域住民が気軽に集まれる場としたコミュニティーサロン「むさし嵐丸庵」のオープニングセレモニーを開催した。
2022/10/22	空き家再生へ対策強化－法改正視野に検討－国交省	国土交通省は、空き家の再生利用に向けた対策の強化に乗り出す。古民家カフェなどとして活用できる物件の流通を活発化させるため、市町村が民間と連携する制度の創設を検討。有識者らによる委員会を設置し、具体的な議論に着手する。来年の通常国会への空家等対策特別措置法改正案提出を視野に入れている。
2022/10/26	空き家居住で課題提案＝富山県滑川市	富山県滑川市は、空き家での居住体験を通して、県外居住者に市の魅力や課題を見つけてもらう「ミライノミカタ」事業を始めた。県外在住のテレワーカーや事業者らが対象で、空き家を活用し、定住しなくても市と多様な関わりを続ける関係人口の創出につなげたい考え。
2022/10/27	渋谷にデジタルアートの拠点施設＝東京都	東京都は、デジタル技術を活用した芸術「デジタルアート」の拠点施設を渋谷区内に開設した。アーティストが創作活動をできる場所の確保や、制作費の援助で人材育成につなげる。作品の展示やイベント開催を通じ、交流の場としての機能も持たせる。予算規模は３億円。
2022/11/ 4	中古住宅流通へ具体策検討＝広島県	広島県は、住宅が集まるよう県内市町が設定した「居住誘導区域」にある中古住宅の流通を推進する具体策について検討を始めた。学識経験者らによるチームを設け、流通量を増やす支援策や需要を喚起する広報戦略などを2022年度中にまとめる予定だ。
2022/11/11	独自に空き家バンク制度＝北海道喜茂別町	北海道喜茂別町は、町独自の空き家バンク制度を始めた。同町を含む後志地方の自治体などは現在、管内の空き家を広域的に登録する「しりべし空き家BANK」を運営しているが、喜茂別町内の登録が少なかったことなどを踏まえ、町は独自に始めた。
2022/11/18	空き家解体へAI活用＝広島県安芸高田市	広島県安芸高田市は、空き家の適切な解体や活用を促進するため、人工知能（AI）を使って解体費用を分析するサービスを導入した。AIを運用する「クラッソーネ」と協定を締結し、同市用に設定されたAIの無償提供を受けた。
2022/11/24	中古住宅業者をネット検索＝京都市	京都市は、若者や子育て世帯の移住・定住を促進するため、中古住宅を仲介する不動産業者らをインターネットで検索できるシステムを構築する。検索に不安を感じる利用者には、電話や来庁による相談にも応じる。
2022/12/ 3	未利用地売却、税特例を拡充＝不明土地防止へ負担軽減－政府・与党	政府・与党は、利用が進んでいない土地を売却した際に、所得税を軽減する特例措置を拡充する方向で調整に入った。対象となる土地の譲渡価額の上限を、現行の500万円から800万円に引き上げることを検討。売却時の負担を軽減し、空き地などの利活用を促す。
2022/12/ 4	相続家屋の売却、減税延長＝空き家抑制、対象拡大も－政府・与党	政府・与党は、親や祖父母から相続した家屋などを売却した際に、所得税を軽減する特例措置を延長する方向で調整に入った。2023年12月末までとなっている期限を４年間延長し、適用対象の拡大も検討する。
2022/12/ 6	九大移転に伴うまちづくりを協議＝福岡市	福岡市は、九州大学の統合移転事業の完了に伴い、キャンパス周辺の基盤整備や跡地活用などについて、大学と連携・協力しながらまちづくりに取り組むための対策協議会を開いた。
2022/12/ 8	空き家利用希望者を登録＝石川県小松市	石川県小松市は、空き家の利用希望者を登録する「さかさまバンク」制度の運用を始めた。空き家の活用を促す取り組みの一環で、県内初という。
2022/12/ 9	ひさしの建ぺい率制限を緩和＝物流倉庫、来年４月から－国交省	国土交通省は、物流倉庫などを対象にひさし部分の建ぺい率制限を緩和する。物流倉庫の増加に伴い、大型のひさしを設けるニーズが業界団体から寄せられたことを踏まえた。建築基準法の改正政令を来年４月１日に施行する。

2022/12/13	50年目標の都市計画グランドデザイン＝大阪府、大阪市など	大阪府と大阪市、堺市は、2050年を目標に府全域の都市計画の方向性を示す「大阪のまちづくりグランドデザイン」案をまとめた。成長・発展をけん引する拠点として、都心部８エリアと郊外10エリアを選定。官民連携で幹線道路や鉄道といったインフラ整備を進める方針だ。
2022/12/13	流出抑制で高校生アンケート＝富山県高岡市	富山県高岡市は、流出に歯止めがかからない若者の意見を市政に反映させようと、高校生へのアンケートを実施している。結果は、来年度以降の施策展開に生かす。対象は、居住地にかかわらず、市内の高校に通学する１年生約1500人。
2022/12/15	カードゲームで空き家対策＝広島県廿日市市	広島県廿日市市は、空き家対策の一環として、高齢者を対象にカードゲームを使って平時から家財整理を促す「片付けセミナー」を行っている。親族が高齢者から家屋を相続する際、部屋が整理されていないことが空き家として放置される一因になっているためで、高齢者らに空き家問題を「自分ごと」として捉えてもらうのが狙いだ。
2022/12/15	デジタル技術活用で産官学連携＝東京都渋谷区	東京都渋谷区は、デジタル技術を活用した地域課題の解決に向け、民間企業や大学、研究機関などが参加する産官学連携組織「シブヤ・スマートシティ推進機構」を設立した。
2022/12/15	民泊管理業の資格要件緩和＝講座受講修了で可能に―国交省	国土交通省は、民泊運営の受託に必要となる「住宅宿泊管理業」の資格要件を緩和する。現在は宅地建物取引士の登録があることなどが要件だが、住宅宿泊管理業講座の受講修了者らも登録可能とする。要件緩和により、特に地方での住宅宿泊管理業の担い手確保につなげる。
2022/12/26	市庁舎移転に向けた条例案否決＝神奈川県鎌倉市議会	神奈川県鎌倉市議会は、新市庁舎の整備に向けて市が提案した市役所の位置を定める条例の改正案を否決した。条例案は、JR鎌倉駅近くにある市庁舎の位置を、湘南モノレールの湘南深沢駅周辺で、官民でまちづくりを進める地区に移すもの。
2022/12/27	住宅用地特例の解除検討＝特定空き家を発生防止―国交省	国土交通省は、空き家の発生抑制や利活用などに向け、固定資産税の住宅用地特例の解除を検討している。空家等対策特別措置法で、周辺に悪影響を及ぼす特に危険な「特定空き家」となる前に、適切な管理を所有者に促すのが狙い。
2022/12/28	移住促進で空き家ツアー＝岡山県高梁市	岡山県高梁市は、市への移住促進に向けて、市内の空き家を巡るツアーを企画した。市への移住を検討したり、市に興味があったりする市外在住の人らが対象。
2023/１/11	大学やスポーツ団体と連携協定＝石川県	石川県は、東京芸術大学や日本体育大学、県内トップスポーツチームの包括団体「石川ユナイテッド」とそれぞれ包括連携協定を締結する。文化・スポーツ分野の振興や地域活性化につなげる狙いで、2023年度当初予算案に連携事業の費用を計上する方針。
2023/１/11	防災科研と連携協定＝阪神大震災28年を前に―神戸市	兵庫県神戸市は、災害対応力向上などを狙いに、防災科学技術研究所（茨城県つくば市）と連携協定を結んだ。両者は、災害に強いレジリエントなまちづくり▽先進的な防災科学技術・情報の活用▽防災・減災の考証や次世代防災教育―で連携する。
2023/１/16	先進車両導入に財政支援＝自治体向け、リースにも補助―国交省	国土交通省は2023年度、自動運転技術を搭載した先進車両などを導入する自治体向けの財政支援を始める。補助対象は、自動運転車のほか、鉄道やバスの電気車両(EV)、燃料電池自動車（FCV）などを想定している。車両の購入費の２分の１を補助する方針。
2023/１/17	特色ある空き家改修費用を補助＝NPO、民間の取り組み支援―国交省	国土交通省は2023年度、特色ある空き家の利活用に取り組むNPO法人や民間事業者に対し、改修費用を補助する。費用面で民間を支援しつつ、優れた取り組みに関する情報を収集することで、空き家の利活用を全国に広めたい考えだ。
2023/１/18	空き家バンクの成約倍増＝改修補助上限100万円に―熊本県宇城市	熊本県宇城市の空き家バンクが好調だ。2022年度に、補助対象となる改修工事を間取りの変更や電気設備などに広げ、補助金の上限を100万円に引き上げた。成約数は、前年度の12件に対し、昨年12月末時点で過去最多の25件。
2023/１/20	「流域治水推進室」を設置＝北海道開発局	北海道開発局は、官民が連携した水害対策をさらに進めるため、「流域治水推進室」を設置した。流域治水は河川管理やまちづくり、農業など幅広い分野に及ぶ。これまでは関連施策の問い合わせ先が各担当部署に分かれていたが、一元的な相談窓口を設けることで地域の課題に横断的に取り組む。
2023/１/31	空き家対策、取りまとめ案を了承＝重点エリア内で規制緩和―国交省検討会	国土交通省の有識者検討会は会合を開き、空き家対策の強化に関する取りまとめ案を大筋で了承した。空き家の活用を促すため、重点エリア内で規制緩和などを進めることが柱。政府は具体策を盛り込んだ空家等対策特別措置法改正案を今通常国会に提出する。
2023/２/１	空き家調査を郵便局に委託＝三重県玉城町	三重県玉城町は、日本郵便を通じた町内の空き家調査を始めた。郵便の集配業務を担当する社員らが空き家の外観を目視で確認する。
2023/２/６	空き家所有者特定を効率化＝戸籍情報システム活用で―政府	政府は、自治体が空き家の所有者を特定する際の戸籍謄本などの公用請求事務を効率化する。2023年度末に稼働予定の戸籍情報連携システムを活用し、オンライン上で戸籍情報を取得することで、現状の郵送でのやりとりよりも時間を短縮。

2023/ 2 /13	駅前開発でJR東と土地交換＝東京都国立市	東京都国立市は、JR国立駅周辺の開発を進めるため、JR東日本と土地交換契約を結んだ。取得用地は広場として、2026年度の整備完了を目指す。両者は従来、駅前のにぎわい創出と街の価値向上のため協議をしており、契約締結に至った。
2023/ 3 / 3	空き家活用へ「促進区域」＝管理不全なら税優遇なし―法案決定	政府は閣議で、空き家対策を強化するため、関連する特別措置法の改正案を決定した。市区町村が「活用促進区域」を設定し、土地の用途変更や建て替えをしやすくするのが柱。管理不全の物件に対しては、固定資産税の軽減措置の対象から外す仕組みを導入する。
2023/ 3 / 3	脱炭素のまちづくりで協定＝京都府など	京都府と向日市、JR西日本、京都銀行は、脱炭素関連技術を活用したまちづくりを推進する地域の形成に関する連携協定を締結した。向日市を中心としたJR京都線沿線で、脱炭素のまちづくりを推進するとともに、スタートアップ企業や事業会社が集積する地域「ZET―valley」を形成。就業・定住・交流人口の増加を目指す。
2023/ 3 / 3	空き家除去費用を無料見積もり＝大阪府泉南市	大阪府泉南市は、市内空き家の解体費用や土地売却額を無料で見積もるウェブサービスを開始した。空き家の解体工事の一括見積もりを手掛けるクラッソーネとの連携協定で実現。市のホームページからサービスにアクセスできる。
2023/ 3 / 6	ウオーターフロント開発で計画策定＝山口県下関市	山口県下関市は、市のウオーターフロント開発の総合計画「あるかぽーと・唐戸エリアマスタープラン」を策定した。対象地域は関門海峡に臨み、東京ドームの４倍超に当たる約20ヘクタールの地域で、今後、段階的に整備する。
2023/ 3 /16	通学定期券の半額補助＝石川県かほく市	石川県かほく市は、市外へ電車通学する高校生に定期券購入費の半額を補助する。市が試算した市内全生徒の通学費約7800万円の半額に当たる3900万円を2023年度当初予算案に計上した。
2023/ 3 /17	地域活性化で地元私鉄と連携協定＝神戸市	兵庫県神戸市は、地域活性化を狙いに、市内に本社を置く山陽電鉄と事業連携協定を結んだ。両者は▽駅を中心としたにぎわいあるまちづくり▽沿線エリアを一体とする公共交通の回遊性向上―などで連携する。
2023/ 3 /22	転入者の空き家購入補助＝堺市	大阪府堺市は2023年度、市内に転入する若年夫婦と子育て世帯に対し、空き家の購入費用を補助する。１年以上居住・使用されていない家を購入した場合、費用の半額を最大120万円まで支給する。市内定住と空き家の利活用促進が狙い。
2023/ 3 /24	空き家所有者の課税に同意＝京都市が申請、全国初―総務省	総務省は、京都市が申請していた空き家や別荘などの所有者に課税する新税導入に同意した。市によると、空き家を含めた幅広い物件の所有者を対象とする独自課税は全国初。課税対象は約１万5000戸、税収は年間約９億5000万円を見込む。
2023/ 3 /30	高機能オフィス建築促進で補助金＝千葉市	千葉市は、高機能設備を備えたオフィスビルの建築促進を図るため、新たな補助金を４月から設ける。県都にふさわしいまちづくりの推進や、地域産業の中核となる企業を誘致して雇用と税収を確保するのが狙い。
2023/ 3 /31	郵便局活用で地域課題解決＝工程表を策定―総務省	総務省は、郵便局の地域貢献に関する施策をまとめた推進工程表を公表した。過疎地域も含め全国に局舎と人員を配置する郵便局の強みを生かして自治体窓口業務の受託や交流拠点づくりなどに取り組み、地域の課題解決と活性化を図る。
2023/ 4 / 3	AI活用し、まちづくり実験＝静岡市	静岡市は、NTT西日本静岡支店と連携し、同社が開発した人工知能（AI）システム「みんなのまちAI」を活用したまちづくりの実証実験を始めた。市は、これらの予測データをイベント開催時の効果的な広報活動や来場者を市内周遊につなげる仕組みづくりなどに活用したいと考えている。
2023/ 4 / 4	地域おこし隊、最多6447人＝22年度、受け入れ先も増―総務省	総務省は、都市から過疎地域などに移り住んでまちづくりに取り組む「地域おこし協力隊」について、2022年度の隊員数が前年度比432人増の6447人だったと発表した。隊員を受け入れた自治体数も31増えて1116団体となった。
2023/ 4 /10	空き家10年借り上げ活用＝福島県昭和村	福島県昭和村は、空き家を10年借り上げて移住・定住希望者に貸し出す利活用事業を始める。2023年度はモデル的な取り組みとして１件を整備。耐震改修費用などとして、同年度当初予算に1100万円を計上した。
2023/ 4 /12	城西国際大と観光振興で覚書＝千葉県芝山町	千葉県芝山町は、城西国際大学と包括連携協定を締結した。活力ある個性豊かな地域社会の形成・発展と人材育成を通じた持続可能なまちづくりを目指す。同時に、観光振興に関する覚書も交わした。
2023/ 4 /12	かさ上げ地の空き地解消支援＝岩手県陸前高田市	岩手県陸前高田市は、東日本大震災後の土地区画整理事業でかさ上げした土地の空き地解消に向けて、新たに地権者や不動産業者への支援を始める。市が補助金を出すことで、取引を活性化させたい考え。
2023/ 4 /19	税減免で危険空き家解体促進＝長崎市	長崎市は、崩壊などの恐れがある老朽危険空き家の除却を促すため、解体した場合に住宅用地特例による固定資産税の軽減措置がなくなることで税負担が増える分を減免する。２月議会に二つの関連条例を提案し、いずれも可決された。

2023/ 4 /20	県内の空き家バンクを集約＝熊本県	熊本県は、県内33市町村の空き家バンクの情報を集約し、物件を横断的に検索できる「空き家バンクプラットフォーム」の運用を開始した。県によると、都道府県レベルで同様のプラットフォームを構築するのは初めて。関連経費に約1000万円を計上した。
2023/ 4 /26	広告トラック、広域で規制＝派手な宣伝抑制へルール－首都圏９都県市	東京、埼玉、千葉、神奈川４都県知事と５政令市長は、ウェブ会議を開き、荷台などに派手な色使いの広告を掲げた宣伝トラックへのデザイン規制に向け、共同で検討会を設置することを決めた。広域的なルール作りを検討する。
2023/ 4 /28	大手サイトと空き家情報を共有＝愛媛県今治市	愛媛県今治市は、市の空き家バンクサイトと大手不動産情報サイト「アットホーム」を連携させるシステムを構築した。異なるアプリケーション間で情報を共有する「API連携」を取り入れた。市によると、空き家情報でAPI連携したのは今治市が初。
2023/ 5 / 8	尾根幹線沿道の将来像で「議論の場」創設＝東京都多摩市	東京都多摩市は、ニュータウン沿いに市内を通る多摩丘陵の尾根幹線について、沿道の将来像を語り合う場を、民間事業者や大学との協働で創設する。民間事業者も参画して将来像を議論する場を設けるのは初めて。
2023/ 5 /10	管理不全空き家、基準策定へ＝緊急代執行の適用対象も－国交省	国土交通省は、空家等対策特別措置法改正案で新設する「管理不全空き家」を市区町村が見分ける基準を示す。併せて、改正案で設ける緊急代執行制度の適用対象となる事例も示す。
2023/ 5 /10	若者目線のまちづくりに10万円＝宮城県名取市	宮城県名取市は2023年度、大学生や高等専門学校生でつくる学生団体が取り組むまちづくりの活動に、最大10万円を助成する事業を始めた。応募資格で学生団体の所在地は問わないが、学生３人以上でつくる団体に限る。
2023/ 5 /16	空き家活用で最大950万円支援＝東京都	東京都は、地域資源として空き家の活用を目指す事業者に、調査や改修などの費用を年間最大950万円補助する事業を始めた。市区町村と連携して、地域活性化や移住定住の促進などを行えるようにする。
2023/ 5 /19	視察受け入れを有料化＝鳥取県北栄町	鳥取県北栄町は、行政視察などの受け入れを有料化した。町は人気漫画「名探偵コナン」の作者、青山剛昌氏の出身地として知られ、漫画を生かしたまちづくりに取り組んでいる。視察による職員の負担が課題になっていたといい、要綱で受け入れの条件を定めた。
2023/ 5 /22	SDGs未来都市に28自治体＝地方創生相「取り組み加速に期待」－内閣府	内閣府は、持続可能な開発目標（SDGs）達成に向けた取り組みを進める「SDGs未来都市」として、28自治体を新たに選定した。今回の23年度分を含め計183自治体が選ばれている。
2023/ 5 /22	商店街再生に1000万円＝山口県宇部市	山口県宇部市は、若者から中心部にある商店街の空き店舗活用策の募集を始めた。空洞化が目立つ商店街を若者が集う空間に再生するのが狙いで、事業化にかかる費用を最大1000万円補助する。
2023/ 5 /22	接道規制緩和で基準提示へ＝空き家建て替え促進－国交省	国土交通省は、空き家の建て替えを促すため、狭い道路に面した敷地での建物の建築に関する規制（接道規制）を緩和する特例を設ける。国会で審議中の空家等対策特別措置法改正案の成立後、省令を改正し、市区町村向けに特例適用の基準を示す。
2023/ 5 /24	道内初、空き家を中間管理＝北海道東川町	北海道東川町は、空き家を所有者から借り上げて修繕し、移住希望者に貸し出す中間管理事業を始める。５月中に対象家屋を１軒決定して、秋以降に入居者を募集する。空き家の有効活用と移住者の住宅確保が主な目的で、町によると道内では初の取り組み。
2023/ 5 /26	地域おこし隊、募集で留意点＝ミスマッチ防止へハンドブック－総務省	総務省は、地域おこし協力隊の募集、受け入れの際に留意すべきポイントやノウハウをまとめたハンドブックを作った。自治体の担当者らに参考にしてもらう狙い。隊員がやりたいことと地域が求めることのミスマッチを防止し、隊員の増加や地域定着につなげる。
2023/ 6 / 5	前橋テルサへの民間活力導入に向けた事業提案型公募の実施＝前橋市	群馬県前橋市では、2023年３月に閉館した前橋テルサについて、民間活力を導入することにより、市の財政負担の縮減を図るとともに中心市街地のさらなる活性化に資することを目的として、土地・建物の売却に向けた事業提案型公募を６月から実施する。
2023/ 6 / 7	管理不全物件、税優遇せず＝改正空家特措法が成立	空き家の管理強化や活用策を盛り込んだ改正空家等対策特別措置法が参院本会議で可決、成立した。管理状態の悪い物件を新たに「管理不全空き家」と規定し、市区町村が指導、勧告できる仕組みを導入するのが柱。勧告を受けた物件は、固定資産税の優遇措置の対象外とする。
2023/ 6 /12	出産祝い金、第５子以降に100万円＝熊本県和水町	熊本県和水町は、町内への移住者や出生数の増加を目指し、第５子以降に100万円を給付するなど出産祝い金を大幅に拡充した。また、小学校から高校までの入学時に５万～15万円を交付する祝い金制度を新設。
2023/ 6 /14	情報発信へ地元クリエーターと連携＝大阪府茨木市	大阪府茨木市は、ウェブデザイナーをはじめ市内在住のクリエーターらと連携し、効果的な情報発信に乗り出す。専門職のスキルを活用した分かりやすい広報につなげるとともに、市民らとの共創のまちづくりを目指す考えだ。

2023/6/15	国立環境研究所と包括協定＝ゼロカーボン推進で連携－福島県大熊町	福島県大熊町は15日、二酸化炭素（CO_2）排出量の実質ゼロを目指すゼロカーボンへの取り組みや研究などを推進するため、国立環境研究所と包括連携協定を締結した。町内での現地調査や実証などを通じて、環境に配慮したまちづくりを進める。
2023/6/26	県庁舎からにぎわい創出＝「リボーンフェス」を開催－群馬県	群馬県は、県庁舎を会場に音楽ライブや料理ショーなどさまざまな催しを行う「県庁リボーンフェス」を開催した。31階に新たにオープンしたキッチン・物販スペースの「GINGHAM」など、空きスペース活用を通じて県庁舎の「リボーン（再生）」を進め、県庁からのにぎわい創出を目指している。
2023/6/28	空き家バンク対象外の物件紹介＝長野県佐久市	長野県佐久市は、「空き家バンク」掲載の対象とならない、大規模改修が必要な空き家などの紹介を市のホームページで始める。
2023/6/29	マップやステッカーで空き家を可視化＝新潟県三条市	新潟県三条市は、市内の自治会の協力を得て未把握の空き家を調べ、住宅地図に落とし込む取り組みを近く始める。デジタル化して内部で共有することも検討している。利活用できる物件にはステッカーを貼りPRする。
2023/7/7	浅草の過密解消へ社会実験＝東京都台東区	東京都台東区は、浅草寺近くの雷門通りの車道に、歩行者中心の空間を整備する社会実験を行う。居心地が良く歩きたくなる「ウオーカブル」なまちづくりの一環で、国際観光都市としての魅力向上につなげる。
2023/7/11	空き家、不動産団体が「仲介」－大阪府河内長野市	大阪府河内長野市は、不動産の業界団体と連携して、空き家の利活用を推進する事業を始めた。連携しているのは、府宅地建物取引業協会の南大阪支部と全日本不動産協会の府本部。市が、所有者から申請書を受理すると、団体に情報を提供。
2023/7/13	中心部活性化で休憩スペース＝静岡県沼津市	静岡県沼津市は、市中心部の商店街に飲食や音楽の演奏などを楽しめる休憩スペースを設置する。休憩スペースには、取り組みに賛同する店舗が月１回出店し飲食物を販売する。
2023/7/14	入居後の生活支援を充実＝高齢者ら向け賃貸、福祉と連携－国交省など	国土交通省などは、高齢者や障害者といった住宅の確保が難しい人に対して、賃貸住宅入居後の生活支援を充実させる検討を始めた。家賃の滞納や孤独死、周囲とのトラブルなどの懸念から入居を拒まれるケースがあるため、福祉分野との連携も強化し、大家が安心して貸し出せる環境を整備する。
2023/7/18	宅地バンクを新設＝岩手県八幡平市	岩手県八幡平市は、使用されていない宅地の活用を促進するため「宅地バンク」を新設した。公式ホームページやLINE、全国版空き家・空き地バンクで情報提供し、宅地の所有者と購入希望者のマッチングを目指す。
2023/7/19	遺贈寄付で民間と連携＝大阪市西区	大阪市西区は、遺贈寄付において、クラウドファンディング事業を展開する「READYFOR」（東京都千代田区）と連携する。同社が、相談者に寄付先の選択肢として西区を提示するほか、区民に向けた遺贈寄付に関するセミナーなどの開催や複雑な手続きの代行もする。
2023/7/26	札幌圏への通学定期代補助＝北海道白老町	北海道白老町は、町内に在住し鉄道で札幌圏の大学に通う学生の定期代について、月１万円を上限に補助する事業を始めた。対象は町内に生活基盤を置く大学生や短大生らで、高校生や大学院生は含まない。約20人の利用を見込む。
2023/7/27	SDGs推進で登録制度＝埼玉県久喜市	埼玉県久喜市は、持続可能な開発目標（SDGs）の達成に向け、主体的に取り組む企業や団体、個人などを「市SDGs推進パートナー」として登録する制度を創設した。申請を受け付けており、今年度中に50の企業や個人などの登録を目指している。
2023/7/31	空き家情報提供で協力金＝石川県輪島市	石川県輪島市は、地域の空き家情報を提供した市内の「地区」を対象に、その物件が売買や賃貸の契約に至った場合に３万円の協力金を交付する事業に取り組んでいる。市独自の空き家データベースの登録情報を充実させ、市内の物件の活用や移住・定住の促進につなげる狙い。
2023/8/1	市町のまちづくり計画策定を支援＝山口県	山口県は、にぎわいや活力の維持に向け、市町によるまちづくり計画の策定を支援する。これまで県の関与は計画策定後のハード整備などが中心だったが、県庁内にチームを設けて策定段階から支援に乗り出す。
2023/8/7	空き家を改修、低額貸し出し＝福島県北塩原村	福島県北塩原村は、移住者増を目的に、所有者から借り上げた空き家を修繕し低額で貸し出す「住まいのバトンタッチ事業」を始める。今年度は２階建ての住宅１棟を約200万円かけて整備。秋ごろの入居開始に向けて、壁や水回りの修繕などを実施する。
2023/8/7	都市部の駐車場を最適化＝規模や配置、地域で需給管理－国交省	国土交通省は、都市部の駐車場について、まちづくりの観点から地域全体で規模や配置を最適化する方策を検討する。宅配需要の拡大に伴う荷さばき車両の増加など近年の環境変化を踏まえ、各地で台数の適正化や集約化、需給の管理を推進する。
2023/8/7	デジタル活用し圏域形成＝国交省	今後10年間の国土づくりの基本指針「国土形成計画」がこのほど閣議決定された。地方の人口減少に対応するため、デジタル技術を活用し、市町村の境界にとらわれず暮らしに必要な機能を維持する「地域生活圏」の形成を進めることが柱。

2023/8/14	公民連携で移住・定住促進＝京都市	京都市は、公民連携で人口減少に歯止めをかけるため、企業や団体を対象に「移住・定住応援団」への登録を始めた。応援団の活動として提案し、市が採択した事業は、費用の一部について支援が受けられる。
2023/8/15	まちづくりビジョン策定で民間人材＝北海道千歳市	北海道千歳市は、まちづくりの方向性を示す将来ビジョンの策定に向け、民間企業３社から職員３人を受け入れた。市がビジョン策定に民間人を活用するのは初めて。官民が連携し実効性の高い戦略を立てる狙い。
2023/8/18	学生のまちづくり活動に補助金＝札幌市	北海道札幌市は、市内の学生が地域団体と連携して行うまちづくり活動に補助金を支給する。８月から申請を受け付け、審査を経て９月中旬に採択する。学生の地元への関心を高め、地域活性化につなげるのが狙い。
2023/9/4	県有地活用アイデア174件＝11月中に方針、松山市に要請も－中村愛媛知事	愛媛県は、県民文化会館（松山市）の南側にある県有地の利用案を公募した結果、一般から174件が寄せられたと発表した。個人から156件、法人から18件の応募があった。
2023/9/6	空き家活用にマッチング＝奈良県生駒市	奈良県生駒市は、空き家の活用を支援するため、利用したい人と家主をつなぐマッチング事業を始めた。事業では、最初に空き家の見学会を開催。その後、希望者が家主に対して活用プランを提案し、家主が気に入ればマッチングが成立する仕組み。
2023/9/7	放火家屋を特定空き家に＝全国で珍しい認定、譲渡－広島県福山市	2022年、放火された空き家を「特定空き家」に認定した広島県福山市で今年春、空き家の所有者と事業者の間で売買契約が成立、６月に建物と土地が事業者に引き渡された。
2023/9/8	文化庁移転で記念式典＝京都府・市など	京都府と京都市などは、文化庁の京都移転に伴い、同庁と連携した文化事業を開始した。2024年３月まで美術や音楽、伝統芸能などの文化イベントを府内各地で実施していく。
2023/9/13	空き家対策にドローン活用＝栃木県那須町	栃木県那須町は、空き家対策を効率的に進めるため、ドローンを使った実態調査に乗り出す。ドローン活用のノウハウを持つIT企業「パーソルプロセス＆テクノロジー」（東京）から中堅社員を派遣してもらい、「地域活性化起業人」に任命。
2023/9/19	住まい探し特化の相談窓口開設＝福島県	福島県は、移住を検討している相談者の住まい探しのサポートに特化した「住まいコンシェルジュ」による相談窓口を開設した。相談者の希望や悩みをオンライン面談で聞き取り、事業者や市町村とのコーディネートや物件の紹介を行う。
2023/9/26	民間投資喚起へ評価手法構築＝「緑のインフラ」推進で新戦略－国交省	国土交通省は、自然が持つ機能を生かしたインフラ整備や土地利用の取り組みである「グリーンインフラ」について、新たな推進戦略を策定した。グリーンインフラ整備による効果を可視化し、民間からの投資を喚起するため、客観的な評価の仕組みを構築することが柱。
2023/9/29	中心市街地活性化策、本格検討へ＝年度内に最終取りまとめ－内閣府	内閣府は、中心市街地活性化に向けた具体策の検討を本格化させる。５月に議論を始めた有識者委員会で、年度内に最終取りまとめを行う。有識者委員会が８月にまとめた中間論点整理では、国の支援を受けられる活性化制度の活用を促進するため、市町村が作成する基本計画の簡素化などを提案。低未利用不動産の活用に向けた支援充実も求めた。

3. 人口増加

若年層の移住による人口の増加を目指す際に、働く場所の確保は大きな課題となる。

大分県は、県内に移住することを前提に就職に役立つ技能の取得を支援する「スキルアップ移住」制度を設けている。2021年度にプログラミングなどIT関連のスキルを無料で学べる制度を開始したところ、20～50代の男女が参加し、40人以上の移住が実現したことから、新たに看護職や介護職、保育士などの国家資格取得支援や就職相談に応じる。例えば、看護職を目指して看護学校に入学する場合、学費は本人負担だが、入学時に一律20万円を支給する。

人材派遣会社のパソナグループが兵庫県淡路島に本社機能を2020年に移転したことで、淡路市は転入超過に転じた。同社は本社1800人のうち1200人以上が淡路島に移転するとみている。また、同社と県、島内３市は淡路島パイロットHQ協議会を立ち上げ、他の企業の企業誘致の取り組みを進めている。

図表Ⅱ-3-3　人口増加の動き

年月日	見出し	内　容
2022/ 9 /21	費用相談付き移住ツアー＝北海道安平町	北海道安平町は、移住に関心がある町外在住者対象の現地ツアーで、ファイナンシャルプランナーによる個別相談を取り入れた。住居確保や教育にかかる費用を詳しく知ることで、町での暮らしを具体的にイメージしてもらう狙い。
2022/11/14	移住者の奨学金返還を支援＝長崎県小値賀町	長崎県小値賀町は、若年層の移住・定住を促すため、奨学金の返還義務を抱えながら町内で就労する移住者を支援する。「おぢカモン支援補助金」として年20万円を上限に交付するもので、返還が終わるまで補助を続ける予定だ。
2022/12/ 1	移住支援、看護職志望も対象に＝大分県	大分県は、県内に移ることを前提に、就職に役立つ技能を習得する人を支援する「スキルアップ移住」について、対象をIT関連だけではなく、看護職や介護職、保育士にも拡充した。国家資格取得を財政的に支援したり、就職の相談に応じたりする。
2023/ 1 /17	地域おこし隊「全国ネット」設立へ＝孤立防止へサポート強化―総務省	総務省は、都市部から過疎地などに移住して活性化に取り組む「地域おこし協力隊」の全国ネットワークを新たに立ち上げる方針だ。現役隊員が似たような業務経験を持つ別の隊員やOB・OGに悩みを相談できるようにし、孤立防止を図り活動をサポートする狙い。
2023/ 2 /10	移住サポートセンター開設＝北海道小樽市	北海道小樽市は、市内への移住希望者を対象としたサポートセンターを小樽商工会議所内に開設した。生活全般に関する相談を受け付けるほか、無料職業紹介所も設け、移住希望者の不安解消を狙う。
2023/ 2 /15	保育料など「三つの完全無料化」実施へ＝宮崎県都城市	宮崎県都城市は、新年度から保育料、中学生以下の医療費、妊産婦の健康診査費用について完全無料化する方針を発表した。好調なふるさと納税の寄付を活用する計画で2023年度当初予算案に盛り込んだ。
2023/ 2 /15	「お試し住宅」の運用開始＝原発事故後の空き家活用―福島県大熊町	福島県大熊町は、町に移住・定住を考えている人向けに「お試し住宅」を整備し、宿泊受け付けを開始した。東京電力福島第１原発事故で避難している住人から家を借り受け修繕した。
2023/ 2 /22	市内企業への就活に交通費助成＝北海道北斗市	北海道北斗市は、遠方から市内企業への就職活動に訪れる際の交通費や宿泊費として３万円を上限に助成する。対象は、市内や近隣自治体を除く遠方から市内企業の正社員の採用試験を受けに訪れる人で、新卒や中途採用、年齢は問わない。
2023/ 3 / 6	親子ワーケーション開始へ＝北海道浦河町	北海道浦河町は、町を訪れた親子が移住体験住宅に滞在し、子どもを認定こども園に預け、保護者は余暇を楽しみながら働く「ワーケーション」ができる取り組みを始める。特定の地域と継続的に関わる「関係人口」を増やし、地域を活性化するのが狙い。
2023/ 3 /28	メタバース活用で移住促進＝秋田県	秋田県は、インターネット上の仮想空間「メタバース」を活用した移住促進を本格化させる。パソコンのほか、スマートフォンやタブレットからも参加できる。季節によって景色が変わる仕掛けも用意し、田植えや稲刈りといった参加型の体験イベントを実施する予定だ。
2023/ 4 / 4	「転職なき移住」を促進＝福島県	福島県は、テレワークや副業を推奨する首都圏などの企業向けに、「転職なき移住」促進事業を実施する。移住体験プランを作成するほか、首都圏企業と県内事業者をマッチングして共同プロジェクトを立ち上げるなど人材交流を後押しし、県内の魅力を伝える。
2023/ 4 / 7	テレワーカーの移住・定住促進＝新潟市	新潟市は、テレワーカーの移住・定住を促進するため、地域おこし協力隊を活用していく。若い世代を中心に地方暮らしへの関心が高まる中、協力隊が民間企業などで得たスキルを利用しながら、戦略的に進めることを目指す。
2023/ 4 /14	移住者らに職員住宅提供＝長崎県	長崎県は、空き家の県職員住宅を移住者らに提供する「ナガサキRebornハウスプロジェクト」を進めている。空き家活用実績がある団体に無償で貸し出し、リノベーションして賃貸住宅として供給する仕組みだ。雲仙市内に続く２例目として離島の五島市内で提供する。
2023/ 5 /31	移住者数、過去最多に＝支援拡充でさらに呼び込み―福井県	福井県では、2022年度に県や市町の支援を受けた移住者数が1229人と、過去最多となった。県は移住に関する相談窓口や支援金などの制度を設けており、今後も拡充するなどして、さらに呼び込む狙いだ。
2023/ 6 / 9	定住促進へ住宅補助金＝石川県能登町	石川県能登町は、町内への定住を促進するため、住宅の新築や改修などの費用を助成する制度を始めた。助成金のうち９割は現金支給とし、残る１割は町商工会に加盟している店で使用できる商品券で支給。
2023/ 6 /12	移住者数が過去最多＝22年度、46％増―愛媛県	愛媛県は、2022年度の県内への移住実績が過去最多の7162人に上ったと発表した。前年度に比べて46％増えた。県は関西圏からの移住を促すため、大阪に相談窓口を常設する。

2023/6/12	出産祝い金、第5子以降に100万円＝熊本県和水町	熊本県和水町は、町内への移住者や出生数の増加を目指し、第5子以降に100万円を給付するなど出産祝い金を大幅に拡充した。また、小学校から高校までの入学時に5万～15万円を交付する祝い金制度を新設。
2023/6/19	移住者の「半農半X」を支援＝甲府市	山梨県甲府市は、仕事の傍ら農業にも取り組む「半農半X」と呼ばれるライフスタイルの実践を支援しようと、新たにサポート体制の構築に乗り出す。農業に関心のある移住者らに呼び掛けていく考え。
2023/6/23	教育ローン返済を全額補助＝山形県西川町	山形県西川町は、大学などに進学した子どもを持つ保護者の教育ローンの返済に補助する制度を始めた。卒業後は町に住むことなどが条件で、10年間住み続けると元金と利子のすべての返済額が補助される。
2023/6/29	越境入学に補助金＝北海道留萌市	北海道留萌市は、部活動などのために市外から「越境入学」し、移住する中学1年生～高校3年生を対象に、引っ越し関連費用などの補助金を支給する事業を始めた。対象は市外から移住し、市内の中学高校で目標を持って部活動や勉学などに取り組む生徒。
2023/7/4	テレワーク移住者に独自補助金＝高松市	香川県高松市は、東京圏（東京都と埼玉、千葉、神奈川各県）以外からのテレワーク移住者を対象とした支援金制度を独自に設ける方針だ。単身世帯に25万円、複数人世帯に35万円を補助する。
2023/7/20	南会津で自由に移住体験＝福島県	福島県は、南会津地域で滞在先を自由に選択し、個人に合わせた体験プログラムを組める長期の生活体験事業を始めた。移住を考える人たちに、よりリアルな生活体験を通じて、移住後の日常生活を想像してもらうことなどが狙い。
2023/8/7	東京圏外の就農研修生に移住支援＝栃木県鹿沼市	栃木県鹿沼市は2024年度から、イチゴとニラの新規就農研修生を対象とした移住支援を始める。国の地方創生移住支援事業で措置されない東京圏以外からの移住者が対象。単身者は15万円を補助する。
2023/8/14	公民連携で移住・定住促進＝京都市	京都市は、公民連携で人口減少に歯止めをかけるため、企業や団体を対象に「移住・定住応援団」への登録を始めた。応援団の活動として提案し、市が採択した事業は、費用の一部について支援が受けられる。
2023/8/22	小規模不動産の運営権、民間に＝宿泊施設や移住者住宅へ改装も－国交省	国土交通省は、自治体が保有しながらあまり利用していない小規模不動産の運営権を民間に売却し、宿泊施設や移住者向け住宅などに改装して事業を営んでもらう「スモールコンセッション」の支援に乗り出す。2024年度予算概算要求に関連経費を盛り込む。
2023/8/25	メタバースで婚活イベント＝山形県庄内町	山形県庄内町は、インターネット上の仮想空間「メタバース」で婚活イベントを開く。気軽にどこからでも参加できる環境を用意することで全国の女性に参加してもらい、将来的な定住人口増加につなげたい考えだ。
2023/8/30	短期アルバイトで移住促進＝山形県	山形県は、アルバイトを通して県での暮らしを体験してもらう事業を始めた。短期のアルバイト紹介などを手がけるタイミー（東京都港区）と連携。参加者は地元企業で約1週間、報酬を得ながら働く。移住後の日常生活を想像しやすくすることで、移住促進や関係人口創出につなげる狙い。
2023/9/1	市外進学の学生へ特産品送付＝新潟県小千谷市	新潟県小千谷市は、市外へ進学する学生に、市の特産品を箱に詰めて送る「おぢやつつみ　WITH　WISH.」を実施する。学生の将来的なUターンを期待し、地元愛の醸成や関係人口増加を目指す。市商工会議所と協力し、各事業所へ産品と協賛金の提供を依頼。
2023/9/24	シニアも「ふるさとワーホリ」＝関係人口創出へモデル事業－総務省	地域で仕事をしながら、観光や住民との交流ができる「ふるさとワーキングホリデー」制度について、総務省は退職後の「アクティブシニア層」の参加を促すため、2024年度からモデル事業を行う。10自治体程度での実施を検討しており、シニア向けのプログラムを作成。

4. 市民参加

内閣府が地方分権に関して自治体から募集した意見を基に関係省庁と制度改正を話し合う「提案募集方式」で、住民参加型のワークショップを導入することを検討している。地域の課題を把握し、国として制度見直しが必要な項目がないかを検討する。特定のテーマを設定して自治体を通じて実施し、地域の団体やNPOのメンバーなどに参加してもらうことを期待している。

若者にまちづくりなどに積極的に参加してもらうため、「子ども議会」などを開催する自治体は多いが、近年では実際に予算を与えて政策の実現に取り組んでもらう機会を与える自治体も増加している。宮城県名取市は、「なとりこどもファンド」を通じて、子どもたちが提案するまちづくり活動に対して、市が最大10万円を助成する事業を行っている。応募だけでなく、助成の可否も子どもたちで審査する。同事業は、2017、18年度に同市内で復興事業で縁ができた西松建設がまちづくり基金を創設して実施。効果が認められたことから市が引き継いで続けている。審査会には毎年審査員として小中高生が12人参加している。

山形県南陽市は中高生が「市長」や「議員」となってまちづくりに関わる「南陽みらい議会」を始めた。議員に選ばれた生徒は50万円以内の予算で政策を立案し、可決されたら実現できる。みらい議会は中高生14人で構成され、選挙で市長を選ぶ。市内の市立中学校と県立高校の生徒が有権者となる。

図表Ⅱ-3-4　市民参加の動き

年月日	見出し	内容
2022/11/11	デジタル地域通貨導入＝茨城県守谷市	茨城県守谷市は、デジタル地域通貨を導入する。市内の経済活性化が狙い。地域通貨の名称は公募を経て決める。当初の通貨単位は「ポイント」とし、必要に応じ変更する。
2022/11/14	県民参加型予算を試行＝提案者も事業案検討に参加―長野県	長野県は、地元の住民や団体が直接事業提案に携わる「県民参加型予算」の試行を始めた。県が提示したテーマに沿う事業提案を受け付け、2023年度以降の予算に反映させる。「提案・選定型」と「提案・共創型」の２種類を設け、共創型は提案者が事業案作成の検討に参加し、原則として実施まで携わる仕組みだ。
2022/12/19	大雪時の除排雪補助金創設＝福井市	福井市は、大雪時に自治会が行う除排雪に対して、１シーズン当たり最大５万円を補助する「市民協働除排雪補助金」を創設した。地域による除雪を後押しすることで、早期の交通確保を図る狙い。除排雪機械の燃料費や修繕費などを補助するもの。
2023/ 4 / 5	介護施設と手伝い希望者をマッチング＝茨城県大子町	茨城県大子町は、人材が不足する介護施設と、有償ボランティアとして手伝いを希望する人をマッチングする仕組みを整備した。民間のサービスを活用し、町内の介護施設での普及を進める。資格を必要としない仕事を一般の人にも手伝ってもらい、介護人材不足の解消につなげたい考えだ。
2023/ 4 /14	条例でシニアの地域活動を後押し＝栃木県佐野市	栃木県佐野市は、シニア世代の地域活動を促進する「シニア地域デビュー条例」を制定した。現役引退後に、地域で自分の能力や経験を生かした活動により充実した生活を送ってもらう狙いがある。
2023/ 4 /26	市民から地域課題解決策を募集＝岐阜県高山市	岐阜県高山市は、少子高齢化など地域課題の解決に向けた活動プランを市民や事業者から募集する「地域課題解決型事業活動プランコンテスト」を開催する。採用されたプランのモデル事業には費用を支援。
2023/ 5 / 2	点字の災害対応マニュアル作成＝熊本県荒尾市	熊本県荒尾市は、災害発生時の避難方法などをまとめ、視覚障害者向けに点字のマニュアルを作成した。障害者から聞き取りをした内容も反映して市が原稿を用意し、市内のボランティアが点字に起こした。
2023/ 5 / 8	移住サポーターを募集＝茨城県高萩市	茨城県高萩市は、市内への移住を検討する人の相談に応じる「移住サポーター」を募集している。実際に居住している市民の体験談を通じて、移住先に選んでもらうきっかけとしたい考えだ。
2023/ 5 / 9	計画策定で生徒と意見交換＝東京都武蔵野市	東京都武蔵野市は、2020年度から10年間の長期計画の実効性を保つために策定中の「調整計画」を巡り、未来を担う中高生世代との意見交換会を行う。策定を担う委員と話し合い、若い世代の考えを取り入れる。20人程度の参加を予定。
2023/ 6 / 7	自治会とNPOの連携後押し＝千葉市	千葉市は、自治会とNPO法人などが防犯や清掃といった地域活動に連携して取り組むきっかけづくりを進めるため、補助金制度を新設した。自治会の加入率低下や担い手不足が深刻化する中、他団体との協力で地域コミュニティーを維持していくのが狙い。
2023/ 7 / 5	中高生、予算50万円で政策立案＝山形県南陽市	山形県南陽市は、市内の中学生や高校生が「市長」や「議員」となり、まちづくりに関わる「南陽みらい議会」を始める。議員に選ばれた生徒は実際に50万円以内の予算で政策を立案。「可決」されたら実現できる。

2023/7/6	市民参加トークで新ビジョン議論＝武内北九州市長	北九州市の武内和久市長は、市の将来像や重点戦略を盛り込んだ「新ビジョン」策定に向け、市民参加型パネルディスカッション「ミライ・トーク」を市内全７区で開くと発表した。
2023/7/6	議会傍聴者にポイント付与再開＝北海道苫小牧市議会	北海道苫小牧市議会は、コロナ禍に休止していた、定例会本会議の傍聴者に地域通貨「とまチョップポイント」を付与する取り組みを再開した。傍聴者を増やし、議会活動への理解や関心を高めるのが狙い。
2023/7/12	地域ボランティアに保険＝札幌市	北海道札幌市は、自治会や町内会などのボランティア活動に参加する市民らがけがをしたり、賠償責任を負ったりした場合に補償金を支払う「札幌市地域活動保険」制度を開始した。
2023/8/14	高齢者への買い物支援で実証実験＝秋田県東成瀬村	秋田県東成瀬村は、高齢者の買い物を支援するため、自宅と近隣のショッピングセンターの間を無料で送迎する実証実験を行っている。村がワンボックスカーをレンタルし、ボランティアの村民が運転や乗降時の補助、要支援者への付き添いを担う。
2023/8/14	地域通貨、ポイント発行＝埼玉県熊谷市	埼玉県熊谷市は、地域通貨「クマPAY」と、コミュニティーポイント「クマポ」を発行する。クマポは、ボランティアや市のイベントに参加した場合の配布を想定。市民活動推進課によると、換金性のないポイントで、市の記念品と交換できたり、店舗でサービスを受けられたりするようにする。市民同士がクマポを贈り合う仕組みも検討している。
2023/8/30	分権提案で住民ワークショップ＝地域の困り事を把握－内閣府	内閣府は、地方分権改革に関する自治体からの意見を基に関係省庁と制度改正を話し合う「提案募集方式」で、住民参加型ワークショップの開催を検討している。地域の困り事を把握した上で、国の制度見直しが必要な項目がないか探る参考とする。
2023/9/8	子どもがまちづくりを提案＝最大10万円助成－宮城県名取市	宮城県名取市は、子どもたちでつくる団体が提案するまちづくりの活動に、市が最大10万円を助成する事業「なとりこどもファンド」に取り組んでいる。応募者だけでなく、助成の可否を判断する審査員も子どもなのが特徴。
2023/9/14	技術活用で地域課題解決＝金沢市	石川県金沢市は、市民がテクノロジーを活用して地域課題を解決する取り組み「シビックテック」を推進するため、「シビックテックスクール」を開催する。暮らしに役立つアプリ製作などにつながることを期待している。
2023/10/3	ICTでの地域課題解決案に10万円＝金沢市	石川県金沢市は、地域課題の情報通信技術（ICT）活用による解決を目指し、解決アイデアの「作り手」に10万円を支援する。市の課題を投稿したり、その解決策を提示したりするプラットフォーム「マッチ箱」を活用する。

5. 税・債権回収

総務省は、自治体が私人に委託できる公金収納事務の対象を各自治体が判断できるように制度を見直した。従前は私人への委託を原則として禁止として例外を認めていたが、今後は原則としてすべての歳入等の収納事務について、地方公共団体の長の判断で私人への委託を可能とする。これにより、自治体の裁量が大きくなりコンビニなどで納付できる対象の拡大などが期待される。

東京都練馬区は、住民税や国民健康保険料を滞納している住民の財産を差し押さえる滞納整理の効率化にAIを活用した実証実験を行った。富士通Japanと連携して行ったもの。滞納整理では、催促に応じない住民の所得や資産の有無を調べる必要があるが、これまでは過去の調査記録などを基に口座を持つ銀行や契約する生命保険会社などの見当をつけて照会先を決めており、ベテラン職員のノウハウで照会先を的確に絞る必要があった。AIに区が保有する滞納者のデータに加えて延べ25万件の過去の滞納者のデータを匿名化して傾向を分析し、照介先のリストアップを行う。同区では年約40億円の滞納が発生している。４億円以上の徴収効果と約10％の時間の効率化を目指す。

図表Ⅱ-3-5　税・債権回収の動き

年月日	見出し	内　容
2022/10/ 4	企業版ふるさと納税、七十七銀がマッチング＝仙台市	宮城県仙台市は、企業版ふるさと納税の活用を希望する市外の企業とのマッチング支援で、七十七銀行と契約を結んだ。同行は、市の地方創生関連事業について企業に周知。関心を寄せる企業があれば市との面談を設定する。
2022/10/ 5	水道料金支払い、電子決済で＝青森市企業局	青森市企業局は、2022年度から水道料金の支払い方法にペイペイなどを含む電子決済サービスを加えた。従来の支払い方法は口座振替、コンビニ収納のほか、企業局水道部や金融機関での窓口収納の４種類だった。未収金の減少に向けて収納機会を拡大する狙い。
2022/10/ 5	債権収入未済額、14年で半減＝各部局の意識付けがカギ－川崎市	神奈川県川崎市の2021年度の市税を除く債権の収入未済額は、前年度比４億円減の96億円となった。阿部孝夫前市長時代の08年度、財政局に滞納債権対策室を設置し、190億円に上った滞納債権の削減を本格的に始めてから14年間で半減させた。
2022/10/18	「ガチャガチャ」で返礼品決定＝大阪府松原市	大阪府松原市は、返礼品にかかわらずふるさとを応援する「ふるさと納税制度」の本来の理念に立ち返るとして、返礼品を「ガチャガチャ」で決める取り組みを始めた。寄付は１万円と３万円があり、地場産品のほか、職員による市内案内ツアーなどがある。
2022/12/ 6	返礼品を当日発送＝岡山県瀬戸内市	岡山県瀬戸内市は、「とれたてフレッシュ便」と題して、申し込みを受けた当日中に返礼品を発送する仕組みのふるさと納税を始めた。発送当日の朝に取れた食材を生配信で紹介。市の特設サイトから申し込むと当日中に返礼品が発送され、翌々日までには届く。
2022/12/23	給食費、学校徴収７割＝教員負担減へ教委移管を要請－文科省	文部科学省は、公立学校の給食費の徴収・管理業務について、68.7％の教育委員会で学校に任せているとの調査結果を発表した。口座管理や未納の保護者への督促が教職員の負担になっているため、文科省は業務を教委に移管するよう求めている。
2023/ 1 /11	給付金申請、LINEで受け付け＝福岡県大川市	福岡県大川市は、大学生らを対象とした応援臨時給付金の申請をオンラインで受け付ける実証実験を始める。無料通信アプリ「LINE」を活用。
2023/ 1 /19	災害援護資金の返済で制度創設＝阪神大震災、市町の債権放棄を支援－兵庫県	兵庫県の斎藤元彦知事は19日の定例記者会見で、1995年の阪神大震災の際に国と県が市町を通じて被災者に貸し付けた災害援護資金に関して、市町の債権放棄を支援するための無利子貸付制度を創設したと発表した。
2023/ 1 /24	給食費を公会計化＝東京都港区	東京都港区は、公立小中学校の給食費の徴収・管理を区が担当する公会計化を実施する。現在は各学校が校長名義の銀行口座に口座振替で集めているが、教職員の事務負担が課題となっていた。今後は未納者への対応を含め、教育委員会が担う。
2023/ 1 /24	収納の私人委託見直しで法改正＝自治体が対象判断、24年にも施行－総務省	総務省は、自治体が私人に委託できる公金収納事務の対象について、各団体で判断できるよう制度を見直す。これまでは私人への委託を原則として禁じつつ、法令で例外を認めて範囲を広げてきた。自治体の裁量を大きくすることで、コンビニなどで納付できる対象を増やし、住民の利便性を高める。
2023/ 1 /26	納税口座振替の申請、オンラインで＝宮崎市	宮崎市は、市県民税などの口座振替手続きについて、スマートフォンなどからインターネットを通じて申請できるサービスを開始した。紙の申請書への記入・押印が不要となるほか、時間や場所にとらわれずに24時間手続きできる。システムの導入や運用にかかる経費は約360万円。対象は、普通徴収の市県民税や固定資産税、軽自動車税など12科目。
2023/ 1 /31	高速道不正通行、使用者への請求明確化＝軽、二輪もナンバー照会－国交省	国土交通省は、高速道路の不正通行対策を強化するため、高速道路会社が車検証に記載されている車の使用者に料金を直接請求できることを明確化する。ナンバープレートを基に軽自動車や二輪車の使用者情報も照会できるようにする。
2023/ 2 /17	136市町村が基準超過＝総務省「改善徹底を」－ふるさと納税	松本剛明総務相は閣議後記者会見で、ふるさと納税の返礼品を含む募集経費の総額が「寄付額の５割以下」としている国の基準に関し、2021年度は136市町村が超過していたと明らかにした。
2023/ 2 /27	震災の災害援護資金、債権放棄へ＝兵庫県尼崎市	兵庫県尼崎市は、阪神大震災に関する災害援護資金について、利子を含む約8300万円の債権を放棄する。被災者の高齢化のほか、債権管理経費が回収額を上回る見込みであることなどを踏まえて判断した。
2023/ 3 /23	清水建設がふるさと納税＝七十七銀のイベントで－宮城県加美町	宮城県加美町は、七十七銀行（仙台市）主催のイベントがきっかけで、清水建設東北支店（仙台市）から企業版ふるさと納税として50万円を受け取ったと発表した。
2023/ 4 /10	滞納整理にAI活用＝富士通系と実証実験－東京都練馬区	東京都練馬区は、住民税や国民健康保険料を滞納する住民の財産を差し押さえる滞納整理の効率化に向け、富士通Japan（港区）と人工知能（AI）を活用した実証実験を始めた。区によると、全国初の取り組みで、秋までに実験の結果をまとめる予定だ。

2023/ 5 / 8	住民税未納者にAI督促電話＝東京都港区	東京都港区は、人工知能（AI）を活用し、区民らに電話で納税を呼び掛ける取り組みを始めた。職員が直接電話をする負担を軽減するとともに、電話をかける回数や時間帯を拡大し、より多くの未納者に早期の納税を促す狙いがある。
2023/ 5 /10	市民病院、１億5500万円回収不能＝診療費、放置し時効に－熊本市	熊本市は、熊本市民病院が患者から徴収すべき診療費を未収のまま放置し、約１億5500万円が回収不能になっていたことを明らかにした。市は３月31日付で債権を放棄。2022年度の病院事業決算で不納欠損金として処理する。
2023/ 5 /26	税督促状のコンビニ納付書に不備＝宮城県名取市	宮城県名取市は、4、５月に市民に郵送した固定資産税などの市税督促状について、コンビニエンスストアでの納付に使用するバーコードに不備があり、納付できない状態だったと発表した。
2023/ 6 / 2	ふるさと納税、市町村に配分＝新スキーム、連携して返礼品－京都府	京都府は、ふるさと納税の返礼品を府内の市町村と連携して提供し、集まった寄付金を府と市町村とで折半する新たな仕組みを始めると発表した。府独自のスキームで、市町村には2024年度から配分を始める。
2023/ 6 /13	口座振替申請、ウェブで可能に＝福岡県太宰府市	福岡県太宰府市は、税金などの納付に関する口座振替の申請をインターネット上で行えるようにした。書類の記入や押印が不要となることで、市役所や金融機関に直接出向く必要がなくなり、利便性の向上につながる。
2023/ 6 /15	地方税サイトで多重納付＝クレカ決済、636件	自動車税などの電子納付サービス「地方税お支払サイト」で、クレジットカードによる多重納付が起きていたことが分かった。カード決済サービスを担っている「エフレジ」によると、多重納付は全国124自治体で計636件、2980万9820円に上る。
2023/ 6 /22	納税承継人への通知書発行を要件化＝固定資産税、標準システムで検討－総務省	総務省は、地方税の情報システムに関し、固定資産税の納税者が死亡後、相続した「納税承継人」に送付する納税通知書といった関連文書の発行について、標準機能として要件化することを検討する。
2023/ 6 /26	ふるさと納税、20億円超＝「定期便」強化で過去最高－福岡県糸島市	福岡県糸島市は、2022年度のふるさと納税の寄付額が約20億9200万円（速報値）で過去最高額になったと発表した。前年度から約1.5倍に増えており、返礼品の「定期便」を強化したのが奏功したとみている。
2023/ 7 /26	企業版ふるさと納税でDX人材＝新潟市	新潟市は、人材派遣型の企業版ふるさと納税制度を活用し、ITサービス業のメリービズ（東京）から１人を７月１日付で受け入れた。主に行政手続きオンライン化業務を担う。市が、制度を活用して民間人材を受け入れるのは初めて。
2023/ 8 /10	プロバスケのアリーナ整備＝松江市	島根県松江市は、プロバスケットボールチームのホームアリーナである市総合体育館の改修に乗り出す。スポーツ振興による地域活性化を図る狙いで、主な財源はチーム運営会社からの企業版ふるさと納税を活用。
2023/ 8 /16	返礼品にビール醸造権＝北海道岩内町	北海道岩内町は、ふるさと納税の返礼品としてオリジナルクラフトビールの醸造権を追加した。寄付額は350万円で、５組限定。
2023/ 8 /28	自動音声電話で納税催告＝茨城県古河市	茨城県古河市は、固定資産税などの未納者に対して、自動音声案内の電話による催告を始めた。収納率向上を図るとともに、紙の催告状を作成、送付する負担の軽減につなげる狙いだ。
2023/ 8 /29	企業版ふるさと納税1.5倍＝過去最高の341億円－内閣府	岡田直樹地方創生担当相は閣議後記者会見で、自治体の地方創生事業に寄付した企業が税優遇を受けられる「企業版ふるさと納税」の2022年度寄付額が、前年度比約1.5倍の341億700万円で過去最高だったと発表した。
2023/10/ 2	ふるさと納税で民間人材採用＝宮城県	宮城県は、人材派遣型の企業版ふるさと納税制度を活用し、第一生命保険の40代女性社員１人を１日付で受け入れた。民間人材を活用し、住民サービスの向上を図るのが狙い。

6. 金融

総務省は、複数の地方自治体が「グリーン地方債」を共同発行するための枠組みを規定したフレームワークを策定し、2023年８月に外部評価機関による評価を取得した。発行総額は1000億円程度を想定し、年限は10年（満期一括償還）、発行時期は年度２回を予定している。発行団体は28道府県、14政令市の42団体。近年、ESG債に対する投資家の需要が高まっているものの、環境対策などの取り組みに使途が限定されるため、自治体個別ではなく共同発行とすることで一定の発行額を確保するのがねらい。2023年11月30日に第１回債として500億円が発行された。表面利率は0.846％。24年３月にも500億円分の発行を予定している。

愛知県名古屋市は、既存住宅の省エネ化を進めるため、住宅金融支援機構の「グリーンリフォームローンS」の利用者に対して利子補給などを行う。これは、再生可能エネルギーの活用などによってネット・ゼロ・エネルギー・ハウス（ZEH）の基準を満たすように既存住宅のリフォームを行う場合に低利で融資が受けられるローンで、市はこのローンの利用者に対して実質利子負担がゼロになるように利子補給を行う。利子補給の期間は最長10年間。合わせて融資審査で必要となる適合証明書の発行手数料も最大15万円まで補助する。

香川県高松市は、住宅金融支援機構の提携金融機関が提供するリバースモーゲージ型の住宅ローンを利用しやすくするための支援を始めた。同ローンは高齢者が住宅の建設、購入、リフォームに使えるもので、高齢者が死亡した際に担保物件としていた住宅・土地を売却し債務を返済できるもの。死亡するまでの期間、支払いは利息のみとなる。市の支援は、最初の１年間利息の３分の２に相当、最大15万円を補助する。これにより、空き家の発生を未然に防止することなどが目的。

図表Ⅱ-3-6　金融の動き

年月日	見出し	内　容
2022/10/ 5	文化財保存の寄付金集めでモデル事業＝自治体向けガイドブック作成―文化庁	文化庁は、文化財や美術品の保存、展示に必要な寄付を促進するためのモデル事業を始める。自治体が文化財所有者や民間美術館と協力して、市民や企業から資金を集めるクラウドファンディング（CF）を実践。成果をまとめて自治体向けのガイドブックを作る。
2022/10/ 6	四国銀、幡多信金と業務提携＝事業承継、M＆A、観光振興などに取り組む	高知市に本店を置く四国銀行は、幡多信用金庫（高知県四万十市）と業務提携し、事業者の事業承継やM＆A、観光振興、人材交流などに取り組む協定を締結した。それぞれのノウハウやネットワークを生かし、四万十市を中心に県南西地域の持続的な成長・発展に貢献する狙いがある。
2022/11/ 2	文化財の蔵整備で寄付募集＝福島県喜多方市	福島県喜多方市は、国の登録有形文化財になっている市所有の蔵「旧甲斐家蔵住宅」の整備費用を賄うため、クラウドファンディングによる寄付を募集している。目標金額は100万円。年度内に計画する仮設防災設備の設置工事費用に充てる。
2022/11/ 8	特産の桃、６次化支援にGCF＝福島県伊達市	福島県伊達市は、特産の桃について、今年度行っている地元で生産から加工、販売まで手掛ける「６次産業化」支援などの事業にかかった費用を回収するため、ふるさと納税制度を利用した「ガバメントクラウドファンディング（GCF）」で寄付を募っている。
2022/12/16	ESG地方債の共同発行支援＝環境配慮の需要増に対応―総務省検討	総務省は、複数の地方自治体による「ESG地方債」の共同発行を支援する検討に入った。環境配慮の姿勢を重視する投資家が増え、足元で自治体が個別に発行しているESG地方債への需要が高まっていることに対応。ESG債は使途が限定されるため、今後、共同発行に当たり対象事業の類型などを示す予定で、2023年度中に発行できるよう調整を進める。
2023/ 1 /26	既存住宅のZEH化支援へ＝リフォームローンに利子補給―名古屋市	愛知県名古屋市は、既存住宅の省エネ化を促進するため、住宅金融支援機構の「グリーンリフォームローンS」利用者に利子補給などを行う制度を４月に設ける方向で検討している。市によると、こうした制度の創設は全国初という。
2023/ 2 / 1	脱炭素投資へ金融支援＝GX推進法案に明記―政府	政府は、脱炭素社会の実現に向けた政策支援の裏付けとなる「GX（グリーントランスフォーメーション）推進法案」をまとめた。民間企業のGX投資を後押しするため、新設する「GX推進機構」が民間の事業活動に金融支援を行うことを明記した。
2023/ 4 /14	グリーンボンドを初発行＝５月に総額200億円―福岡県	福岡県は、脱炭素化の取り組みを進める資金を調達するため、環境債（グリーンボンド、10年債）を５月に初めて発行すると発表した。機関投資家向けの市場公募債で、発行額は200億円を予定。

2023/5/18	民間基準の「統合報告書」で市の強みを明示＝岡山県瀬戸内市	岡山県瀬戸内市は、財務データとESG（環境・社会・ガバナンス）など非財務データの両方の観点から、組織の独自の強みや戦略、今後の事業展開や見通しなどをまとめた「統合報告書」を公表した。主に民間企業や大学が活用する国際統合報告評議会（IIRC）の枠組みに沿って作成した。市によると、自治体によるこうした報告書は全国初。
2023/5/30	新庁舎建設でCF＝埼玉県春日部市	埼玉県春日部市は、2024年1月の運用開始を目指して建設中の市役所新庁舎の建設費用の一部に充てるため、クラウドファンディング（CF）を6月に開始する。寄付した個人らの名前を刻んだ銘板を作り、新庁舎1階総合案内近くの壁面に飾る予定だ。
2023/6/5	グリーンボンド100億円発行へ＝群馬県	群馬県は、100億円のグリーンボンド（環境債）を単独で発行する方針を決めた。10年満期一括償還で、みずほ証券などが主幹事を務め、法人投資家向けに1000万円単位で販売する。利率などの条件は7月上旬に決定し、発表する予定。
2023/6/5	ブルーボンド認証、全国初＝三陸海岸保全に10億～20億円－岩手県	岩手県は、海洋保全の取り組みなどに使途を限る「ブルーボンド」の発行に向け、第三者評価機関の認証を取得した。環境に配慮した事業を支援する「グリーンボンド（環境債）」を50億円発行し、このうち10億～20億円をブルーボンドとして活用する方針。
2023/6/5	企業のデジタル証券活用支援＝東京都	東京都は、ブロックチェーン（分散型台帳）技術を活用したデジタル証券を発行する都内の事業者の支援を始めた。発行経費の一部を補助。企業が資金調達しやすい環境の整備に向け、デジタル証券の活用事例を増やして発行コストのさらなる低下につなげたい考え。
2023/6/20	起業支援で利子補給＝北海道千歳市	北海道千歳市は、設立5年未満の中小企業が市の融資制度を利用する際に利子を補給する事業を始める。起業後のランニングコストなどを軽減し、事業の安定化につなげてもらう狙い。
2023/7/4	グリーンボンド購入枠を設定＝静岡県	静岡県は、基金運用の一環として、グリーンボンド（環境債）の購入枠を設定した。2023年度は60億円分を購入し、来年度以降も基金から優先的に購入する方針。
2023/7/4	寄付募集で小学校教室に断熱材＝千葉県流山市	千葉県流山市は、流山北小学校の教室に断熱材を入れる改修をするため、クラウドファンディングによる寄付募集を始めた。目標金額は130万円。空調の使用頻度を抑えるほか、児童も工事を手伝うワークショップで脱炭素への理解を深めるのが狙い。
2023/7/19	ふるさと納税型CFでデザインマンホール＝川崎市	神奈川県川崎市は、ふるさと納税型のクラウドファンディング（CF）による寄付金でデザインマンホールを製作する。目標金額は500万円。かつて宿場町として栄え、現在は区画整理事業が進む多摩区登戸周辺の下水道に設置し、歴史を後世に伝えるのが狙い。
2023/8/1	リバースモーゲージ型ローンの利用支援＝高松市	香川県高松市は、住宅金融支援機構の提携金融機関が提供するリバースモーゲージ型の住宅ローン「リ・バース60」の利用を促す制度を8月1日から始める。同ローンによる融資を受けた高齢者に対し、最初の1年間、利息の3分の2相当、最大15万円を補助する。
2023/8/7	科博のピンチ、支援殺到＝クラファン初日で1億円達成	地球の宝を守れ！　動植物や鉱物、化石など500万点以上の標本や資料を保管する国立科学博物館（科博）が7日、光熱費の高騰などで運営資金が危機的な状況にあるとして、クラウドファンディングで支援を呼び掛けたところ、目標の1億円を初日で達成した。
2023/8/28	名古屋銀、静岡銀、広島銀など地銀7行が自動車産業支援で連携	名古屋銀行、静岡銀行、広島銀行など地方銀行7行は、電動化などに対応して各地域の自動車産業への支援を強化するため、「自動車産業支援の高度化に向けた覚書」を締結したと発表した。7行はこのほか、足利銀行、群馬銀行、山形銀行、横浜銀行。
2023/8/30	近江牛をPR　ガバメントクラウドファンディングで畜産農家の経営を後押し＝滋賀県東近江市	滋賀県東近江市は、ふるさと納税制度を活用した「ガバメントクラウドファンディング」で寄付を募り、飼料価格の高騰に苦しむ地元畜産農家の経営を支援する。近江牛などの畜産物を返礼品とすることで、広く近江牛をPRすることがねらい。
2023/9/11	水産事業者支援のパッケージ＝宮城県	宮城県は、東京電力福島第1原発の処理水放出で影響を受ける県内の水産事業者を支援するため、独自の支援パッケージをまとめた。処理水に関する損害賠償の請求方法を伝える説明会の実施や、新たに資金調達を行う漁業者への利子補給などに取り組む。
2023/9/27	サステナビリティ・リンク債を発行＝2年連続－滋賀県	滋賀県は、県庁の温室効果ガス排出削減目標を達成できなければ、発行額の一部を環境投資に振り向ける「サステナビリティ・リンク・ボンド（SLB）債」を2年連続で発行する。発行額50億円に約140億円の注文が集まり、条件決定日に即日完売する人気だった。

第4章 公民連携を取り巻く環境

1. 行財政改革

国は、住民基本台帳や個人住民税など20種類の基幹的業務について、国が定めた標準仕様書に基づくシステムに2025年度末までに移行することとしている。

しかし、2023年1月1日現在でこの作業が十分に進んでいない実態が明らかになった。時事通信社と地方行財政調査会が調査を実施した。調査対象は政令市、中核市、県庁所在市、人口10万人以上の市、東京特別区の計282団体で210団体から回答を得た。

回答によると、移行の前提となる現行システムと標準仕様との比較分析を20業務すべてで始めたのは42団体（20.0%）にとどまる。一方、20業務すべてで実施の準備ができていないとした団体も36団体（17.1%）。また、国は複数自治体でのシステム共同利用により初期投資や運用コストの軽減することを推奨しているが、20業務すべてで共同利用を決めているのは8団体（3.8%）のみだった。

標準システムへの移行目標を25年度末とする国の計画の見直しを求める声も51団体から上がっているという。これには、ベンダーの人手不足などもあるとされる。政府は、25年度中とする目標を維持するものの、ベンダーが見つからない場合などは移行完了期限を柔軟に設定する方針。

東京都は、外部に発注する工事や委託事業の現場での目視確認や人の常駐・書類掲示などを求める「アナログ規制」を本格的に見直す。庁内で条例等を確認したところ、約2000件がアナログ規制に該当したという。目視はカメラやドローンの利用、書類の掲示はインターネットの活用などを想定しており、可能なものから見直しに着手する。

図表Ⅱ-4-1　行財政改革の動き

年月日	見出し	内　容
2022/10/7	財政硬直回避、全事業見直し＝23年度予算編成方針案－秋田県	秋田県は、予算編成会議を開き、2023年度当初予算編成方針案を示した。財政の硬直化回避や重点施策を進めるため、収支構造改善や全事業の見直しなどを挙げた。
2022/10/21	契約書の電子化試行＝東京都	東京都は、工事や物品調達、事業委託などに関する契約手続きを試行的に電子化する。民間のクラウドサービスを導入し、書面や対面で行ってきたやりとりを簡略化。事業者、都職員双方の業務負担を軽減する。効果を検証し、2023年度の本格導入を目指す。
2022/11/7	無投票受け、議会改革に着手＝福井県永平寺町議会	福井県永平寺町議会は、7月の町議選で2006年の町村合併後初の無投票当選になったことを受け、全議員が参加する特別委員会を立ち上げ、議会改革に着手した。成り手不足の解消策を議論し、2年後をめどに大まかな改革の方向性をまとめる。
2022/11/11	情報発信とDXでアドバイザー募集＝大阪府寝屋川市	大阪府寝屋川市は、インターネットを活用した情報発信やDXの分野で市政に助言する無償の外部アドバイザーを募集する。民間の知見を行政課題の解決に生かす狙い。

2022/11/18	電子納税の利用手続き支援で企業訪問＝山梨県	山梨県は、電子納税の普及を図るため、金融機関や税務署などと連携して企業を訪問し、インターネット上での利用手続きを支援する取り組みを始めた。電子納税の普及率が低い中、利用できる環境を整え、着実な普及を進めたい考えだ。
2022/11/22	基金に過去最大8.9兆円＝使途の透明性課題－2次補正予算案	物価高への対応を柱とする総合経済対策を盛り込んだ2022年度第2次補正予算案で、複数年度にわたって予算を使える基金への予算措置が特別会計を含め50事業、8兆9013億円に上ることが分かった。一度の予算案としては過去最大で、経済対策で膨張した。国会の監視が行き届かない面があり、使途や効果の透明性確保が課題となっている。
2022/12/ 1	契約書の電子化を試行導入＝大阪府枚方市	大阪府枚方市は、公共工事や物品購入などで電子契約の試行導入を始めた。契約書への押印が必要なく、受注業者の来庁も不要となり、手続きの効率化を図る狙い。
2022/12/22	財政課聞き取りをオンライン化＝鳥取県	鳥取県は、新型コロナウイルス対策や働き方改革の一環として、2023年度予算編成作業から財政課の要求部局への聞き取りを原則オンライン化した。各部局からはウェブのほか、電話やメールを使って聞き取っている。
2022/12/28	行政手続きオンライン化へ計画策定－和歌山県	和歌山県は、行政手続きのオンライン化に向け、今後の取り組みを整理した整備計画を策定した。対象は県民や事業者からの申請などが年間100件以上ある「重点手続き」299件。既に3割はオンライン化済みで、計画の期間である2024年度末までに5割を目指す。
2023/ 1 /12	市町村の入札契約改善を支援＝工程表作成へ勉強会開催－国交省	国土交通省は2023年度、市町村による入札契約の改善に向けた支援に乗り出す。市町村が参加する勉強会を開催して、改善に向けて取り組む項目を年度ごとに示した5年程度のロードマップ（工程表）を作成する。
2023/ 1 /19	システム標準化で自治体調査＝先進事例、手順書に反映－総務省	総務省は、自治体の基幹業務システムの仕様を統一する標準化について、先進的な自治体の取り組みを調査する。庁内の推進体制確立などの事例を抽出。2023年度早期にも手順書を更新し、調査結果を反映させる。
2023/ 2 / 6	クールジャパン機構「廃止も検討」＝西村経産相、経営改革困難なら－衆院予算委	西村康稔経済産業相は衆院予算委員会で、多額の累積赤字を抱える官民ファンド「海外需要開拓支援機構（クールジャパン機構）」について、経営改革が困難になれば廃止も検討する考えを示した。立憲民主党の藤岡隆雄氏への答弁。
2023/ 2 / 8	債務負担行為で事業執行迅速化＝新年度予算、ソフト事業でも－東京都	東京都は複数年度にまたがる事業に債務負担行為を活用し、事業執行の迅速化に取り組んでいる。23年度当初予算案ではソフト事業でも積極的に設定した結果、スケジュールの前倒しにつながった事業数は前年度の7から97へと大幅に増加した。
2023/ 2 /13	公債費増への対応で基金創設＝和歌山県	和歌山県は、後年度の公債費増加に備えるため、「公債費臨時対策基金」を創設する。2022年度2月補正予算案に基金への積立金として83億5200万円を計上した。県が財政収支を推計した結果、何も対策を取らなかった場合、25年度に財政調整基金と県債管理基金が底を突き、予算編成が困難になると判明。
2023/ 2 /27	手続きを一覧で案内＝北海道石狩市	北海道石狩市は、子育て支援の申請や転出入時に必要な手続きを、オンラインで一覧形式により案内する。市民の利便性が高まるとともに、市側にとっても年間1080時間の窓口対応時間削減につながると見込む。
2023/ 3 / 9	予算編成に「県民目線」＝20事業見直しに手応え－富山県	富山県は、1983年度から続けてきた当初予算編成でのマイナスシーリングを2021年度に撤廃し、県民目線で既存事業を見直す「官民協働事業レビュー」を導入した。22年度は20事業を評価。対象としたのは、予算500万円以上の事業のうち長期間継続され、時代の変化に沿った検討や市町村との役割分担の見直しが必要なもの。
2023/ 3 /22	松山市・倉敷市で標準仕様システムの提供開始＝全国初－富士通Japan	富士通Japan（東京）は、岡山県倉敷市と愛媛県松山市で、政府が定めた地方自治体の基幹業務システム標準化に対応した住民情報システムの提供を始めたと発表した。標準仕様に対応したものの稼働は全国初で、2024年1月には香川県高松市でも導入する。
2023/ 3 /29	市内全域に水道スマートメーター＝静岡県湖西市と中部電力	静岡県湖西市と中部電力は、市内全域に水道スマートメーターを設置することを目指して連携協定を結んだ。市内全域の水道スマートメーター設置が実現すれば全国初。
2023/ 3 /31	計画策定は自治体判断＝省庁向け指針を閣議決定	政府は、環境や福祉、まちづくりなどさまざまな分野で国が自治体に策定を求めている行政計画を整理するため、各省庁向けの指針を閣議決定した。国が新たな法律を作り、何らかの取り組みを地方に促す際、計画策定の必要性を含めた判断は原則として自治体に委ねる。
2023/ 4 / 7	公共調達でSDGs配慮＝環境、人権尊重へ指針策定－東京都	東京都は、物品購入や公共工事、業務委託などの契約に関して、持続可能な開発目標（SDGs）に配慮した調達指針の策定を目指す。環境や人権、労働といった各分野で都や事業者が考慮すべき項目について、近く有識者会議で議論を開始。年内にも方向性をまとめ、公共調達を通じて企業が社会的責任を果たすよう促す。

2023/ 4 /18	既存の行政計画を整理へ＝乱立防止で自治体負担減―内閣府	内閣府は、環境や福祉、まちづくりなどさまざまな分野で国が自治体に策定を求めている行政計画の整理に乗り出した。各省庁に対し既存の計画について調査し、一体的に策定できる計画はまとめるなどして全体の数を減らすことを目指す。
2023/ 5 / 1	保存食を常時入れ替え＝広島県東広島市	広島県東広島市は、民間の食品製造会社と協定を締結し、災害時に使用する保存食（ストックライス）の保管と入れ替えを委託する。同社が常に新しい状態の保存食を保管し、消費期限が古いものから販売していくことで、市は期限切れを迎えた保存食の買い替えが不要となる。
2023/ 5 / 8	デジタル支援デスクにシニア活用＝福島市	福島市は、デジタル機器の使い方などの相談を受ける「ふくしまデジタルサポートデスク」のスタッフに、シルバー人材センターのシニア職員を起用した。パソコンやスマートフォンに関する講習を複数回受けた64～79歳のうち、対応可能と判断された６人が相談に応じる。
2023/ 5 /31	66補助金のガイドブック＝福岡県芦屋町	福岡県芦屋町は、町独自の補助金情報が一覧になったガイドブックをホームページ上で公開した。町の補助金はガイド作成時で全66種類。担当窓口も多岐にわたることから、情報を一元化して町民の利便性向上と支援拡充を図る考えだ。
2023/ 6 / 8	生成AI、試験的に活用へ＝検討チームも月内設置―愛知県	愛知県の大村秀章知事は、対話型人工知能（AI）「チャットGPT」などの生成AIを試験的に活用すると発表した。６月中旬にも「生成AI活用検討チーム」を立ち上げ、庁内業務での活用に向けた検証を始める。秋ごろにガイドライン案を取りまとめる方針だ。
2023/ 6 /13	DX推進へ民間提案受け入れ窓口＝札幌市	北海道札幌市は、DXで行政課題を解決するため、民間企業から提案を受け付ける窓口を新設する。DXに対応できる職員の育成に力を入れ、官民連携でDXを進めたい考え。設置は今夏以降の予定。
2023/ 6 /16	市民相談にオンライン予約導入＝東京都府中市	東京都府中市は、市民の法律と税務に関する相談のオンライン予約を開始した。DXを推進するとともに、市民の利便性向上を目指す。
2023/ 6 /19	LoGoチャットを試験導入＝青森県三沢市	青森県三沢市は、自治体専用ビジネスチャット「LoGo（ロゴ）チャット」を４月から試験導入した。行政事務の効率化を図る狙い。試験期間は１年間。効果を検証した上で、秋ごろまでに本格導入の可否を決める。
2023/ 6 /23	メルカリで不用品販売＝長野県大町市	長野県大町市は、フリーマーケットアプリ「メルカリ」で市の不用品の販売を始めた。廃棄物の量を減らしてリユース（再利用）を進める狙いがある。
2023/ 6 /28	財務事務の押印電子化へ＝秋田県	秋田県は、ペーパーレス化や業務効率化を進めるため、財務事務に関する書類の押印を電子化するシステムを導入する。2023年度は民間事業者に委託して概要設計を行い、24～26年度でシステムを構築。27年度からの本格運用を予定している。
2023/ 6 /29	法人版LINE活用で協定＝行政事務を効率化―長崎県	長崎県は、法人向けコミュニケーションアプリ「LINE　WORKS（ラインワークス）」を提供するワークスモバイルジャパン（東京）とアプリ活用に関する連携協定を結んだ。LINE　WORKSを活用し、行政事務の効率化などに役立てる。
2023/ 6 /30	プレミアム、電子券を優遇＝大阪府松原市	大阪府松原市は、物価高騰対策として、プレミアム率40%の電子商品券と30%の紙の商品券を発行する。市がプレミアム付き商品券を発行するのは３年連続で、電子券のプレミアム率を優遇するのは今回が初めて。キャッシュレス化の推進が狙い。
2023/ 7 / 4	市町村にDX相談アドバイザー＝和歌山県	和歌山県は、市町村のDXを推進するため、DXに詳しいアドバイザーによる「よろず相談」を始めた。市町村の現状を把握し、課題解決を進める狙い。2023年度当初予算にアドバイザーの委託経費などとして3600万円を計上している。
2023/ 7 / 7	454項目の行政データ公開＝岡山県真庭市	岡山県真庭市は、人口動態や子育てなど市が保有する12分野・454項目の行政情報を掲載したデータベースを構築し、公開した。新規事業の開拓や論文作成などに活用してもらいたい考え。これまで各課が管理していた情報を共有することで、行政の効率化も図る。
2023/ 7 / 7	地域課題解決へワーケーション＝鳥取県	鳥取県は今秋、県内の地域課題を解決するため、「ワーケーション」を通じた都市部の企業と県内の自治体・団体のマッチング事業に乗り出す。10月にも始め、2023年度いっぱい実施する。
2023/ 7 /11	「離島DX」で契約効率化＝電子率６割に―鹿児島県奄美市	鹿児島県・奄美大島にある奄美市が、事業者との契約に電子契約システムを導入して１年。全体に占める電子契約の割合は約６割に達した。鹿児島の本土と沖縄のほぼ中間に位置し、島外の業者と郵送で契約を交わすには５日ほどかかるが、DXによって手続きが数分に短縮され、効率化が進んでいる。
2023/ 7 /20	デジタル区役所加速へ新PT＝福岡県北九州市	北九州市の武内和久市長は、全７区役所での各種手続きのデジタル化を加速させるため、稲原浩副市長をトップとする庁内横断プロジェクトチーム（PT）「スマらく区役所サービスプロジェクト」を立ち上げると発表した。
2023/ 7 /20	ノーコード活用で業務効率化＝静岡県伊豆市	静岡県伊豆市は、プログラミングをせずに業務アプリを開発する「ノーコード」を活用するため、「ノーコード宣言シティー」に参画した。参画によって、IT関連企業や団体のサポートが無償で受けられるという。

2023/7/28	新潟県、起債許可団体へ移行＝実質公債費比率18.2%	新潟県は、2022年度一般会計決算を発表した。歳入は前年度比1.0%減の1兆4156億6700万円、歳出は1.3%減の1兆3934億4500万円。実質公債費比率が18.2%となり、起債許可団体に移行した。
2023/7/28	防災にスパコン、AI活用＝国土強靱化計画を決定－政府	政府は、巨大地震など大規模な自然災害への対応指針となる「国土強靱化基本計画」の改定版を閣議決定した。スーパーコンピューターや人工知能（AI）などデジタル技術の活用を進めるほか、地域の防災力を強化することなどが柱。
2023/8/2	役場のデジタル化で生成AI活用＝IT企業と連携－三重県明和町	三重県明和町は、人工知能（AI）で企業のDXを支援する「ABEJA」（アベジャ、東京）と連携協定を締結したと発表した。同社が持つ生成AIなどの技術を活用し、職員の業務効率と住民サービスの向上を目指す。
2023/8/3	公金納付、eLTAXで可能に＝法改正視野、対象範囲を検討－政府	政府は、自治体が取り扱う各種公金の納付について、地方税共同機構が運用する地方税ポータルシステム「eLTAX（エルタックス）」の活用を可能にする方向で調整している。公金納付のデジタル化の一環で、総務省は自治体関係者らでつくる検討会を設置。全国共通の取り扱いとして、eLTAXを使った納付を取り入れるべき公金の対象範囲を整理しており、8月にも基本的な方向性を取りまとめる。
2023/8/4	案内ロボットの実証実験＝山梨県山梨市	山梨県山梨市は、ロボットが来庁者を目的の課まで案内する実証実験を行った。実証を踏まえ、今後は必要な手続きに応じて担当部署へ案内する手法について探るとともに、職員間での書類運搬での活用が可能かどうか検討していく。
2023/8/16	DX専門人材をネットワーク化＝岩手県	岩手県は、市町村のDXに携わる専門人材をネットワーク化する。県や市町村の枠を超えた横のつながりをつくり、デジタル化に関する悩みなどを情報交換するのが目的。現在県内でDX専門人材が登用されているのは、盛岡市や北上市、岩手町、九戸村など8市4町1村。担当者は計16人おり、そのうちの有志が参加する予定だ。
2023/8/21	チャットGPT活用でガイドライン策定へ＝鳥取県琴浦町	鳥取県琴浦町は、対話型人工知能（AI）「チャットGPT」の活用に関するガイドラインを11月までに策定する。9月下旬までを試行期間として職員向けの通知文などの作成で活用を始めており、職員からの意見を踏まえ、内容をまとめる考えだ。
2023/8/22	NTT西、自治向けサービス開始＝日本マイクロソフトのAI活用	NTT西日本（大阪市）は、地方自治体や企業向けに人工知能（AI）を活用したサービスの提供を開始したと発表した。自治体システムのクラウド化やデジタル人材育成のサポートプログラムなどを提供する。
2023/8/24	中小企業のDX支援で連携協定＝山口県と政策金融公庫	山口県は、中小企業などのDX支援のため、日本政策金融公庫の県内4支店と連携協定を締結した。公庫は、DXに意欲のある顧客事業者に、県が設置した推進拠点「Y－BASE」が行っているDXコンサルティングを紹介する。
2023/8/24	X投稿から県政への意見分析＝テキストマイニング活用－鳥取県	鳥取県は、県政に関するX（旧ツイッター）への投稿を、膨大な文章データから重要な部分を抽出する「テキストマイニング」と呼ばれる手法を用いて分析する実証事業を始める。県によると、観光名所への反応を分析する事例はあるが、県政課題への意見を広く集めて分析するのは珍しいという。
2023/8/28	全区役所で現金なし決済＝堺市	大阪府堺市は、住民票の写しなど証明書の発行手数料支払いについて、2024年5月をめどにキャッシュレス決済と自動釣り銭機によるセミセルフレジを全区役所で導入する。モデル事業で導入効果が確認されたため。
2023/8/31	自治体、防災情報のカギはDX＝スマホ避難にAIドローン－関東大震災100年	1923年の関東大震災当時はラジオもなく、主に業務用で使われていた電話をはじめ通信手段は壊滅。広報にはビラなどが用いられ、デマも含め情報が交錯した。100年後の現在、自治体は情報機器を駆使した防災DXを導入。あす起こるかもしれない災害の被害軽減に努める。
2023/8/31	チャットで首長と直接やりとり＝知事と全市町村長間で構築－青森県	青森県は、宮下宗一郎知事が県内全40市町村長と日常的に24時間直接やりとりできる体制を構築するため、法人向け対話アプリ「LINE WORKS（ラインワークス）」を導入した。デジタル技術で知事と市町村長との物理的な距離をゼロにし、民意を県政に反映させる狙い。
2023/9/1	生成AI活用検討で連携協定＝大阪市、アマゾン・PwCと	大阪市は、市役所における生成AI（人工知能）の活用方法を検討するため、アマゾン・ウェブ・サービス（AWS）ジャパン、PwCコンサルティングの2社と連携協定を締結した。
2023/9/1	窓口にキャッシュレス決済＝山梨県上野原市	山梨県上野原市は、市民課窓口での証明書の交付手数料の支払いにキャッシュレス決済を導入した。クレジットカードや電子マネー、QRコード決済が利用できる。
2023/9/1	生成AI活用例共有へ投稿サイト＝11自治体が参加－神奈川県横須賀市	神奈川県横須賀市は、対話型人工知能（AI）「チャットGPT」などの生成AIを導入した自治体が活用事例を互いに公開するポータルサイトを開設した。事例や知見、ノウハウを共有することで、行政のDXを推進する狙いがある。
2023/9/5	生成AIでチーム設置＝全国知事会	全国知事会は、デジタル社会推進本部に「生成AI利活用検討ワーキングチーム（WT）」を設置したと発表した。チャットGPTなどの生成AIに関して、地方自治体の利用事例やルール、課題などを共有し、業務での有効活用や国への提言を検討する。

2023/9/6	目視確認、書面掲示を見直し＝「アナログ規制」で工程表－東京都	東京都は、外部に発注する工事や委託事業などで、現場での目視確認や人の常駐、書面掲示が必要とされる「アナログ規制」の見直しを本格的に始めた。部局横断の検討会を設け、見直しの方向性を示した工程表を作成。可能なものから見直しに着手する。
2023/9/8	市町村財政再建へ職員派遣＝奈良県	奈良県は、県内市町村の財政再建のため、職員を幹部として派遣した。9月1日付で河合町の副町長に就任。これに先立ち県は、借金削減の数値目標が達成できた場合に限り派遣期間を延長できるといった内容の協定を町と結んだ。
2023/9/12	DX推進へ「新たな発想で変革」＝「ガブテック東京」始動で	東京都や都内市区町村のDX推進に取り組む一般財団法人「GovTech（ガブテック）東京」の発足記念イベントが都内で開かれた。都が全額出資するガブテック東京は、宮坂学副知事をトップに、今月から約50人体制で業務を開始した。
2023/9/19	「財政非常事態」を宣言＝山梨県市川三郷町	山梨県市川三郷町は、町の財政状況が悪化しているとして町独自の「財政非常事態宣言」を発出した。2021年度決算の経常収支比率は98.1％と全国で11番目に高く、将来負担比率も124.2％と25番目に高かった。
2023/9/29	歳入、歳出ともに減少＝財政健全化団体ゼロ－22年度自治体決算・総務省	総務省は、都道府県と市町村の2022年度普通会計決算の速報値をまとめた。都道府県の歳入と歳出は、新型コロナウイルス感染症対応地方創生臨時交付金の減少などにより、4年ぶりのマイナスとなった。市町村も子育て世帯等臨時特別給付の減などで2年連続で減少。決算の結果、財政破綻状態に当たる「財政再生団体」は北海道夕張市のみで、破綻の懸念がある「財政健全化団体」は9年連続でゼロだった。
2023/10/10	チャットGPTを試験導入＝奈良市	奈良市は、対話型人工知能（AI）「チャットGPT」を導入するための実証実験を始めた。6月に利用ガイドラインを作成し、既存のクラウドサービスを通じてすべての職員が使用できるようにした。業務の効率化が目的で試験導入は今年度末まで。

2. 公共施設

大阪府の泉州地域5市町は、公共施設で使う備品を共同購入する取り組みに2024年度から着手する計画。管理費の削減、専門職の不足に対処するのが狙いで、貝塚市、泉佐野市、阪南市、熊取町が連携する。LED照明の共同購入のほか、エレベーターの法定管理の一括委託、PFI事業のノウハウ共有などを検討している。貝塚市は庁舎をPFI方式で整備した経験があることから、中心となって各市町の公共施設の調査を行った上で、具体的な協力内容を詰める。調査費は国土交通省の補助金で賄う。

広島県呉市は、公共スポーツ施設の予約確認、支払い、鍵の貸し出し・施錠などをインターネット上で一元管理する実証実験を行う。これまでは市民が電話で予約を確認したり、施設を訪問して利用申請書の提出や料金支払いを済ませる必要があったが、これをオンライン上で行えるようにする。市は、入金確認後に電子上の暗証番号を電話やメールなどで市民に通知し、当日利用する。利用後はそのまま施錠する。実証実験の結果を見てネット上で完結仕組みを導入する考えだ。

図表Ⅱ-4-2　公共施設の動き

年月日	見出し	内　容
2022/10/3	無償施設活用しワーケーション＝宮崎県えびの市	宮崎県えびの市は、民間事業者から無償譲渡された観光施設「足湯の駅　えびの高原」を活用して、集客力向上を図りながら同時にワーケーションの推進に取り組む方針を決めた。
2022/10/14	横浜FC親会社が新スタジアムの寄付提案＝横浜市	横浜市は、老朽化などにより再整備を検討している三ツ沢公園球技場について、サッカーJリーグ2部（J2）の横浜FC親会社である「ONODERA　GROUP」から、新スタジアムの建設と完成後は市に寄付するとの提案を受けたと発表した。

2022/10/17	スケボー専用施設、来春オープン＝茨城県つくば市	茨城県つくば市は、スケートボード専用施設を来春、オープンさせる。2021年に開催された東京五輪で、日本人選手の活躍から注目を浴び、人気が高まっているためだ。
2022/11/14	画一的な公園ルール見直しを＝条例のひな型改正へ－国交省	国土交通省は、都市公園の利用に関して「ボール遊び禁止」など画一的なルールを見直すよう自治体に求めていく。2023年度までに自治体に示している現在の公園条例のひな型を改正する。
2023/ 1 /31	公共施設の有効活用PR＝シンポジウムで経営的手法を紹介－千葉県佐倉市	千葉県佐倉市は、公共施設の有効活用について、市が実施している取り組みや先進自治体の事例を市民らに紹介するシンポジウムを開催する。市は、施設を経営的な視点で管理・活用する「ファシリティーマネジメント（FM）」の手法を導入しており、「これからの公共施設の在り方を一緒に考えてみませんか」と呼び掛けている。
2023/ 2 / 8	学童保育に保育所・幼稚園活用＝子ども居場所づくりで提言－厚労省専門委	厚生労働省の専門委員会は、会合を開き、子どもの放課後の居場所づくりに関する論点整理案をまとめた。共働き家庭の小学生らを預かる放課後児童クラブ（学童保育）の待機児童解消のため、保育所や幼稚園の空きスペース活用を含めた受け皿の拡大を提案。障害のある子どもについても学童保育で積極的に受け入れるよう求めた。
2023/ 4 /20	旧市庁舎をデジタルで残す＝岐阜県羽島市	岐阜県羽島市は、解体する旧本庁舎の記録をデジタルアーカイブで残す事業を始める。歴史的に価値のある旧庁舎を仮想空間などで楽しめるようにし、解体後も後世に姿を伝えていく。
2023/ 5 /18	事故多発で老朽化施設対策チーム＝北九州市	北九州市の武内和久市長は、学校や市営住宅の外壁落下事故などが相次いでいることを受け、各局横断的な「老朽化対策チーム」を立ち上げると発表した。市有施設約6800棟の安全性に関する情報発信や事故予防策、今後のマネジメントの在り方などを検討する。
2023/ 6 / 8	公園有効活用へ民間に貸与＝甲府市	山梨県甲府市は、市立遊亀公園の活用方針を検討するため、公園の一部を事業者に貸し出す「トライアルサウンディング」を行う。公園の魅力向上につながるアイデアや収益施設の可能性を探る狙い。
2023/ 6 /23	横浜市への球技場寄付提案を取り下げ＝横浜FC親会社	神奈川県横浜市は、老朽化に伴い再整備構想を進めている三ツ沢公園の球技場（神奈川区）について、新たな球技場を建設して市に寄付する提案をしていた「ONODERA GROUP」が提案を取り下げたと発表した。同社が、建築基準などの法規制や事業採算性を考慮し、計画の実現は難しいと判断したという。
2023/ 6 /26	ネットで公共施設一元管理＝広島県呉市	広島県呉市は、体育館など公共スポーツ施設の予約確認から鍵の貸し出し、施錠までをインターネット上で一元管理する実証実験を行う。従来は市民が電話などで予約状況を調べ、施設を訪問して利用申請書を提出し、料金を支払う必要があったが、これらをすべてネット上で行えるシステムの構築を目指す。
2023/ 7 /21	民間プールを市民に開放＝岐阜県多治見市	岐阜県多治見市は、民間スポーツクラブのプールを市民向けに開放する事業を開始した。同市は厳しい暑さで知られるが、老朽化などにより市民プールは18年前に閉鎖しているため、通年で市民が民間プールを格安で利用できるようにした。
2023/ 7 /31	閉園活用事業を募集＝長崎県新上五島町	長崎県新上五島町は、閉園した幼稚園施設について、地域の活性化に資するように有効活用する事業を募集している。対象となるのは、3月に閉園となった町立魚目幼稚園の施設。
2023/ 8 /23	全国初のふるさとブックオフ＝岩手県西和賀町	岩手県西和賀町は、書籍などのリユース事業を行う「ブックオフコーポレーション」（相模原市）と地域連携協定を締結し、公共施設に全国初の「ふるさとブックオフ」を設置した。町には書店がなく、店舗を設置することで町民に本と親しむ機会を提供したい考えだ。
2023/ 8 /24	ZOZOマリン、改修・建て替えの費用試算＝千葉市	千葉市は、老朽化が進むプロ野球千葉ロッテの本拠地で市所有のZOZOマリンスタジアムについて、改修や移転建て替えをした場合の事業費などの調査結果をまとめた。関係者との議論やパブリックコメントなどを経て、改修か建て替えを決め、2024年度中に基本構想を策定する方針。構想から完成・供用開始までは10年程度かかる見通し。
2023/ 8 /24	自治体の窓口改革でモデル事業＝来庁予約やワンストップ化－総務省検討	総務省は、自治体の窓口をはじめとする「フロントヤード」を改革するため、2024年度にモデル事業を行う方向で検討している。デジタル技術を活用した来庁予約システムや、複数の手続きを1カ所で済ませる「ワンストップ窓口」などを組み合わせ、利便性向上につなげる。
2023/ 9 /12	公共施設の備品を共同購入＝大阪府貝塚市など	大阪府貝塚市など府南部に位置する泉州地域5市町は、公共施設で使う備品を共同で購入するといった連携を進める。連携する自治体は貝塚市のほか、泉佐野市、泉南市、阪南市、熊取町の5市町。

2023/ 9 /21	施設管理に包括委託＝東京都国分寺市	東京都国分寺市は、複数の公共施設の維持管理に「包括施設管理業務委託」を導入する。市役所・市営住宅や保育所など18課が所管する67施設が対象。点検や清掃、警備などのほか、税込み50万円未満の日常的な小規模修繕の計126業務を委託する計画だ。
2023/ 9 /25	公共施設、37％減へ＝広島県安芸高田市	広島県安芸高田市は、2034年までに現在ある市の公共施設の約37％を削減する計画を発表した。市によると、計343施設中、116施設を売却や譲渡、解体するなどして削減する。将来的な維持管理費は年平均約12億円から、7億2000万円に縮減する見込みだ。
2023/10/ 2	施設をスマホで予約、鍵貸与＝愛媛県大洲市	愛媛県大洲市は、体育館や公民館などの公共施設の予約や鍵の貸与をオンラインで完了する実証実験を始めた。施設予約の簡素化や管理の省人化を目指す。対象は6施設。
2023/10/ 4	道の駅、運営業者を先行決定＝福島県石川町	福島県石川町は、道の駅整備事業で、運営事業者を先行して決める方式を採用した。設計段階から運営側の意見を取り入れることが可能となるため、事業効率を高める効果が期待できる。2023年度中に基本設計を策定。

3. インフラ

水道や下水道事業の持続的な経営のための広域的な連携が広がっている。

広島県は県内14市町とともに「水道広域連合企業団」を2022年11月に設立した。企業団は、14市町から水道事業を、県から水道用水供給事業と工業用水道事業を承継して23年度から一体運営を始めた。施設の老朽化に対応するための更新投資需要などが急速に高まる一方で技術職の人材確保や技術の継承に課題がある。

企業団は10年間で約1900億円の投資をして水道管の耐震工事や緊急時の連絡管整備などを行う。加えて、将来的には水需要の減少に合わせたダウンサイジングも行う。現在は自治体ごとに異なっている水道料金についてはしばらく据え置くこととし、10年後に料金を統一するかどうかを判断する。7市町が参加を見送ったが、県は今後も参加の働きかけを進める。

秋田県では、県と県内全25市町村が締結した連携協約に基づいて下水道事業に関する官民連携の株式会社を設立し2024年度から本格運用を開始する。この会社の資本金は1億円で、県と市町村が計51％、公募で決定した事業者（日水コン、秋田銀行、友愛ビルサービス）が計49％出資する。この会社は、県や市町村に対して下水道の経営戦略や施設管理計画の策定支援、工事の見積もり資料の作成などを行う。また、技術職向けの研修も事業者と協力して行う。

富山県朝日町で、仙台市の建設会社深松組が小水力発電所を整備した。発電した電気は固定買取制を活用して売電し、収入は同町笹川地区の簡易水道改修工事費用に充てる。信託方式を採用し、信託会社の「すみれ地域信託」が発電所の所有権を保有する。同地区の簡易水道は老朽化に加えて地域の過疎化が進んで改修が困難であったが、同地域にルーツがある同社が発電所を整備することで、20年間で発電所と簡易水道の工事費7億8500万円を賄うことができるという。

図表Ⅱ-4-3　インフラの動き

年月日	見出し	内　容
2022/11/4	上下水道管理の市費削減＝茨城県守谷市	茨城県守谷市は、上下水道の管理・修繕をめぐり、民間企業に包括的に委託する業務として、計画・設計・施工監理（コンサルタント）業務を新たに加える。これにより、国庫補助金を活用することができ、市費を減らせるという。包括業務委託費を10年分で計算した場合に比べ約7億円、約6％減らせる見通しという。
2022/11/9	小水力発電で年4500万円の収入＝7年目の今年度、投資回収へ－和歌山県有田川町	和歌山県有田川町は2016年から、ダムの放流水を利用した小水力発電所を運営している。年平均約4500万円の売電収入があり、今年度には投資額約3億円を回収できる見込みだ。
2022/11/17	簡易水道、下水道とも95％超＝小規模自治体の公営企業会計適用－総務省	総務省は、市町村などが運営する簡易水道事業と下水道事業の公営企業会計適用の取り組み状況（4月1日時点）をまとめた。人口3万人未満の小規模団体で、公営企業会計を「適用済み」または「適用に取り組み中」なのは、2021年4月1日時点と比べ簡易水道が7.8ポイント増の95.6％、下水道が7.1ポイント増の97.7％となり、いずれも初めて95％を超えた。
2022/11/18	水道広域連合企業団を設立＝広島県	広島県は、県内の14市町と共に「水道広域連合企業団」を設立したと発表した。残る7市町は参加を見送ったが、県は今後も統合を働き掛ける方針だ。自治体ごとに異なる水道料金についてはしばらく据え置き、10年後に料金を統一するか否かを検討する。
2022/12/3	ドローン、市街地で飛行可能に＝物流での本格活用を期待－改正航空法、5日施行	ドローンを市街地を含む有人地帯上空で飛ばせるようにする改正航空法が施行される。これまで市街地では監視要員を配置した場合などに限り飛行が認められていたが、機体の安全性認証取得など条件付きで、監視要員なしでも飛行できるよう規制を緩和。
2022/12/23	水道の基本料免除廃止、29年ぶり見直し＝石川県川北町	石川県川北町は、1993年度以来29年ぶりに水道料金を見直し、一般家庭用基本料金の免除を廃止する。従量料金も4段階に変更する。施設・管路の維持管理費や老朽化に伴う更新需要が増加したため。来年6月使用分から適用される。
2023/3/3	出先機関を郵便局に移設＝宮崎県新富町	宮崎県新富町は、町民課の出先機関を郵便局に移設した。町によると、行政機関を郵便局に移設するのは全国的にも珍しい。各種証明書の発行といった行政サービスが郵便局で受けられるようになり、さらなる住民の利便性向上につなげる狙いだ。
2023/4/4	下水道事業効率化で新会社＝全市町村と連携協約－秋田県	秋田県は、県と県内全市町村が締結した連携協約に基づき、下水道事業に関する官民連携の株式会社を設立する。事業のコストを抑制するとともに、技術職員が少ない小規模自治体の業務補完を目指す。2024年4月から本格運用を開始する。
2023/4/4	包括的民間委託促進へ手引＝導入の流れ3段階で整理－国交省	国土交通省は、複数のインフラ施設の維持管理業務を一括して発注する「包括的民間委託」に関する手引を策定した。先行自治体の事例を交えながら工夫や留意点を整理。特に人員や予算面で課題を抱える市区町村を主な対象とし、首長ら幹部のトップダウンによる取り組みの重要性も訴えた。
2023/4/12	廃線跡地にドローン練習場＝事業化へ新興企業と協業－JR北海道	JR北海道は、廃止した日高線の一部や石勝線夕張支線の跡地で、ドローン練習場の提供やワインの貯蔵事業などを行うと発表した。廃線跡地を地域資源として生かす狙いで、スタートアップ（新興企業）からアイデアを募っていた。
2023/4/18	公園山頂へパルスゴンドラ＝山口県下関市	山口県下関市は、市の観光名所、火の山公園の再整備計画「光の山プロジェクト」を今年度開始する。その一環で、既存のロープウエーを廃止し、「パルスゴンドラ」と呼ばれる単線固定循環式のゴンドラを観光客の移動手段として導入する。
2023/5/15	開通前も「プール制」対象＝地方の有料道路、整備促進－国交省	国土交通省は、地方道路公社が管理する有料道路の整備を促進するため、ネットワークを形成する道路を一つと見なして料金を徴収できる「プール制」の対象に、開通前の道路を加える。既に供用を開始している道路の料金収入を、新たに整備した路線の建設債務返済に活用できる形となる。
2023/5/23	水道行政移管へ準備チーム設置＝国交省	国土交通省は、厚生労働省が所管する上水道のインフラ整備・管理業務が国交省に移管されることを受け「水道整備・管理行政移管準備チーム」を設置した。2024年4月の移管が決まったことを踏まえ、チームは、老朽化や耐震化への対応、災害発生時の復旧支援、渇水対策といった水道整備・管理行政の円滑な移管を目指す。
2023/6/8	ごみ焼却施設の「延命化」要請＝27年度までの整備計画案－環境省	環境省は、2023～27年度の廃棄物処理施設整備計画案をまとめた。市町村の一般ごみ焼却施設の更新時期を分散させるため、建屋を残して焼却炉のみを改修するといった「延命化」を求めている。近隣の市町村同士で焼却施設を共同運営する「広域化」や、地域内に複数ある焼却施設を1カ所にまとめて効率化を図る「集約化」も引き続き要請する。

2023/6/9	将来的な水需給把握へ手引＝供給余力を発電に活用も－国交省	国土交通省は、河川の水を生活用水や工業用水として供給する事業者が、将来的な水需給の見通しを把握できるよう手引を作成する。事業者ごとに水需要予測と渇水時の推計供給可能量を比較し、どの程度供給余力があるかを評価できるようにする内容。
2023/6/30	売電収入で水道設備改修＝富山で再エネ活用の新スキーム－深松組	富山県朝日町で建設会社「深松組」（仙台市）の小水力発電所の竣工式が行われた。発電した電気は再生可能エネルギーの固定買い取り制度（FIT）を活用し売電。収入は同町笹川地区の簡易水道の改修工事費用に充てる。信託方式を採用し、発電所の所有権を持つのは信託会社の「すみれ地域信託」。深松組が仮に倒産した場合でも事業を継続させることが狙いで、国内初の取り組みだという。
2023/7/12	衛星データ活用し水道管の漏水調査＝盛岡市	盛岡市は、人工衛星から得られる衛星データを活用した水道管漏水調査の実証実験を始めた。調査効率の向上や漏水箇所の早期発見が狙い。成果を検証した上で、2024年度からの市内全域での導入を目指す。
2023/8/10	対話型AI活用し水道管の劣化予測＝宇都宮市	栃木県宇都宮市は、対話型人工知能（AI）を活用して水道管の劣化状況を予測診断する漏水対策を行う。効率的で高精度の調査が可能となるほか、道路陥没や出水不良といった二次被害を防ぐ効果があるという。
2023/9/12	インフラ管理、複数自治体で＝人材不足対応へモデル事業－国交省	国土交通省は、道路や公園、下水道といった多分野の自治体インフラ管理について、市町村の枠を超えて包括的に民間委託する地域を支援するため、モデル事業に乗り出す。自治体が技術系職員や財源の不足に直面する中、効率的な維持管理の事例をつくる狙い。
2023/9/13	上下水道の官民連携補助金新設＝検討・調査自治体に5000万円－国交省	国土交通省は、自治体が上下水道施設の維持管理や修繕、更新を一体的に民間に委託する「ウォーターPPP（官民連携）」を推進するため、導入に向けた検討、調査を行う自治体に対する補助金を新設する方向で検討している。5000万円を上限に必要経費を全額補助することを想定。

4. 公共サービス

秋田県は、人口減少が進む中でどのように中長期的に公共サービスを提供するかを検討するための有識者による検討会議を立ち上げた。2023年度中に知事に対して提言を提出する。人口の減少によって行政の人手が減ることや税収が減少することが予想される一方で、公共施設の老朽化対策や医療提供体制の構築などは欠かせない。デジタル技術の活用や公民連携などを含めて行政運営の方向性を議論する。検討会には行政、農業、福祉の専門家など8人が参加する。

人口減少や高齢化の影響で選挙の投票所の減少が続いているという。秋田県鹿角市は2022年7月の参院選で従前の46か所から6か所まで投票所を減らした。過疎化が進む山間部では有権者数がわずかしかいない投票所があったため、立会人の確保などが難しくなっていたためだ。大幅な投票所の削減に合わせて6か所すべてを誰でも投票できる共通投票所とした。しかし、投票率が県内最低となったことから、23年の統一地方選で行われた県議選では高齢者らをバスで送迎することにした。総務省によると、2022年の投票所数は4万6016か所で、ピークだった01年に比べて約14％減少しているという。オンライン投票などの対策が急務となっていると言えるだろう。

図表Ⅱ-4-4　公共サービスの動き

年月日	見出し	内　容
2022/10/5	マイナカード申請の専用車両＝鳥取県米子市	鳥取県米子市は、マイナンバーカードの交付率を引き上げるため、申請手続きができる専用車両を導入し、運用を始めた。市内のスーパーマーケットや民間企業、イベントなどに出向き、カードの申請を促す。

2022/10/12	水道手続き、スマホで完結＝利用開始、支払いアプリで一東京都	東京都は、水道の使用開始や中止の連絡、料金の支払いができるスマートフォン向けアプリの運用を始めた。各種手続きをスマホで完結できるようにするほか、従来紙で発行していた検針票や請求書をアプリ内で閲覧可能にする。
2022/10/18	官民連携でリユース拠点＝東京都八王子市	東京都八王子市は、地域情報サイトを運営する「ジモティー」との官民連携により、家庭で使わなくなった家具、家電や余った食品などを持ち込めるリユース拠点「ジモティースポット八王子」を市内のホールに開設した。
2022/10/20	証明書の郵送、キャッシュレスへ実証＝東京都墨田区	東京都墨田区は、住民票の写しや戸籍謄抄本といった各種証明書を郵送で請求する場合、発行手数料をキャッシュレス化する実証実験に乗り出した。郵送請求に必要な定額小為替をやりとりする煩雑さを解消するため、民間企業が提供するシステムを活用してクレジットカード払いに対応。
2022/11/14	地区単位で「リモート窓口」＝東京都世田谷区	東京都世田谷区は、28カ所ある地区の拠点「まちづくりセンター」と区役所などをオンラインでつなぎ、医療や子育て、まちづくりといった各分野の住民相談に遠隔で対応する「リモート窓口」を整備する。本庁舎や５カ所の総合支所に出向くことなく、身近なセンターで済ませられるようにする。
2022/12/ 8	手数料、完全キャッシュレス化へ＝収入証紙は23年度廃止一埼玉県	埼玉県は、運転免許の更新などの事務手数料の納付に利用している収入証紙について、2023年度で廃止するため、関連条例案を12月議会に提出した。先行自治体では証紙廃止で現金使用率が高まっていることを踏まえ、「現金払いは想定しておらず、完全キャッシュレス化を進める」（大野元裕知事）との方針だ。
2022/12/15	庁内に自動支払い端末＝熊本県宇城市	熊本県宇城市は、職員と非接触で料金支払いができる現金自動精算機（セミセルフレジ）、マイナンバーカードを利用して住民票などを発行できる証明書自動交付サービス端末（キオスク端末）、税公金自動収納機（公金ステーション）を導入した。
2022/12/21	郵便局にマイナカード事務委託＝宮崎市	宮崎市は、宮崎中央郵便局でマイナンバーカードの事務の取り扱いを開始した。既にカードを取得している人は、電子証明書の発行・更新のほか、暗証番号の再設定が同郵便局でも可能になる。
2022/12/23	マイナカード申請、郵便局で支援＝携帯ショップない自治体で一総務省	総務省は、携帯電話ショップがない自治体について、郵便局でマイナンバーカード申請のサポートを始めると発表した。日本郵便と委託契約を締結。
2023/ 1 / 5	市民の満足度をデータベース化＝大分県別府市	大分県別府市は、2022年度から市民を対象に、市の政策への満足度や事業への要望などについて質問するアンケートを始めた。調査結果は公表した上で、データベース化する。
2023/ 1 /20	コンビニATMで給付金＝山形県庄内町	山形県庄内町は、セブン銀行と連携し、コンビニの現金自動預払機（ATM）で給付金の受け取りができるようにした。ATMを利用すると、最短３日で給付が完了するという。
2023/ 1 /25	病院でマイナカード窓口＝岡山県高梁市、吉備中央町	岡山県高梁市と吉備中央町は、高梁市内にある高梁中央病院でマイナンバーカード出張申請窓口を開設する。役所に足を運ぶことが難しい高齢者らを中心に、２市町の住民が利用する病院で窓口を開設することにより、カード交付率を伸ばすのが狙い。
2023/ 3 / 8	旅券手数料、カード払い可能に＝鳥取県	鳥取県は、パスポート発行で必要な旅券手数料の支払いについて、オンラインでのクレジットカード払いを可能にする。オンラインによるマイナンバーカードの個人向けサイト「マイナポータル」を使い、パスポート発行の電子申請を可能にする。
2023/ 3 /14	コンビニ交付の手数料、50円に引き下げ＝千葉県印西市	千葉県印西市は、コンビニエンスストアで交付できる証明書の手数料を期間限定で50円に引き下げる。マイナンバーカードの普及と利用促進が狙い。
2023/ 3 /17	精算機をインボイス対応に＝岐阜県高山市	岐阜県高山市は、消費税額を税率ごとに記載するインボイス（適格請求書）制度が導入されるのに合わせ、市営駐車場や道の駅などに設置されている精算機やレジスターを改修する。
2023/ 3 /23	全区役所でキャッシュレス利用可に＝福岡県北九州市	福岡県北九州市は、住民票の写しや市税証明書などの発行手数料をキャッシュレス決済できるサービスを全７区役所で一斉導入した。市民の利用頻度が高い行政手続きのDXを加速させるとともに、現金を取り扱う業務の抜本的な負担軽減も図りたい考え。
2023/ 3 /27	減る投票所、悩む自治体「46→6」大幅削減の市も＝立会人確保が負担に一統一地方選	選挙で使う投票所の数が減り続けている。人口減少や高齢化で立会人などの確保が難しくなっていることが一因だ。自治体は人が集まりやすい場所に「共通投票所」を設置するなど対応に追われているが、投票率低下に歯止めはかかっていない。
2023/ 4 /27	複数のハザードマップを集約＝秋田県男鹿市	秋田県男鹿市は2023年度、複数のハザードマップの情報を集約した地図をウェブ上で作り、ホームページで公開する。公開するのは、津波、土砂災害警戒区域、防災重点ため池の三つのハザードマップを集約した地図。

2023/5/9	マイナカード「スマホ搭載」開始へ＝11日から、アンドロイド端末ーデジタル庁	デジタル庁は、マイナンバーカードの電子証明書の機能をスマートフォンに搭載できるサービスを始める。アンドロイド端末が対象。カードが手元になくても、個人向けサイト「マイナポータル」からオンラインで子育てなどに関する行政手続きが可能になる。
2023/5/9	区役所窓口にテレビ電話通訳＝東京都江戸川区	東京都江戸川区は、区役所など21カ所にタブレット型端末のテレビ電話機能を使ったオンライン通訳を導入した。外国人と円滑にコミュニケーションが取れるよう支援し、多文化共生のまちづくりにつなげる。
2023/5/26	855件が担当課に届かず＝HPの問い合わせフォームー広島県福山市	広島県福山市は、市ホームページ（HP）の「お問い合わせフォーム」に寄せられた問い合わせ計855件が担当課にメールで届いていなかったと発表した。更新作業の際に設定変更ができておらず、委託業者のサーバーにとどまっていたことが原因という。
2023/7/3	「書かない窓口」を導入＝石川県かほく市	石川県かほく市は、窓口に来る市民へのサービス向上と業務効率化のため、「申請書作成支援コーナー（書かない窓口）」を市民生活課で導入した。証明書の発行申請や、住所変更の申請など５種類の申請書を作成できる。
2023/7/5	子育て支援のアプリ開発へ＝高知県	高知県は、子育て世帯が優待サービスなどを受けられるアプリ「高知家子育て応援パスポート」を、今秋までに開発する。サービスの利用促進と、地域で子育てを応援する機運を盛り上げるのが狙い。
2023/7/13	施設向けマニュアル作成へ＝高齢者らマイナ保険証取得ー政府	政府は、マイナンバーカードと一体化した「マイナ保険証」の取得促進に向け、高齢者施設や障害者施設で利用者のカードの申請、管理をする際の具体的な手続きや留意事項を盛り込んだマニュアルを作成する。
2023/7/20	スマホのオンライン申請を拡大＝新潟市	新潟市は、新たなオンライン申請システムの運用を開始した。対象の手続きはこれまでのシステムから一つ増えて93となったが、一部に限っていたスマートフォンを利用できる範囲を拡大。すべての手続きで受け付ける。
2023/7/26	ごみ収集をデジタルで効率化＝作業時間減、回収漏れも防止ー北海道室蘭市	北海道室蘭市は、ごみ収集を効率化するシステム「収集しマース」をパナソニックITS（横浜市）と共同開発し、運用を始めた。タブレット端末で収集車の参考経路やごみの集積場所などが分かり、作業員による日報は手書きから端末入力に変更。
2023/7/28	市町対象に「書かない窓口」体験＝三重県	三重県は、希望する市町と県庁内の課を対象に、デジタル技術で手続きを簡便化した「書かない窓口」や、ビデオ会議を用いて出張所・支所の来庁者に対応する「遠隔窓口」の導入に必要なツールを無料で試せる機会を提供する。
2023/8/4	土曜開庁、月２回に縮小＝千葉県栄町	千葉県栄町は、住民課と税務課の土曜開庁を月２回に縮小する。2004年から毎週開庁していたが、第２、第４土曜のみとする。マイナンバーカードを活用したコンビニエンスストアでの証明書交付の普及など、環境の変化を踏まえた。
2023/8/18	健保組合などに実態調査＝マイナひも付け遅れでー厚労省	マイナンバーカードと健康保険証が一体化した「マイナ保険証」を巡り、データのひも付けが遅れ医療機関の窓口で利用できない事例が発生している問題で、厚生労働省は、全国の健康保険組合などに対し調査を依頼したことを明らかにした。
2023/8/28	来庁者向けの託児サービス試行＝愛知県豊橋市	愛知県豊橋市は、市庁舎１階の市民ギャラリーの一角にキッズスペースを設け、庁舎での手続きや相談、会議出席などの目的で訪れた来庁者向けの託児サービスを試行する。子育て支援の一環で、市民サービスの向上につなげていく。
2023/8/30	動物死骸回収に位置情報サービス＝北海道恵庭市	北海道恵庭市は、英企業が開発した位置情報サービスを活用し、動物の死骸回収に役立てる実証実験を始めた。空き地や道路といった住所のない場所でも詳細な位置情報が分かるサービスで、市民が市に正確な情報を伝えられることで迅速な回収につなげる。
2023/8/31	身分証アプリ、地域ポイントで試験運用＝宮城県	宮城県は、マイナンバーカードを活用した「デジタル身分証アプリ」について、女川町民を対象にアプリのダウンロードを開始すると発表した。町民向けに地域ポイント機能の試験運用も始め、アプリの使い勝手を確認する。
2023/9/6	仮想空間でひきこもりの交流支援＝神奈川県	神奈川県は、インターネット上のメタバース（仮想空間）で、ひきこもり状態にある若年層の社会的交流や就労を支援するイベントを開催する。仮想空間のショッピングモールのプラットフォーム「Metapa（メタパ）」を運営している凸版印刷に委託。
2023/9/15	窓口支払いにキャッシュレス＝新潟県阿賀野市	新潟県阿賀野市は、窓口手数料の支払いにキャッシュレス決済を導入した。市民サービス向上と事務効率化を図るためで、市民生活課や税務課のほか、市内３支所の計五つの窓口で利用できる。
2023/9/20	人口減で行政の在り方議論＝秋田県	秋田県は、人口減少が進む中、中長期的に行政サービスをどのように提供するかを探るため、有識者から成る検討会議を立ち上げた。委員は地方行政や農業、福祉などに詳しい８人で構成。
2023/9/25	外国人窓口、16カ国語対応に＝熊本県菊陽町	熊本県菊陽町は、庁舎の外国人相談窓口で対応可能な言語を16カ国語に増やした。民間の通訳サービス業者に委託し、ビデオ電話をつないでベトナム語やミャンマー語などでも会話できるようにした。

2023/9/26	罹災証明書、オンライン申請導入を＝河野デジタル相	河野太郎デジタル相は閣議後記者会見で、罹災証明書の手続きに関して、マイナンバーカードの個人向けサイト「マイナポータル」を活用したオンライン申請を導入するよう、自治体に呼び掛ける事務連絡を出したと発表した。事務連絡は25日付。

5. 広域連携

京都府南部16市町村を管轄する９消防本部が消防指令業務の共同運用に関する基本協定を締結し、消防指令センターを１か所に集約する。2030年度の全面運用開始を目指している。

協定を締結したのは京都、宇治、城陽、八幡、京田辺５市と久御山、精華２町、相楽中部消防組合、乙訓消防組合。これまで九つの消防本部が個別に消防指令センターを運用していたが、京都市消防学校内に共同指令センターを置く。119番の受付や出動命令、指令管制を共同で行う。必要なシステムや設備の調達、庁舎の工事などを進め、各消防本部のシステム更新時期に合わせて段階的に運用を開始する。

まずは2027年度に京都市など５消防本部から始める予定だ。システムの更新を個別に実施した場合に比べて費用を約４割削減できるという。府北部の10市町６消防本部は指令業務の共同運用を始める予定だという。

大分県は、地下の水道管の漏水を人工衛星画像を活用して調査し、その調査結果を市町村と共有する。人工衛星からマイクロ波を放ち、跳ね返る波の性質の違いを分析することで水道水かどうかを判別でき、漏水箇所を半径100メートルまで絞り込むことが可能になるという。県内には約9000キロの水道管があり、水道水のうち約13％が漏水で無駄になっているという。

図表Ⅱ-4-5　広域連携の動き

年月日	見出し	内容
2022/10/7	マイナカード申請で合同窓口＝福島県白河市	福島県白河市は、西白河郡の４町村と合同で、マイナンバーカードとマイナポイントの申込窓口を臨時に開設した。秋の連休中に、地域内で最大の大型商業施設である西郷村のイオンで実施。買い物のついでに気軽に手続きができるようにし、カードの交付促進を狙った。
2022/10/27	地元起業家を広域圏で支援＝福島県郡山市など	福島県郡山市など17市町村でつくる「こおりやま広域連携中枢都市圏」は、地域の産業振興や活性化を図るため、起業家支援プログラムを始めた。持続可能な開発目標（SDGs）の達成につながる事業を公民連携で磨き上げるほか、広域圏のネットワークを活用し、事業の成長加速を図る。
2022/10/31	災害で広域連携、検討提案＝首都圏９都県市－小池都知事	東京都の小池百合子知事は、さいたま市内で開催された首都圏９都県市の会議で、自然災害の激甚化に対応するため、広域連携の在り方を検討する場の設置を提案した。
2022/12/5	返礼品選定で基準＝市町村との「競合」回避－山梨県	山梨県は、ふるさと納税の返礼品の選定に関する基準を新たに策定した。全県の特産品を扱える県に対し、シャインマスカットなど人気の返礼品が「競合している」と一部の県内自治体から指摘が出ていることを受けた対応。基準では、寄付に対する返礼品の大半を占める農畜水産物は県ブランドのロゴマーク付きの物に限定することなどを定めた。

2022/12/31	市街地のクマ被害を防げ=出没対応強化や人材育成－6道県でモデル事業・環境省	市街地に出没するクマによる人身被害が全国で相次いでいることを受け、環境省は今年度から6道県でクマ対策強化のモデル事業に乗り出した。行政や地元猟友会などが連携し、迅速に捕獲したり追い払ったりできる体制を整えることや、クマの侵入を予防することが柱で、自治体ごとに決める。奈良県は人身被害防止を目指し、隣接する三重、和歌山両県と広域連携する。
2023/1/27	国際研究機構設立に向け会合=福島県双葉町	福島県双葉町で、同県浪江町に設立する福島国際研究教育機構の準備会合が開かれた。復興庁や関係自治体のほか、大学など34団体が参加し、機構の準備状況や今後の運営方針などを確認した。
2023/2/22	市町村の空き校舎活用に補助=福島県	福島県は、県立高校改革に伴い廃校となった高校の立地市町村が、空き校舎の利活用に取り組む場合に生じる改修費用などの支援に乗り出す。空き校舎の改修にかかる費用の4分の3、新設の場合は3分の2を県が独自に補助する。
2023/4/21	消防指令業務を共同運用へ=京都市など	京都市を含む京都府南部16市町村を管轄する9消防本部は、消防指令業務の共同運用に関する基本協定書を締結した。各消防本部が個別に運用している消防指令センターを1カ所に集約。119番の受け付けや部隊の出動命令、指令管制などを共同で行う。2030年度の全面運用開始を目指す。
2023/5/16	空き家活用で最大950万円支援=東京都	東京都は、地域資源として空き家の活用を目指す事業者に、調査や改修などの費用を年間最大950万円補助する事業を始めた。市区町村と連携して、地域活性化や移住定住の促進などを行えるようにする。
2023/5/22	人工衛星画像で漏水調査=大分県	大分県は、地下の水道管の漏水を効率的に発見するため、人工衛星画像を活用した調査を始める。水漏れによる道路の陥没といった事故の未然防止や無駄になる水を減らすことで浄水コストの削減につなげる。都道府県単位で衛星画像を使った漏水調査を行うのは大分県が初めて。
2023/6/2	市町村の少子化対策を個別支援=岡山県	岡山県は、市町村の実情に応じた効果的な少子化対策を後押しするため、新たな取り組みにチャレンジする市町村に「伴走型」の支援を行う。1市町村に2人程度の県の職員をサポート役として割り当て、ワークショップも実施する。
2023/6/9	災害廃棄物「処理本部」で対応=市区町村と組合協力－東京都	東京都は、家庭ごみなどを一部事務組合で処理している市区町村が、災害廃棄物の処理に当たる際、市区町村と組合の間で調整役になる「合同処理本部」の設置を関係者に提案する。
2023/6/15	障害者雇用で市町村と枠組み=宮城県	宮城県は、障害者の民間雇用を後押しするため、市町村と枠組みを設けてそれぞれの域内の取り組みを促す事業を始めた。先行事例として亘理町で、町内企業などとのネットワークを発足。町内での法定雇用率達成を目指す。
2023/7/10	水位・氾濫の予測システム開発=京都府	京都府は、大雨時の早期避難での活用を見据え、府管理河川で降雨時の水位や氾濫区域を予測するシステムを開発した。市町村と気象台に限定して先行配信し、システムの精度、実用性を検証する。予測情報の一般公開や避難情報の発令基準への活用を目指す。
2023/7/13	庁内システムクラウド化へ共通基盤=市区町村にも提供検討－東京都	東京都は、庁内の業務システムをクラウド転換するための基盤になる「クラウドインフラ」を2025年度中に運用開始する方針だ。一部を市区町村に提供することも検討している。市区町村は都が整備したクラウドサービスやネットワークを使うことで、クラウド化を加速させ、効率的なシステム運用につなげることが期待される。
2023/8/8	都道府県と共同設定検討=市町村の再エネ促進区域－環境省	環境省は、再生可能エネルギー発電設備の「促進区域」について、市町村が都道府県と共同設定できる制度への改正を検討する。区域設定に必要な環境配慮事項に関する市町村の負担を軽減する狙い。都道府県が複数の市町村と連携して広域的に区域設定することも視野に入れる。
2023/8/24	電子申請を市町村と共同利用=岩手県	岩手県は、導入済みの「電子申請・届出サービス」を、希望する市町村と共同利用することを検討している。県とのノウハウ共有で、市町村のDXを推し進めたい考え。2024年度からの本格導入を目指す。
2023/10/4	4市合同で投票用紙リサイクル=静岡県三島市など	静岡県の三島、富士宮、裾野、磐田4市は、CO_2排出量を削減するため、選挙で使われ保存期間が過ぎた投票用紙のリサイクルを始めた。従来の焼却処分に比べてCO_2排出量は約9割減った。4市が合同で取り組むことで削減量を増やす狙いがある。

6. 官民協定

東京都水道局と東京ガスネットワークは包括連携協定を締結した。情報通信技術の活用やDX、災害時の対応、現場作業の効率化、人材育成などについて連携して取り組むことを想定している。両者がそれぞれ使用しているスマートメーターの技術的課題の共有や、両者が近隣で似た作業を行っていることが多い管理業務の協業、災害時の給水車の駐車スペース確保や物資の支援などを検討する。

沖縄県内の９離島町村はおきなわフィナンシャルグループと包括連携協定を締結した。協定を結んだのは粟国村、伊江村、伊是名村、伊平屋村、北大東村、久米島町、渡嘉敷村、渡名喜村、南大東村。地域が抱える産業振興・経済活性化、人材育成・雇用創出などについて、離島特有の課題の解決のほか、キャッシュレス化、DXの推進などに地銀のノウハウや資源を活用したい考えだ。

図表Ⅱ-4-6　官民協定の動き

年月日	見出し	内　容
2022/10/ 5	オールシーズン型リゾート目指し協定＝北海道倶知安町	北海道倶知安町は、町内のスキー場を経営する東急不動産と包括連携協定を結んだ。冬季のリゾート地として知られる同町が、同社と協力して観光地としての価値向上を図り、通年で観光客が訪れるオールシーズン型のリゾート地を目指す。
2022/10/26	子育て応援の自動販売機＝愛知県日進市	愛知県日進市は、ヤクルト東海と連携し、「子育て応援寄付付き自動販売機」を市内に設置した。売り上げの一部を活用して同社が絵本やおもちゃを購入し、市内の保育園、放課後児童クラブに寄付する。
2022/10/28	スーパー「イズミ」と連携協定＝福岡県八女市	福岡県八女市は、総合スーパーを展開するイズミと「地域活性化包括連携協定」を締結した。協定によると、高齢者や障がい者への支援▽地域防災への協力▽環境対策・リサイクル▽子ども・子育て支援－など８項目で連携。
2022/10/28	ビックカメラと包括連携＝11月に新規出店－千葉市	千葉市は、「ビックカメラ千葉駅前店」をオープンする家電量販大手のビックカメラと地域活性化に向けた包括連携協定を結んだ。まちづくりや災害対策、環境保全、子育て支援など８分野で連携する。
2022/11/15	体育館に空調換気システム＝茨城県つくばみらい市	茨城県つくばみらい市は、体育館に冷暖房を備えた換気システムを導入するため、実証試験に乗り出した。災害時に避難所となる体育館は、新型コロナウイルスの感染を防ぎながら、夏の熱中症や冬の底冷え対策を講じることが求められる。１年間かけて換気効率やエネルギーコスト、耐久性などを調べる。
2022/12/14	外部人材の知見求め連携協定＝ふるさと納税、コメの国際大会に助言－新潟県津南町	新潟県津南町は、外部人材から知見や能力を提供してもらうため、企業コンサルタント「官民連携事業研究所」（大阪府四條畷市）や、同社から紹介を受けたITマッチングサービス会社「アナザーワークス」（東京都港区）とそれぞれ連携協定を結んだ。
2022/12/27	３郵便局で各種証明書が取得可能に＝東京都八王子市	東京都八王子市は、日本郵便と協力し、市内３カ所の郵便局にマイナンバーカードを使って各種証明書を取得できる「キオスク端末」を設置する。既にコンビニなどで実施している住民票や印鑑登録などの証明が郵便局でも取れるようになる。
2023/ 1 /12	沖縄９離島町村が地銀と連携＝粟国村など	沖縄県粟国村など９離島町村は、おきなわフィナンシャルグループと地域振興、地域経済の活性化に関する包括連携協定を結んだ。地銀のノウハウやリソースを活用し、人材不足といった離島自治体特有の課題の解決や、キャッシュレス化などDXの推進を目指す。
2023/ 1 /16	市役所に凸版印刷のサテライトオフィス＝広島県廿日市市	広島県廿日市市役所内に、DXの推進などを目的に、凸版印刷（東京）のサテライトオフィスが開設された。これに合わせ、市と同社は地域活性化に関する包括連携協定を締結。
2023/ 3 /17	航空人材育成、観光振興で連携協定＝千葉県芝山町	千葉県芝山町は、国内初の航空機チャーター専門の旅行会社JMRS（東京都新宿区）と包括連携協定を結んだ。成田空港に隣接した立地を生かし、航空人材育成や観光振興を通じた地域活性化を図る。
2023/ 4 / 7	エア・ドゥと包括連携協定＝北海道大空町	北海道大空町は、町内にある女満別空港に定期便を飛ばしている航空会社AIRDOと包括連携協定を締結した。両者はこれまでも地域振興などについて定期的に意見交換しており、協力関係をさらに深める。同社が就航地の市町村と協定を結ぶのは初めて。
2023/ 4 /13	東急と包括連携協定＝秋田県	秋田県と東急は、観光振興や県産食品の販路拡大などを目的とした包括連携協定を締結した。県が首都圏の私鉄会社と連携協定を結ぶのは初めて。

2023/4/27	良品計画と包括連携協定＝県産品の商品開発などで―広島県	広島県は、「無印良品」を展開する良品計画と包括連携協定を締結した。県産の農林水産物を使用した商品の開発・販売や、空き家バンクを活用した移住促進など、11の項目に共同で取り組む。
2023/5/15	瀬戸内2銀行と地方創生で連携＝愛媛県今治市	愛媛県今治市は、愛媛銀行と山口フィナンシャルグループ（YMFG）、YMFG子会社の4者で地方創生に関する包括連携協定を締結した。老朽化した公共施設の改修や中心市街地の活性化などで民間企業の知見を借りながら進めたい考え。
2023/5/29	国際研究教育機構と協定＝先端技術を復興に活用―福島県浪江町	福島県浪江町は、東日本大震災からの復興に向け最先端の科学技術研究などを担う「福島国際研究教育機構（エフレイ）」との連携協定を締結した。国が町内に設立した、エフレイの持つ先端技術関連の知見を生かした中長期的な復興計画の実現などが狙い。
2023/6/5	スポーツ合宿で地方創生＝アスリート支援団体と協定―熊本県水上村	熊本県水上村は、青山学院大陸上部の原晋監督が理事長を務める「アスリートキャリアセンター」（東京都）と地方創生に関する包括連携協定を締結した。スポーツ合宿を通じて、関係人口の拡大や移住定住の促進、企業誘致につなげる。
2023/7/4	アイリスオーヤマと包括連携協定＝仙台市	宮城県仙台市は、生活用品を製造・販売するアイリスオーヤマ（同市）と防災・減災や脱炭素化などに向けた取り組みを強化する包括連携協定を結んだ。協定には市が取り組むスタートアップ支援に関する連携も盛り込まれた。
2023/7/11	東京ガスネットワークと包括連携協定＝東京都水道局	東京都水道局は、ガスの導管事業を手掛ける東京ガスネットワーク（東京都港区）と包括連携協定を締結した。同局が包括連携協定を結ぶのは初めて。相互に情報共有するなどし、インフラ事業の発展と地域社会への貢献を目指す。
2023/7/13	カーボンニュートラル実現に向け連携協定＝浜松市としずおかFG	静岡県浜松市と静岡銀行などを傘下に収めるしずおかフィナンシャルグループは、「カーボンニュートラル実現に向けた包括連携協定」を締結した。関連する施策の立案や協業、温室効果ガスの排出量可視化などで連携を強化する。
2023/7/22	モンベルと包括協定＝山形県西川町	山形県西川町は、アウトドア用品メーカー「モンベル」と環境保全やエコツーリズム推進による地域活性化を目指す包括連携協定を結んだ。協定では、自然体験の促進による環境保全意識の醸成や防災意識の向上など七つの項目を盛り込んだ。
2023/7/26	災害の状況把握でドローン活用＝大阪府東大阪市	大阪府東大阪市は、大規模災害の発生に備え、ドローンを使った事業を展開するベンチャー企業のドローンプラス（大阪市）と協定を締結した。災害時にドローンを活用することで、被災地の状況把握を効率化する。
2023/7/31	湖池屋と包括連携協定＝京都府	京都府は、地域の活性化や府民サービスの向上を目指し、湖池屋と地域活性化包括連携協定を締結した。協定に基づき、同社の京都工場が立地する南丹市産のユズを使ったポテトチップスを全国で発売。売り上げ1袋につき1円を府の文化財の保存・修理活動に寄付する。
2023/8/1	「聴く読書」で認知症予防＝大阪府柏原市	大阪府柏原市は、声優やナレーターが書籍を朗読する「オーディオブック」大手の「オトバンク」（東京）と連携し、運動と組み合わせることで健康を促進する取り組みを始める。両者で包括連携協定を結んだ。
2023/8/1	災害時、パチンコ駐車場開放で協定＝県民の一時避難、警察の活動に―千葉県など	千葉県は、パチンコ業者などでつくる県遊技業共同組合と県警の3者で、災害発生時の支援と協力に関する協定を結んだ。災害時に組合の駐車場を開放してもらい、県民の一時避難場所や、警察・消防などの活動拠点などとして活用する。

7. 民間提案

国土交通省は、道路や橋などインフラの維持管理の効率化を図るため、自治体の「ニーズ」と民間事業者が持つ新技術やアイデアの「シーズ」をマッチングするモデル事業を始めた。

「官民連携モデリング」と呼ぶ事業で、対象は、道路、橋梁、河川などのうち利用料金を徴収していない施設。点検や維持管理などについて、民間のコンサルタントや建設会社から効率的なスキームや新技術などの提案を受け付けた。これに対して、民間事業者からは76件の提案、自治体からは11件のニーズが寄せられた。

また、2023年度に国交省が実施する先進的なスキーム調査において、先のシーズ提案を行った事業者についてこれらの調査への適合性が高い場合に最大で10％加点する措置を導入した。2022年に内閣府が発出した「「公共調達における民間提案を実施した企業にする加点措置に関する実施要領」の策定について（通知）」を受けた措置。

富山県射水市は2022年夏に民間提案制度を導入し、12件の提案を協議対象に選定した。これらのうち、23年度から事業実施が決まった6件によって今後20年間で財政負担を約3億3900万円削減できる見込みだという。民間提案制度は公共施設や公園、未利用市有地の維持管理費削減、省エネなどについてアイデアを募集。市にとって新たな財政負担が発生しないことなどを応募の条件とした。リース方式による庁舎などの照明LED化と空調制御システムの導入など。

図表Ⅱ-4-7　民間提案の動き

年月日	見出し	内　容
2022/10/28	公民連携対応でデスク設置＝大阪府熊取町	大阪府熊取町は、企業や大学などからの公民連携に関する相談や提案に対応するための「熊取町公民連携デスク」を設置した。企業からの相談を一元的に受け付けるワンストップ窓口とする。
2022/11/17	公民連携デスク設置＝大阪府貝塚市	大阪府貝塚市は、企業や大学などからの提案やノウハウを活用し、市民サービスの向上や地域活性化を図るため「市公民連携デスク」を設置した。企業などからの提案や相談を受け付けるワンストップ窓口とする。
2022/12/27	脱炭素など民間提案12件選定＝富山県射水市	富山県射水市は、公共施設の有効活用や維持管理費削減などのアイデアを民間から募集する「民間提案制度」について、事業化を検討する12件を選定した。2023年度から実施するため、提案者と具体的な協議に入る。
2023/2/8	インフラ維持管理に民間提案＝自治体と連携、モデル事業－国交省	国土交通省は2023年度、道路や橋などインフラの維持管理を効率的に進めるため、民間の新技術やアイデアを自治体に実践してもらうモデル事業に乗り出す。双方から提案やニーズを募る。
2023/3/20	公民連携デスクを開設＝鳥取市	鳥取市は、民間組織のアイデアを生かした行政サービスを展開できるための窓口「公民連携デスク」を本庁舎2階に開設し、2月から受け付けを始めた。企業や民間組織から提案を受け、地域課題の解決や行政の合理化などにつなげる。
2023/5/11	課題設定型の公民連携支援事業　民間事業者からの事業提案の募集開始！＝大阪府門真市	大阪府門真市は、門真市公民連携デスク地域課題解決支援実施事業の企画提案の募集を開始した。民間事業者より、市が設定した課題に対する事業提案（実証実験）を募集し、採択された事業については、最大50万円の交付金を市が交付するというもの。
2023/6/13	DX推進へ民間提案受け入れ窓口＝札幌市	北海道札幌市は、DXで行政課題を解決するため、民間企業から提案を受け付ける窓口を新設する。DXに対応できる職員の育成に力を入れ、官民連携でDXを進めたい考え。設置は2023年夏以降の予定。
2023/8/21	公民連携へ総合窓口＝事業者提案に一元対応－青森市	青森市は、民間活力を積極的に取り入れ公民連携を推進するため、連携推進課内に総合窓口「公民連携デスク」を設けた。
2023/9/14	財政負担3億3900万円軽減＝民間提案制度創設で－富山県射水市	富山県射水市が創設した、公共施設の有効活用策などを民間から募集する「民間提案制度」が成果を挙げている。23年度からの事業実施が決まった6件により、市は今後20年間で財政負担を約3億3900万円軽減できると試算している。

8. 医療・福祉

複数の自治体でeスポーツを高齢者体力低下予防に結びつけるための検討が始まっている。

eスポーツには、市民の新しいつながりの創出やインフラ管理などの応用、メタバースを利用した公共サービス提供なども検討されており、今後さまざまな自治体で活用が進みそうだ。大阪府大東市は、ゲーミングパソコンの寄付を受けたことからe

スポーツの推進に力を入れており、今後は高齢者を対象に特化した体験会や競技大会などを開催する予定。最終的には、高齢者の心身機能が低下するフレイルの予防につなげたい考えだ。

東京都豊島区で、区内の空き家を活用してひとり親向けのシェアハウスが完成した。築40年程度の２階建ての建物で母子世帯など最大４世帯が入居できる。同区の空き家率は13.3％で東京23区内で最も高く、区は2019年度から空き家をシェアハウスに改修する費用の３分の２を補助する事業を行ってきたが、22年10月からはひとり親世帯など住宅確保が困難な住民の受け入れを条件にしたほか、シェアハウス運営者と物件所有者をつなぐマッチングも行った。

図表Ⅱ-4-8　医療・福祉の動き

年月日	見出し	内　容
2022/10/6	孤立解消のための居場所＝東京都日野市	東京都日野市は、引きこもるなど生きづらさを感じ、居場所を求めている当事者と家族向けの施設をオープンさせた。孤立解消のための場と位置付けており、利用者に社会との交流を促す。
2022/10/6	夜間オンライン診療を開始＝熊本県	熊本県は、新型コロナウイルスに感染し、自宅療養する患者を対象に、夜間のオンライン診療を開始した。午後６時から翌日午前９時まで、医師がビデオ電話でオンライン診療し、必要に応じて薬を処方、郵送する。
2022/10/21	モバイルクリニックを実証実験＝岩手県北上市	岩手県北上市は、テレビ電話搭載の車で自宅まで出向き、車内の患者を病院などにいる医師が遠隔診療するモバイルクリニックの実証実験を始める。公共交通機関の本数が少なかったり、近くに病院がなかったりする地域の通院が困難な人に、医療サービスを行き渡らせる狙い。
2022/11/1	ビーコンで高齢者の街歩きにポイント＝東京都多摩市	東京都多摩市は、コロナ禍で外出頻度が減少した高齢者に、位置情報を発信するビーコンを配布し、街の中に設置したスポットに立ち寄ればポイントがたまり、景品と交換できる実証実験を始める。高齢者の出歩き促進、健康増進とともに、街のにぎわい創出を目指す。
2022/11/2	紙おむつ配布で育児見守り＝千葉県君津市	千葉県君津市は、乳児がいる家庭を市職員が毎月訪ね、紙おむつや粉ミルクなどを無料で届ける事業を始めた。訪問の際に悩みなどを聞き、子育て世帯を見守るのが狙い。
2022/11/10	保育サービス不利用家庭に家電補助＝東京都八王子市	東京都八王子市は、子育て支援のため、保育園、幼稚園などの保育サービスを利用していない家庭に対し、ロボット掃除機など家事に役立つ家電の購入を補助する。支援額は１児童当たり５万円。対象家庭には市が申請書を送り、ウェブサイトかアプリで申し込みを受け付ける。
2022/11/15	eスポーツ普及で競技大会＝大阪府大東市	大阪府大東市は、ゲーム対戦で腕を競い合うeスポーツの普及に向け、市内で競技大会を開催する。今年度はまず、幅広い世代を対象にした大会を開いて認知度を高めた上で、最終的には高齢者の心身機能が低下する「フレイル」の予防に結び付けたい考えだ。
2022/11/29	オンライン診療センター開設へ＝コロナ、インフル同時流行備え－千葉県	千葉県は、今冬に懸念される新型コロナウイルスと季節性インフルエンザの同時流行に備え、検査キットでコロナ陰性が確認された発熱患者を対象とした「県オンライン診療センター」を開設すると発表した。
2022/12/1	5000円分の電子マネーを子育て世帯に＝全国初、イオンと連携－千葉県成田市	千葉県成田市は、5000円分の電子マネーをチャージしたカードを子育て世帯に配布することを決めた。イオンとの包括連携協定を受けた取り組みで、市や同社によると、こうした取り組みは全国で初めてという。
2022/12/16	「お薬手帳」に見守りシール＝東京都千代田区	東京都千代田区は、高齢者が薬局に持参する「お薬手帳」に貼り付けてもらう「見守りシール」の配布を始めた。シールには一人ひとり異なる番号が記載されており、高齢者と接することの多い薬剤師が体調の異変などに気付いた場合、番号を区に連絡。区が速やかに家族やケアマネジャーに知らせ、適切な医療・介護支援につなげる。
2022/12/20	コロナ自宅療養者にオンライン診療＝21日開始、発熱外来の切迫回避－福岡県	福岡県は、新型コロナウイルスの自宅療養者のうち、基礎疾患がない中学生から64歳までの人を対象に、オンライン診療センターを開設すると発表した。重症化リスクが低い人の診察をオンラインで対応し、リスクの高い人が発熱外来で受診できる機会を確保する。

2023/1/11	ウエアラブル端末で特定保健指導＝愛知県日進市	愛知県日進市は、特定保健指導にウエアラブル端末の活用を開始した。対象者の負担軽減を図り、利用率を向上させることなどが狙い。対象となるのは、特定保健指導（動機付け支援）を受ける40～64歳の市民。
2023/1/13	空き住戸を社協に貸し付け＝名古屋市	名古屋市は、市営住宅の空き住戸を市昭和区社会福祉協議会に無償で貸し付ける。市営住宅や地域コミュニティーの活性化が狙い。空き住戸を活用し、総合的な福祉サービスの提供と、入居者や地域住民の居場所づくりなどに取り組んでもらう。
2023/1/20	未就園児預かりモデル事業＝保育所空き定員活用―政府	政府は2023年度、保育所などに通っていない未就園児を、定員に空きのある保育所などで定期的に預かるモデル事業に乗り出す。専業主婦や育休中で育児疲れを抱える保護者を継続的に支援するほか、保育所が地域の子育て拠点として機能する形を模索する。
2023/1/24	生活困窮者に市HPの点検業務＝神戸市	兵庫県神戸市は、長引くコロナ禍や物価高で生活に苦しむ市民に市ホームページのチェック業務を任せ、報酬を支払う取り組みを行っている。対象を絞った限定給付ではなく、業務を通じた支援とすることで、社会参画のきっかけづくりも狙う。
2023/2/7	民間など6団体と高齢者見守り協定＝東京都小金井市	東京都小金井市は、高齢者の安全確保と見守りのために必要な情報を提供してもらえるよう、民間事業者など6団体と「高齢者等の見守りに関する協定」を締結した。相手先は、宅配など市民生活に密着した事業を展開している事業者で、異変に気付いた際は市に連絡する。
2023/2/10	巡回車両でオンライン診療＝長崎県五島市	長崎県五島市は、オンライン診療の機能や医療機器を搭載した巡回車両の運行を始めた。遠隔聴診器やエコー、血圧計などを搭載した車両が看護師を乗せ、患者の自宅付近へ向かう。そして病院や診療所にいる医師がテレビ会議システムを通して診察を行う。
2023/2/14	府営住宅の空き住戸を提供＝京都府	京都府は、長期の応募がない府営住宅の空き住戸を社会課題の解決に取り組む事業者や各種団体に提供する。府有財産の有効活用や高齢化する団地コミュニティーの活性化、事業者などの社会貢献活動の拡大につなげる。
2023/2/15	スマホで健康増進と脱炭素＝仙台市	宮城県仙台市は、民間企業と共同で、スマートフォンのアプリを通じ市民の健康増進と脱炭素活動を促す実証事業を始めた。アプリ上で歩行距離などに応じて与えられるポイントを元に、抽選で特典と交換できる仕組み。
2023/2/15	全国初、発達障害児の「保育園留学」＝北海道小樽市	北海道小樽市は、都市部から訪れた未就学児を一定期間預かる「保育園留学」を始める。発達障害のある子どもを対象としており、民間企業や発達支援事業所と連携し、家族ぐるみでの将来的な移住につなげたい考え。
2023/2/16	本宅配サービスで高齢者見守り＝大分県国東市教委	大分県国東市教育委員会は、図書館で実施する高齢者や障害者向けの本の宅配サービスを活用し、生活状態や様子をチェックする取り組みを始めた。2週間に1度の訪問でいち早く利用者の異変に気付くことで、市民の健康を守ることにつなげる。
2023/2/17	認可外保育施設に給食配達＝沖縄県浦添市	沖縄県浦添市は、認可外の保育施設に給食を配達するケータリング事業を開始する方針だ。施設職員が子どものケアに専念できるようにして、安全な保育環境をつくる狙い。
2023/2/21	産後1年間の家事代行助成＝秋田県横手市	秋田県横手市は、子育て世帯が利用する家事代行費用を助成する。対象は週1回分で、期間は子どもが1歳に達する日まで。育児そのものには利用できないが、掃除や洗濯、買い物代行、ごみ出しなどで毎週1回90分活用できる。所得制限は設けない。
2023/2/28	市内小学生に朝食提供＝大阪府泉佐野市	大阪府泉佐野市は、市内の小学校2校で児童に朝食を無償提供する実証実験を始めた。子ども食堂を運営するNPO法人2団体に業務委託し、約1カ月間実施する。朝食を取る習慣を付け、子どもの学習意欲を高める狙い。
2023/3/6	オンライン訪問診療車を導入＝山梨県山梨市	山梨県山梨市は、オンライン診療に使用できる大型画面を搭載した訪問診療車1台を市立病院に導入する。バンタイプで、ベッドや照明も搭載し、従来の訪問診療で使用していた車両より医療設備を強化する。
2023/3/10	引きこもりに職場体験＝栃木県那珂川町	栃木県那珂川町は、引きこもりやニートの状態になっている人を支援するため、事業者と連携して職場体験を行う。町は、引きこもりの人たちを支援する「のんびりカフェ」を運営。週2回オープンし、人と触れ合える場を提供している。
2023/3/13	「時間銀行」で共助強化へ＝茨城県	茨城県は、「時間」を交換単位としてサービスを提供し合う「時間銀行」の考え方を用いたモデル事業に乗り出す。県がNPO法人などを対象に、時間銀行を活用した地域課題を解決するアイデアを募集。選定した1団体に事務局を担ってもらう。
2023/3/13	フレイル健診をデジタル化＝仙台市	宮城県仙台市は、デジタル機器を活用した高齢者向けの「フレイル」健診に本格的に取り組む。これまで目視で行っていた口腔健診などをデジタル化し、口の中の細菌量や舌の筋肉の状態を分析。2時間程度で調査結果リポートをまとめ、改善に向けてアドバイスする。

2023/ 3 /13	私立保育園などの運営補助＝新潟県新発田市	新潟県新発田市は2023年度から、私立保育園・認定こども園向けに新たな運営費補助を始める。保育の質向上のため、これまで市が独自支給していた特別委託料を廃止し、適切な使用と実績報告に基づき補助金の用途を定め、支給する制度に改める。
2023/ 3 /17	学校施設を拠点にスポーツ活動＝東京都日野市教委	東京都日野市教育委員会は、学校体育施設などを拠点に子どものスポーツ活動を支援する「ひのスポ！」事業を始める。指導者不足を補い、学校単位の枠を超えて小中学生らが一緒にいろいろなスポーツを楽しめる環境を整える。
2023/ 3 /17	ひとり親向けシェアハウス完成＝東京都豊島区	東京都豊島区で、区内の空き家を活用したひとり親向けのシェアハウス第１号が完成した。物件所有者との契約や運営を、複数の支援団体のほか、NPO法人「全国ひとり親居住支援機構」で構成するコンソーシアムが担う。区は、空き家情報の収集やシェアハウスへの改修費の補助を通じて支援する。同区の空き家率は13.3％で、東京23区で最も高い。
2023/ 3 /23	ワンコインで家事支援＝愛知県豊橋市	愛知県豊橋市は、１歳未満の子どもを育てる家庭を対象に、１回500円で家事支援サービスを提供する。市は、出生届を受け取った際にサービスが利用できるクーポンを配布。
2023/ 3 /28	精神障害者の在宅就労促進へ＝宮城県	宮城県は、市町村や民間事業者と連携し、引きこもり状態にある精神障害者の社会参加を促す取り組みを強化する。需要増が見込まれるパソコン入力や画像加工などのIT関連業務をあっせんし、在宅での就労希望者を掘り起こしたい考え。
2023/ 4 /11	「デジタル公民館」を整備＝石川県能美市	石川県能美市は、誰もが安心して長く住むことができる「能美スマートインクルーシブシティ」の実現を目指し、地域の拠点となる「デジタル公民館」を整備する。既存の公民館にWi—Fiを設置するほか、子育て世代を対象としたオンライン医療相談などのサービスも提供する。
2023/ 4 /17	高齢者、冬季旅館滞在で除雪不要＝岐阜県飛騨市	岐阜県飛騨市は、除雪作業が困難な単身高齢者を対象に、12〜３月の冬季限定で、市内の旅館に１泊1000円で滞在してもらうモデル事業に乗り出す。高齢化が進む中、高齢者が宿泊施設に集団で滞在することで、除雪の手間を省く。
2023/ 4 /24	妊婦の不安解消へ「通えるカフェ」＝石川県輪島市	石川県輪島市は、支援が必要とされる妊婦らが通える施設「ハピまるカフェ」を設置する。行政サイドの保健師だけではなく、医師や助産師も相談に乗れる体制を整備。経済的に困窮している保護者にはおむつや生理用品といった必需品を支給するなど、継続的に支援して妊婦らの不安を解消することが目的。
2023/ 5 /12	ICT活用の見守りを実証＝福島県会津美里町	福島県会津美里町は、単身高齢者世帯の増加で生じる生活意欲の低下といった課題を解決するため、日本郵便と共同で情報通信技術（ICT）を活用した見守りの実証事業を始める。
2023/ 5 /16	高齢者見守りに扉センサー＝東京都文京区	東京都文京区は、高齢者対象のIoTを活用した見守り事業の実証実験のメニューに扉センサーを加えた。複数のサービスを提供することで、利用者の選択肢を増やす。高齢者が社会的な孤立によって抱える在宅生活の不安解消にもつなげる。
2023/ 5 /24	医療診療車を活用＝秋田県仙北市	秋田県仙北市は、交通弱者への医療体制を強化するため、医療診療車を活用した「MaaS」を実装する。事業費は約4000万円で、このうち半額は国のデジタル田園都市国家構想推進交付金で対応。ワゴン車の購入や改修などの準備を行う。
2023/ 5 /29	移動スーパーで買い物支援と高齢者見守り＝千葉県山武市	千葉県山武市は、関東地方でスーパーマーケットを展開する「カスミ」と協働で、移動スーパーによる買い物支援と高齢者らの見守り事業を始めた。両者が今年１月に締結した協定に基づく取り組み。
2023/ 6 / 1	医療データ活用へ法整備＝看護師の業務拡大—規制改革答申	政府の規制改革推進会議は、電子カルテなど医療データの利活用促進に向けた法整備を盛り込んだ答申をまとめた。医師の負担を軽減するため、看護師業務の拡大も求めた。
2023/ 6 / 7	電力使用量でフレイル検知＝長野県松本市	長野県松本市は、高齢者を対象に、自宅の電力メーターが測定する電力使用量を人工知能（AI）が分析することで、高齢者の心身機能の衰え「フレイル」を検知する取り組みを始めた。早期発見により、市民の健康状態の改善につなげる。
2023/ 6 /19	孤立死防止へ支援体制強化＝熊本県	熊本県は、孤立死の未然防止を目指し、65歳以上の高齢単身世帯を中心に県全体の実態把握に乗り出す。県内各自治体から情報を収集し、相談体制を拡充するなど支援を強化する。
2023/ 6 /22	医療センターをスマートホスピタル化＝石川県加賀市	石川県加賀市は、デジタルを活用して市医療センターのスマートホスピタル化を推進し、患者の利便性や医療サービスの質の向上、医療従事者の負担軽減、業務の効率化に取り組む。
2023/ 6 /22	救急搬送時間短縮へ実証＝茨城県	茨城県は、救急搬送時間の短縮を図るための実証実験を行っている。傷病者の情報をデジタル化し、現場から救急医療機関へ送ることで、受け入れ判断を効率化する。

2023/6/28	総合事業、手引でポイント解説＝自治体の取り組み促進―厚労省	厚生労働省は、市町村が地域の実情に応じて介護サービスを提供する「介護予防・日常生活支援総合事業」の効果的な実施方法やポイントをまとめたハンドブックを作った。事業を担う市町村やサポートする都道府県の取り組み方を示し、総合事業の普及を促進するのが狙い。
2023/7/7	メタバースで引きこもり支援＝香川県	香川県は、若者の就労支援などを展開する一般社団法人と連携し、引きこもり状態にある人の居場所をつくるため、インターネット上の仮想空間「メタバース」を活用したオンライン交流イベントを始めた。当事者が気軽に話せる場所をつくり、社会的孤立を防ぐのが狙い。
2023/7/11	ヤングケアラーに弁当配食＝東京都港区	東京都港区は、家族の介護や世話をする「ヤングケアラー」に弁当を届ける配食支援サービスを始める。弁当は家族1人当たり1日1食配送。養育が困難な状況にある要支援家庭にはコーディネーターを務める区職員が定期的に訪問し、子どもと保護者の意向を聞きながら配食の頻度など具体的な支援計画を策定する。
2023/7/13	視覚障害者に代読ヘルパー＝北海道岩見沢市	北海道岩見沢市は、視覚障害者を対象に、書類の代筆や代読を行うヘルパーを無償で派遣する事業を始めた。障害者の自立と、社会参加の実現を図る。
2023/7/14	病院や商業施設へのロボット導入支援＝神奈川県	神奈川県は、病院やホテル、ショッピングセンターといった民間施設などへのロボット導入を支援するため、「ロボット実装促進センター」を設置すると発表した。電話やインターネットで寄せられた相談に無料で応じるほか、スタッフが施設に出向いたり、ロボットの見学会を開いたりする。
2023/7/20	無医地区の見守りシステム構築へ＝山梨県	山梨県は、医療機関が少ない地域で退院後に自宅療養する患者の体調を地域の拠点病院の医師がオンライン上で確認する「見守りシステム」のモデル事業を始める。モデル事業では、6カ所程度の「へき地医療拠点病院」に専用機器を貸与する。
2023/7/31	未就園児持つ家庭に訪問ヘルパー＝千葉県松戸市	千葉県松戸市は、妊婦や未就園児がいる家庭を対象に、ヘルパーによる訪問サービス事業を開始する。食事の準備や家の清掃を手伝うとともに、保護者の悩みを聞き、必要に応じて適切な相談先を紹介する。
2023/8/1	高齢者見守りで電力傘下と提携＝沖縄県石垣市	沖縄県石垣市は、地元電力傘下の「おきでんCplusC」と高齢者の見守り支援事業に関する協定を結んだ。市内には高齢単身世帯が多く、同社の提供する機材を活用した見守りサービスを提供し、離れて暮らす家族の負担軽減などにつなげる。
2023/8/2	次世代のヘルスケア新興企業創出を＝大阪でキックオフイベント	大阪府などの官民連携で、デジタル技術を活用した次世代のヘルスケア産業を担うスタートアップ企業の創出を目指す試みのキックオフイベントが府庁で開かれた。
2023/8/3	乳幼児の睡眠見守りに補助＝宮崎県日向市	宮崎県日向市は、保育中の乳幼児の重大事故を防止するため、認可保育所、認定こども園が導入する睡眠時の見守りに必要な機器の費用を補助する。保護者が安心して子どもを預けられる環境づくりや、保育士の業務負担軽減につなげる狙い。
2023/8/10	オンライン診療導入に補助＝茨城県日立市	茨城県日立市は、オンライン診療システムを導入する医療機関を対象に、50万円を上限に補助する。市民の通院負担軽減や利便性向上を後押しする。オンライン診療に必要なパソコンやタブレット、ウェブカメラなどを購入した場合が対象となる。
2023/8/16	フリースクール利用に補助＝神奈川県鎌倉市	神奈川県鎌倉市は、小中高校への登校が困難な市内在住の児童生徒の家庭に、フリースクールの月額利用料の3分の1を補助する。児童生徒の孤立化を防ぎ、社会的な居場所の確保を支援するのが狙い。
2023/8/17	通信機能付き電球で高齢者見守り＝北海道網走市	北海道網走市は、通信機能付きの電球を利用した高齢者の見守り支援事業を始めた。24時間点灯や消灯がない場合、登録した連絡先にメールで通知される仕組み。ヤマト運輸に委託して行う。費用は市が負担するため、市民は無料で利用できる。
2023/8/21	孤独・孤立対策で交付金創設＝関係団体の連携促進―内閣府	内閣府は2024年度、コロナ禍で顕在化した孤独・孤立問題への対策を推進するため、NPOなどの活動を支援する「中間支援組織」や地方自治体向けの交付金を創設する方針を固めた。中間支援組織や自治体が中心となって、地域の関係団体による分野横断的な連携を促進する。
2023/8/25	公共冷蔵庫の設置を支援＝大阪府泉佐野市	大阪府泉佐野市は、NPO法人が運営する「コミュニティフリッジ」と呼ばれる公共冷蔵庫の設置を支援する。物価高で生活に苦しむ子育て世帯の負担軽減につなげたい考えで、市は市有地である社会福祉協議会の敷地の一部を無償提供する。
2023/9/1	1分単位で高齢者見守り＝北海道沼田町	北海道沼田町は、10月入居開始予定の高齢者向け町営住宅5戸に、家電の使用時間を計測して居住者の活動状況を1分単位で把握する見守りシステムを導入する。離れて暮らす家族が生活状況を分かるようにし、体調の変化に気付きやすい環境を整える狙いだ。
2023/9/1	スマート水道メーターで実証実験＝前橋市	群馬県前橋市は、水道の検針を遠隔地から自動で行う「スマート水道メーター」の実証実験を始める。冬季に降雪量が多く検針時に負担が大きい赤城山の山頂近くの店舗など59軒が対象。

2023/9/4	中間取りまとめの公表見送り＝統合新病院の基本構想・計画－宮下青森知事	青森県の宮下宗一郎知事は、県と青森市が県立中央病院（青森市）と青森市民病院（同）を統合して建設する新病院の基本構想・計画に関し、8月中の中間取りまとめ公表を見送ったと明らかにした。
2023/9/7	コミュニケーション支援、AIで品質向上＝高齢者向けサービス、全国初－大阪府	大阪府は、生成AI（人工知能）を活用した高齢者向けコミュニケーション支援サービス開始のイベントを開いた。高齢者の外出を促し孤立回避などにつなげたい考えで、全国初の取り組みという。
2023/9/8	パラスポーツ振興で官民連携組織＝静岡県	静岡県は、パラスポーツを振興する官民連携組織「ふじのくにパラスポーツ推進コンソーシアム」を発足させた。パラスポーツの拠点整備などを支援し、誰でもスポーツを楽しめる環境づくりを進める狙いがある。
2023/9/20	福祉事業所と企業をマッチング＝新潟県燕市	新潟県燕市は、障害福祉サービス事業所と市内の企業とのマッチングを支援する事業を開始した。清掃や部品の組み立て、パソコンの入力作業といった業務を福祉事業所に発注するよう企業に呼び掛けるとともに、福祉事業所の取り組みを支援する。
2023/9/21	特別支援校向けICT活用サイト＝長野県教委	長野県教育委員会は、特別支援学校に通う児童生徒を生活、学習面でサポートするため、活用可能な情報通信技術（ICT）を紹介するサイトを立ち上げた。教員に参考にしてもらい、有効活用を促す。
2023/9/27	運動による社保費抑制効果を検証＝市町村に経費を補助－スポーツ庁	スポーツ庁は2024年度から、日常的な運動が医療や介護といった社会保障関係費の抑制にどの程度効果があるかを検証する自治体を支援する。効果の試算などに必要な経費を補助する。同年度予算概算要求に関連経費を盛り込んだ。
2023/9/29	子育て女性に企業見学ツアー＝栃木県矢板市	栃木県矢板市は、少子化対策と市内企業の労働者確保のため、子育て世帯の女性を対象に企業見学のバスツアーを行う。市内外から募集を受け付け、収入を得たい女性の市内就業につなげる。
2023/10/6	高齢者向け総合事業、分類見直しへ＝サービス内容ごとに－厚労省	厚生労働省の有識者検討会は、要支援者と65歳以上の高齢者らを対象に事業者や住民が提供する「介護予防・日常生活支援総合事業」の充実に向けた中間整理の骨子案をまとめた。サービスの分類を実施主体ごとから活動内容ごとに変更し、実施方法についても柔軟に見直す。
2023/10/8	賃貸住宅に見守りサービス＝高齢者ら向け、制度化検討－政府	政府は、賃貸住宅の入居を拒まれることがある単身の高齢者らを支援するため、社会福祉法人などによる見守りや安否確認サービスが付いた住宅の制度化を検討している。家賃の滞納や死亡後の対応に関する大家の不安を軽減し、貸し出しやすい環境を整える。医療や介護といった入居者の事情に応じた適切な支援にもつなげる。

9. 交通

政府は赤字のローカル鉄道の再編を後押しするため、必要なインフラ整備に取り組む自治体に対して事業費の実質7割超を財政支援することとした。社会資本整備総合交付金に「地域公共交通再構築事業」を創設し、事業費の2分の1を補助。残りの地方負担分について100％一般補助施設整備等事業債で賄えるようにし、このうち45％を交付税措置する。これまでよりも補助を充実させることで、国、沿線自治体、鉄道事業者の再編協議を加速することが狙いだ。ただし、地方部では鉄道の存続を望む声は根強く、沿線自治体の警戒感は強い。

改正地域公共交通活性化再生法が2023年10月に施行され沿線自治体や鉄道事業者からの要請を受け、国が話し合いの場となる「再構築協議会」を設置できる制度が創設された。

この協議会では3年以内に鉄道を維持するか、バスなどの代替交通への転換を図るかなどの再構築方針を決める。JR西日本はこの第一号として岡山～広島県内を走るJR芸備線の一部区間について、国に対して再構築協議会の設置を要請。岡山県、同県新見市、広島県と同県庄原市の2県2市は国が再構築協議会を設置する場合には参加する意向を示した。

JR東日本は、東日本大震災で被災した気仙沼線の軌道跡をバス高速輸送システム（BRT）の専用道として活用しているが、このBRTで大型自動運転バスを導入する。

最高時速60キロを出すことも可能で、BRTのうち柳津～陸前横山間の4.8キロを自動運転化する。

大阪府河内長野市が実施している乗り合い電動カートの実証実験は、手動によるオンデマンド運行に加え自動運転による定時定ルート運行も行っている。1960年代に造成された住宅団地の高齢化が進んでいることから、高齢者の生活の足を提供したり免許返納を促したりするのが目的だった。住民が運行管理や予約受付などに参加し、新たな地域のつながり創出や高齢者の見守りにもつながっているという。

図表Ⅱ-4-9　交通の動き

年月日	見出し	内　容
2022/10/3	ドローンで30分配送目指す＝自動運転バスも活用－茨城県境町	茨城県境町と貨物用ドローンのエアロネクスト（東京）、物流大手セイノーホールディングスなどは、ドローンや自動運転バスなどを組み合わせた配送サービスの実用化に向けて実証を始めると発表した。注文から30分以内に商品を受け取れるサービス実現を目指しており、日常の買い物に困る住民の利便性向上につながりそうだ。
2022/10/6	山間部共同配送で実証実験＝埼玉県秩父市	埼玉県秩父市は、ヤマト運輸など大手物流会社５社に委託する形で、山間地域における共同配送サービスの実証実験を行った。実験で得られた成果や問題点を踏まえ、2023年度以降の本格運用に向けた検討を進める。
2022/10/7	ローカル線廃止に反対相次ぐ＝協議会「存廃ありきでない」－青森県議会特別委	青森県議会は、新幹線・鉄道問題対策特別委員会を開き、赤字のローカル線を巡り、国土交通省とJR東日本の幹部に質疑を行った。質問に立った多くの議員が県内のローカル鉄道の廃止をしないよう注文。
2022/10/7	公共交通の利用促進へアプリで移動データ収集＝官民連携で実証実験－福島県浪江町	福島県浪江町は、町内の公共交通機関の利用促進に必要な住民の移動需要や傾向を把握するため、企業などと連携した実証実験を開始した。住民向けにスマートフォンアプリを提供し、移動データを収集する。得られたデータは交通事業者などへ提供される予定。
2022/10/19	路線バスで総菜など移動販売＝神戸市	兵庫県神戸市は、民間の路線バスを活用し、スイーツや総菜などを移動販売する実証実験を始めた。実験は「神姫ゾーンバス」などと連携して実施。市営地下鉄西神中央駅から終点の郊外団地を結ぶ路線で、乗客と商品を輸送。終点で１時間45分程度停車して車内で商品を販売する。
2022/10/20	コロナ禍の赤字補填、縮小を提案＝自治体中心に地域交通の再構築を－財務省	財務省は、財政制度等審議会歳出改革部会で、コロナ禍で拡大した地域公共交通への赤字補填を縮小させるべきだと指摘した。行動制限の緩和で路線バスなどの利用者数は回復傾向にあり、外国人旅行者の需要増加も見込まれることなどを理由に挙げた。また、地域のニーズに応じた交通手段にシフトするため、自治体が中心となって再構築の取り組みを進めるよう求めた。
2022/10/20	道の駅に福祉バス立ち寄り買い物＝日常食材を用意、弱者対策を実証－青森県、深浦町	青森県と深浦町は、高齢者ら買い物弱者対策として、道の駅に福祉バスが立ち寄るサービスの実証を始めた。道の駅のスタッフが隣町のスーパーやドラッグストアなどで食材や日用品を仕入れることで商品を充実化。福祉バスの利用者や住民が買い物をできるようにする。
2022/10/21	「新空港線」整備へ三セク設立＝東急と共同出資－東京都大田区	東京都大田区は定例記者会見で、羽田空港と都心部のアクセス改善に向けた「新空港線」の整備を担う第三セクターの新会社「羽田エアポートライン株式会社」を設立したと発表した。大田区が61％、東急電鉄が39％出資し、玉川一二副区長が代表取締役に就く。
2022/10/28	AI活用交通を実証運行＝北海道石狩市	北海道石狩市は、人工知能（AI）を活用したオンデマンド交通の実証実験を始めた。バス会社やタクシー会社などと連携し、通勤時や市内移動時の交通手段の拡充を目指す。オンデマンド交通は乗り合い制で、利用者がスマートフォンから専用アプリをダウンロードして乗降する停留所を指定すると、AIが目的地までのルートを最適化する。
2022/11/4	低速EVでスタンプラリー＝千葉県四街道市	千葉県四街道市は、低速で移動する電気自動車「グリーンスローモビリティ」の実証実験を行う中、さらなる利用促進を目的にスタンプラリーを始めた。グリスロに乗って、協賛の商業施設で買い物をするとスタンプが獲得できる。
2022/11/7	電気自動車の導入補助を延長へ＝事業者向け、地域交通を支援－国交省	国土交通省は、バスやタクシーなど交通事業者を対象に電気自動車の導入経費を補助する事業を延長する方針だ。地域公共交通のグリーントランスフォーメーション（GX）を後押しし、持続可能性を高めるための支援の一環としたい考え。

2022/11/11	官民連携の経営効率化支援＝地域公共交通再構築を促進－国交省	国土交通省は、地方自治体と交通事業者が官民連携で、路線バスやローカル鉄道などの経営効率化に向けた取り組みを行う地域を選定し、財政支援する方針を決めた。利便性や生産性が向上する形で地域公共交通の再構築を促すのが狙い。
2022/11/18	まちづくりとの連携強化＝地域交通で施策案－国交省審議会	交通政策審議会は、赤字が続くローカル線を含めた地域公共交通の再構築を促す新たな施策案を示した。自治体がまちづくりと交通政策を一体的に進められるよう、支援を強化するのが柱。
2022/11/18	ローカル線再編、難しさ浮き彫り＝芸備線、自治体が協議拒否－JR西は国に介入要請	採算が悪化したローカル鉄道の再編が全国的な課題となる中、岡山・広島両県間を走るJR芸備線を巡る動きが注目を集めている。「廃止ありき」を警戒する沿線自治体は再編協議入りを拒否。JR西日本は国の介入に望みを託すが、合意形成の難しさが浮き彫りとなっている。
2022/11/28	乗り合いタクシーの実証実験＝大阪府富田林市	大阪府富田林市は、乗り合いタクシーを利用し住民に移動手段を提供する実証実験を開始した。高齢化に伴い、買い物や通院が困難な住民が増えたため、新たな公共交通機関の在り方を模索する。
2022/11/30	自動運転バス、12月５日運行開始＝宮城で、ローカル線代替モデルに－JR東	JR東日本は、宮城県の気仙沼線の専用道で大型自動運転バスの運行を開始する。最高時速60キロを出す自動運転バスの運行は国内に例がない。利用者減少で採算が悪化したローカル鉄道再編が全国で課題となる中、代替手段のモデルケースとして注目される。
2022/11/30	住民運営の電動カートが好評＝触れ合い促進、見守り効果も－大阪府河内長野市	大阪府河内長野市で、住民の移動を支援する乗り合い電動カート「クルクル」の手動運転による運行がスタートしてから約３年、自動運転の実証実験開始から約１年がたった。住民が運行を管理・運営するため、事業開始から注目を集め、市外からの視察も絶えない。
2022/12/１	並行在来線の経営計画決定＝利用促進へ協議会設置－石川	石川県や県内市町などでつくる「いしかわ並行在来線金沢以西延伸対策検討会」は、北陸新幹線金沢－敦賀間が2024年春に開業するのに伴い、JR西日本から経営分離される並行在来線の経営計画を決定した。
2022/12/５	超小型モビリティー運用開始＝岡山県吉備中央町	岡山県吉備中央町は、超小型モビリティーの運用を始めた。北部の新山地区に１人用の車いすタイプ10台と最大３人が乗れる三輪タイプ１台の計11台を導入。年齢制限などは設けていないが、主に高齢者の利用を想定している。無料で最大３カ月間レンタルできる。
2023/１/３	配達は自動ロボにお任せ＝４月に本格導入へ－住宅街で実証進む	改正道路交通法の施行に伴い、2023年４月から、人が遠隔監視する自動運転の配送ロボットが公道を走れるようになる。住宅街やオフィス街では、ロボットが食品や日用品を運ぶ実証実験が行われており、関係者の間では、物流の「新たな担い手」として期待が高まっている。
2023/１/６	乗り合いタクシーを実証運行＝大阪府能勢町	大阪府能勢町は、町内の交通不便地区で乗り合いタクシーの実証運行を進めている。医療機関近くの停留所を追加し、町民の利便性を向上。
2023/１/11	自動運転バスの実証実験を中止＝大津市	滋賀県大津市は、自動運転バスの実証実験を中止したと発表した。走行中に70代の乗客が車内で転倒し、腰の打撲などの軽症を負う事故が発生したため。
2023/１/13	ローカル線再編、７割超支援＝駅・線路の整備費－政府	政府は、赤字が続くローカル鉄道の再編を後押しするため、必要なインフラ整備に取り組む自治体に事業費の実質７割超を財政支援する。駅の整備のほか、自治体が鉄道施設を保有し事業者が運行する「上下分離方式」の導入といった事業への適用を想定。
2023/１/18	JR津軽線の在り方協議＝被災区間の収支公表後初－青森	2022年８月の大雨で被災し運休が続くJR津軽線蟹田（青森県外ケ浜町）－三厩（同）間を巡り、廃線を含めて在り方を協議する「今別・外ケ浜地域交通検討会議」の初会合が外ケ浜町役場で開かれた。津軽線は被災区間を含む全区間が赤字路線だが、青森県などは存続を改めて求めた。
2023/１/20	タクシー料金、地域で設定可能に＝定額乗り放題も－国交省	国土交通省は、高齢化が進む過疎地などで住民の移動手段となっているタクシーについて、地域ごとに合意に基づいて乗車料金を設定できる制度を導入する方針を決めた。バスや鉄道の提供が難しい地域で住民の足を確保するのが狙い。
2023/１/24	AIデマンド交通をリニューアル＝「デジ田」推進で実証－埼玉県秩父市、横瀬町	埼玉県秩父市と横瀬町を中心に設立された「秩父市・横瀬町デジタル田園都市推進協議会」は、デジタル田園都市国家構想の関連事業として、それぞれの自治体で運行する人工知能（AI）デマンド交通を順次リニューアルしている。
2023/１/26	JR九州、３月から電気バス試験走行＝日田彦山線のBRTで	JR九州は、「日田彦山線」の一部に導入するバス高速輸送システム（BRT）で、電気バス車両４台の試験走行を開始すると発表した。バッテリー容量などの性能を確認した上、今夏の開業を目指す。
2023/２/３	バス、タクシーのDX投資支援＝キャッシュレスなど促進－国交省	国土交通省は、DXやGXに投資するバス、タクシー事業者を対象とした金融支援制度を創設する。キャッシュレス決済をはじめとしたサービス導入で乗客の利便性を向上させ、地域公共交通の維持を促す狙いがある。

2023/ 2 /22	通学時間帯に並行バス実証へ＝JR宗谷線沿線自治体	JR宗谷線沿線と周辺26市町村などでつくる協議会は、宗谷線名寄－稚内間の通勤通学に使われる普通列車と同じ時間帯に、並行する国道などでバスを走らせる実証実験をJR北海道に提案する方針を決めた。
2023/ 3 / 8	地域バス共同経営でセミナー＝北海道運輸局	北海道運輸局と交通エコロジー・モビリティ財団は、地域の乗り合いバスの活性化セミナーを札幌市で開いた。セミナーでは、特例法で独占禁止法の適用除外を受け、複数のバス事業者がダイヤなどを調整して共同経営に取り組んでいる前橋、長崎両地域の事例などを紹介した。
2023/ 3 / 9	久留里線、再編協議申し入れ＝利用者減で県などに－JR東・千葉支社	JR東日本の千葉支社は、房総半島を走る久留里線の一部区間について、交通体系の在り方を巡る協議を千葉県と君津市に申し入れたと発表した。JR東は存廃問題やバスなど他の交通手段への転換も含め、沿線自治体と議論を進める見通しだ。
2023/ 3 /13	空港との自動運転バス運行へ＝石川県小松市	石川県小松市は、JR小松駅と小松空港をノンストップでつなぐ自動運転バスを2024年春に運行開始する。車両導入や長期試験走行の費用などとして、23年度当初予算案に１億3350万円を計上した。
2023/ 3 /23	駅利用促進へ協議会設置＝石川県能美市	石川県能美市は2023年度、市内唯一の鉄道駅で、無人駅でもあるJR能美根上駅の利用促進策を検討する。市民らによる協議会を設置して議論を進め、既存の施設などを活用して実現できるものは順次進めていく予定。
2023/ 3 /30	廃線で悔しさと不信感＝「富良野－新得」沿線４市町村－北海道	JR根室線富良野－新得間の沿線４市町村の首長は、JR北海道と2024年３月末での運行終了に合意し、鉄路断念に悔しさをにじませた。同社のこれまでの対応に不信感も示しつつ、バス転換など今後の公共交通体系構築に尽力する考えを示した。
2023/ 4 / 1	自動運転「レベル４」解禁＝自家用車は対象外－改正道交法施行	全ての運転操作を、特定の条件下でシステムが行う「レベル４」自動運転の公道走行を解禁する改正道交法が、施行された。当面は、過疎地域などで特定ルートを遠隔監視で走る乗客移動サービスを想定。自家用車は対象外となる。
2023/ 4 / 4	JR陸羽東線活用へ報告書＝宮城県大崎市	宮城県大崎市は、赤字が続くJR陸羽東線（小牛田－新庄間）の利活用促進に関する検討報告書をまとめた。陸羽東線はJR東日本が昨年７月に公表した赤字路線の一つ。市は同社の公表を受け、路線存続に向けた検討会議を設置し、沿線住民との地域懇談会を開くなどして利活用策を模索してきた。
2023/ 4 /25	JR東、米坂線の存廃協議へ＝被災区間、バス転換も選択肢	JR東日本は、新潟県村上市と山形県米沢市を結ぶ米坂線の一部区間について、存廃の協議を地元自治体に呼び掛けると発表した。2022年８月の豪雨で坂町－今泉間が被災。現在も運休が続き、代替バスが運行されている。
2023/ 4 /28	公道で自動運転車の運行実験＝静岡市	静岡市は、市街地の公道で初めて自動運転車の運行実験に乗り出す。市ではバスやタクシーの運転手不足が深刻化しており、将来的な自動運転車の導入も視野に入れ、安全性や技術面を確認するとともにノウハウを蓄積する狙いがある。
2023/ 5 / 1	乗り合いタクシー拡充へ実証実験＝福岡県吉富町	福岡県吉富町は、デマンド型乗り合いタクシーの拡充へ向けた実証実験を始めた。巡回バスと乗り合いタクシーを並列的に運行する中、町は、課題とされる公共交通網の再編も視野に利用者の声を聞き取り、利便性向上につなげたいとしている。
2023/ 5 / 8	ドローンで中山間部に配送＝石川県小松市	石川県小松市は、ドローンを使用した買い物代行サービスを今年秋にも始める。市内中山間部の松東地区が対象で、高齢者ら自力で買い物に出掛けることが難しい市民を支援する。
2023/ 5 /28	国内初レベル４、運行開始＝7人乗りカートが自動運転－過疎地の移動手段に期待・福井	特定の条件下で無人の自動運転を可能とする「レベル４」が国内で初めて認可された福井県永平寺町で、無人電動カートによる移動サービスの営業運行が始まった。遊歩道のうち約２キロの区間で、産業技術総合研究所などが開発した７人乗りの電動カートが走行する。
2023/ 5 /30	タクシーに貨物、全国で可能に＝物流事業者の負担軽減－国交省	国土交通省は、タクシーやトラックで乗客と荷物を同時に運ぶ「貨客混載」について、過疎地などに限定していた運用を見直し、全国どこでも認める方針を決めた。対象となる自治体と地元の交通、物流関係事業者が協議し、合意できれば、人口に関係なく全国で導入できるようになる。
2023/ 6 / 8	地域交通活性化で新会議＝多分野連携や在来線強化議論－政府	政府は、地域交通の活性化を図るため、国土交通省など関係省庁による新たな会議を早ければ2023年夏にも立ち上げる方向で調整している。在来線の線路を走行する「ミニ新幹線」など在来線交通網の機能強化も検討した上で、2025年度予算案への反映を目指す。
2023/ 6 /12	JR新駅から自動運転バス＝北海道当別町	北海道当別町は、2022年３月に開業したJRロイズタウン駅と、チョコレートで有名なロイズコンフェクトの工場の間で、自動運転バスを実証運行する。新技術を活用した移動手段を整備し、観光客の呼び込みにつなげる。
2023/ 6 /13	運転手になる移住者に支援金＝大分県別府市	大分県別府市は、路線バスやタクシーの運転手として市内で５年間働く移住者に支援金を支給する。これとは別に、仕事で必要となる大型や普通の２種免許取得経費も助成。運転手の成り手不足を解消し、人口減少対策にもつなげる。

2023/6/21	鉄道再編の協議会、10月から＝改正法施行で国の関与強化―政府	政府は経営が厳しいローカル鉄道の再編を促すため、地元で対策を議論する仕組みを創設する改正地域公共交通活性化再生法などについて、10月1日に施行することを決めた。沿線自治体や鉄道事業者からの要請を受け、国が「再構築協議会」を設置。国の関与を強めることで、再編協議の後押しを図る。
2023/7/3	地域交通活性化へ多分野連携を＝利用者以外の負担、中長期検討―国交省審議会	交通政策審議会は、地域公共交通の維持と活性化に向けた対応の方向性を示した最終取りまとめを示した。交通とそれ以外の多分野が連携して地域の社会課題を解決する取り組みや、交通データの収集と利活用を推進することなどを明記。
2023/7/3	無人化の駅に人員を配置＝大分市	大分市は、「スマートサポートステーション」の導入で無人になるJR九州日豊線の高城駅など市内5駅で、外部委託で人員を配置する。駅の無人化に伴う利用状況の変化を緩和するのが狙い。
2023/7/5	肥薩おれんじ鉄道に助成金＝市町村振興協会基金から―鹿児島県	鹿児島県は、熊本県八代市と鹿児島県薩摩川内市を結ぶ第三セクター「肥薩おれんじ鉄道」に対し、今年度から5年間で最大7億1900万円の助成金を支給する考えを明らかにした。県市町村振興協会の基金を活用する。
2023/7/15	南阿蘇鉄道が全線再開＝地域の人々「おかえり」―熊本地震で被災、7年ぶり	熊本地震で被災した第三セクターの南阿蘇鉄道（熊本県高森町）が、約7年3カ月ぶりに全線での運転を再開した。JR豊肥線への乗り入れも開始し、主要な交通インフラは全て復旧した。
2023/7/26	函館線「貨物維持が妥当」＝25年度めどに結論―国や道、JR	2030年度末に予定される北海道新幹線の札幌延伸に伴い、JR北海道から経営分離される並行在来線・函館線の函館―長万部間（約148キロ）の扱いを話し合う国土交通省、北海道、JR北海道、JR貨物の4者による実務者の協議が、札幌市内で行われた。
2023/8/2	クレカ決済、640円で地下鉄乗り放題＝福岡市	福岡市は、市営地下鉄の改札をクレジットカードでタッチ決済することを条件に、1日に複数回乗車する場合でも640円を上限とするサービスを開始した。例えば初乗り料金210円の区間を4回以上利用する場合、上限以上の支払いが不要になる。
2023/8/3	自動運転レーン、東北道にも＝交通活性化へ今月新会議―政府	政府は、群馬県高崎市で「デジタル田園都市国家構想実現会議」（議長・岸田文雄首相）を開き、高速道路に設置する自動運転車用レーンを2025年度以降、東北自動車道にも新設する方針を示した。
2023/8/23	市営バスで貨客混載＝横浜市	神奈川県横浜市は、2026年をめどに、市営バスで乗客と共に貨物も運搬する貨客混載を開始する。新たな収入源とするほか、市内の交通量を削減して脱炭素化を図る。
2023/8/25	ライドシェア解禁論、再び脚光＝自民に賛否、国交省なお慎重	一般ドライバーが自家用車を使って有償で他人を送迎するライドシェア（相乗り）の解禁論が再び脚光を浴びている。自民党の菅義偉前首相が講演で前向きな考えを表明したことがきっかけだが、安全面など課題は多く、業界団体の支援を受ける党内に反対論は根強い。
2023/9/1	赤字路線活性策で方向性＝観光コースや二次交通―宮城県	宮城県は、赤字が続く県内のローカル線の活性化策を検討する会議を県庁で開いた。陸羽東線、石巻線、気仙沼線の利用促進に向け、観光モデルコースの企画や二次交通の充実など、取り組みの方向性をまとめた。
2023/9/4	地域再エネ動力にLRT運行＝年間9000トンのCO_2削減―宇都宮芳賀ライトレール線	次世代型路面電車（LRT）で宇都宮駅東口（宇都宮市）―芳賀・高根沢工業団地（栃木県芳賀町）を結ぶ「宇都宮芳賀ライトレール線」（14・6キロ）が開業した。LRTは地域の再生可能エネルギーを動力に走行する。宇都宮市によると、地域の再エネによるLRTの運行は世界でも珍しい取り組みで、脱炭素社会への転換を目指す。
2023/9/6	循環バス、10月廃止へ＝千葉県多古町	千葉県多古町は、町内をマイクロバスで走行する循環バスを廃止する。利用者の減少を受けた措置で、町は高齢者や障害者といった交通弱者には予約制のデマンドタクシーを利用しやすくすることで対応する。
2023/9/8	市営バスを一部減便＝来月から、運転士不足で―松江市	島根県松江市は、市営バスの一部路線について10月から減便すると発表した。運転士不足の影響で、平日は405便のうち15便、休日は306便中8便を減らす。
2023/9/8	自動運転サービスの手引作成＝自治体の導入支援へ―国交省	国土交通省は、自治体向けに自動運転車による移動サービスの導入方法を示す手引を2023年度中に作成する。ドライバーの運転を支援する「レベル2」を想定し、道路に埋めた電磁誘導線や磁気マーカーに沿って低速で走る小型の電気自動車（EV）が対象。
2023/9/8	ドローンが100キロ飛行＝離島からすし配送―長崎	長崎県の離島である五島市から長崎市までの約100キロをドローンが飛行し、食品を配送するデモンストレーションが長崎市内の神ノ島工業団地で公開された。離島の多い県内ではドローンの物流面での有効活用が期待されており、県は今回のデモ飛行を社会実装の加速に向けた理解促進の一助としたい考えだ。
2023/9/12	交通税「導入決定ではない」＝三日月滋賀知事	滋賀県の三日月大造知事は12日の定例記者会見で、県が検討を進める「交通税」について、「導入を決めたわけではない。県は決める立場になく、最終的に決めるのは県民や県議会だ」と述べた。

2023/9/14	地域協議会主導でバス運行＝広島県東広島市	広島県東広島市は、地域の交通課題に取り組む協議会が主導するコミュニティーバス実証運行を開始する。公共交通機関の空白地帯解消を目指す。地域の協議会に主導してもらうことで、費用負担を抑える狙いもある。
2023/9/15	茨城の一般道に自動運転レーン＝全国初、24年度からバス運行―政府	政府は、経済産業省で「デジタルライフライン全国総合整備実現会議」を開き、全国初となる一般道の自動運転レーンを茨城県日立市に設置する方針を示した。2024年度から路線バスの運転を試行する計画。
2023/9/15	空港発着の乗り合いタクシー運行＝多様な移動ニーズに対応―青森県	青森県は、青森空港（青森市）と三沢空港（三沢市）発着の予約型乗り合いタクシーを運行する。自動車免許を持たない層や外国人の個人旅行客が増えている状況を踏まえ、多様な移動ニーズに応じ、空港利用者の利便性向上を図る。
2023/9/22	名鉄、ドローンと自動運転車の実証実験＝農産物や日用品を輸送	名古屋鉄道は、愛知県などと共に、同県幸田町でドローンと自動運転車の連携により農産物や日用品を輸送する実証実験を行った。農業の担い手不足の軽減や、買い物の利便性向上が狙い。
2023/9/25	マイナカード活用し赤字路線活性化＝宮城県	宮城県は、赤字が続くJR陸羽東線（小牛田―新庄間）の活性化に向け、マイナンバーカードを活用した「デジタル身分証アプリ」を使ったキャンペーンを始める。対象の駅を巡って集めたスタンプの個数に応じ、鳴子温泉郷の温泉をお得に利用できるチケットや地域の特産品などが抽選で当たる。
2023/9/30	第1号・芸備線が試金石＝再構築協議会、活用様子見も―JR各社	不採算ローカル鉄道の再編について、国関与の下で自治体と鉄道会社が話し合う「再構築協議会」制度が導入される。大幅赤字にあえぐJR各社は国主導で再編を促す仕組みを歓迎するが、実際の制度活用には様子見姿勢が大勢。まずは協議会設置第1号となる見通しの芸備線（広島県―岡山県）が試金石だ。

10. 環境・農業

グリーントランスフォーメーション（GX）推進法が成立し、政府は2024年2月をめどに「GX経済移行債（GX債）」を10年債、5年債それぞれ8000億円発行する計画。23年度から10年間で20兆円規模を発行する計画。28年度以降に本格導入を予定している企業に二酸化炭素排出量に応じ金銭負担を求める「カーボンプライシング」を償還財源に充てる。

カーボンプライシングは、二酸化炭素の排出量に応じて企業から徴収する賦課金と企業間で排出量を売買する排出量取引の組み合わせで、賦課金は28年度に導入予定で対象は石油元売りなど化石燃料の輸入事業者。排出量取引は電力会社に排出枠を有償で買い取らせる仕組みで導入は33年度を予定している。

高知県は、県産材を一定以上の割合で使用している建築物を「環境不動産」として認定し、不動産取得税の免除などを行う制度を創設した。人口減少による県内での住宅着工件数の将来的な減少を見据え、非住宅や中高層住宅の木造化を進めることがねらい。建築環境総合性能評価システム（CASBEE）と県独自の基準に到達した建築物を認定する仕組みで、高評価で要件を満たすものには容積率の緩和や不動産取得税の免除を行う。

図表Ⅱ-4-10　環境・農業の動き

年月日	見出し	内　容
2022/10/11	エネ消費ゼロ住宅の支援策調査＝都道府県、政令市が対象―環境省	環境省は、断熱性能が高く消費エネルギーが実質ゼロになる「ネット・ゼロ・エネルギー・ハウス（ZEH）」の普及に向けて、都道府県や政令市が設けている補助制度の調査に乗り出す。
2022/10/12	清掃工場跡地に中間処理施設＝東京都小金井市	東京都小金井市は、近隣の府中、調布市と共同運営していた市内の清掃工場が耐用年数を迎え撤去された跡地に、市内で収集したごみを搬入して貯留、分別、搬出する中間処理施設を整備し稼働させた。
2022/10/13	滞留木材の保管費用を補助＝鳥取県	鳥取県は、滞留木材の保管費用を補助する。国内では、新型コロナウイルス感染拡大の長期化や物価高騰の影響で木材需要が停滞。住宅の着工件数も伸び悩んでおり、木材の在庫増加が懸念されている。
2022/10/21	過疎地域で次世代型農業＝福島県須賀川市	福島県須賀川市は、過疎地域に指定された長沼地域と岩瀬地域で次世代型農業のモデル事業を2023年度から始める。両地域は少子高齢化で農業の担い手不足が深刻化しており、先端技術の活用により農作業の省力化を図る。
2022/11/4	港湾の脱炭素化後押し＝官民連携の計画策定促進―国交省	国土交通省は、港湾を管理する自治体に、物流事業者や立地企業などの民間事業者と連携した脱炭素化推進計画の作成を促す。地域で協議した上で、港湾のCO_2排出削減に寄与する施設整備などを計画に盛り込んでもらう。
2022/11/8	特産の桃、6次化支援にGCF＝福島県伊達市	福島県伊達市は、特産の桃について、今年度行っている地元で生産から加工、販売まで手掛ける「6次産業化」支援などの事業にかかった費用を回収するため、ふるさと納税制度を利用した「ガバメントクラウドファンディング（GCF）」で寄付を募っている。
2022/11/11	クラインガルテンが人気＝移住へ進展も、住居に課題―山梨県南アルプス市	山梨県南アルプス市で、「クラインガルテン」と呼ばれる会員制の滞在型市民農園が人気を集めている。田舎暮らしを楽しみながら農業ができると好評で、わずかな空き枠に応募が集中する状況が続いている。
2022/11/16	下水汚泥肥料化へ実証事業＝コスト低減、効率化で自治体支援―国交省	国土交通省は、下水汚泥の肥料化を進める実証事業に乗り出す。汚泥を肥料として使えるよう処理する「コンポスト化」のための施設整備や、肥料に欠かせないリンを汚泥から効率よく取り出す技術開発に取り組み、肥料の国産化や安定供給につなげる。
2022/11/21	「省エネ50％減」以上を要求＝県有建築物のZEB化―福島県	福島県は、県有建築物の整備において「ネット・ゼロ・エネルギー・ビル（ZEB）」化を推進するとともに、関係者間の合意形成を円滑に進めるためのガイドラインを策定した。県有建築物の約70％を占める「庁舎・学校」を検討モデルに、整備条件として要求する水準を設定。省エネルギーにより消費量を従来の50％以下まで抑えるなどとした「ZEB　Ready」以上の認証を求める。
2022/11/29	ごみ収集トラック燃料にバイオガス＝岡山県真庭市	岡山県真庭市は、市内にある組合と協力し、バイオガスを燃料にしたごみ収集用のトラックを走らせる実証実験を始める。バイオガスは、家庭から出る生ごみなどを原材料として生成する。
2022/12/2	AIで魚種選別の実証実験＝仙台市、東北大など	宮城県仙台市や東北大学などは、水産業の担い手不足解消に向けた取り組みとして、人工知能（AI）で魚種を選別するシステムの実証実験をした。実証は宮城県の気仙沼市魚市場で実施。水揚げ後の魚をベルトコンベヤーに載せて運び、複数のカメラで撮影した画像をAIで処理し種類やサイズを判定し、高速で仕分けする。
2022/12/13	農業の力で不登校児童を支援＝福岡県久留米市	福岡県久留米市で、不登校児童生徒らが、地元の認定農業者らと共に稲刈り、餅つきなどの体験活動を行った。子どもたちに、自らが収穫して食べる喜びを知ってもらうほか、久留米市が県内一の農業都市であることから、地場産業の魅力を理解してもらうことが目的。
2022/12/20	炭素価格付けへ「GX推進機構」＝賦課金徴収、基本方針に明記へ―政府	CO_2排出量に応じて企業に金銭的な負担を求める「カーボンプライシング」の本格導入に向け、政府が「グリーントランスフォーメーション推進機構」（仮称）を創設することが分かった。
2022/12/21	野村不動産と連携、地域木材を活用＝東京都奥多摩町	東京都奥多摩町は、野村不動産ホールディングス（HD）が設立した会社との間で、地域山林材の活用と林業の振興を目指して、一部町有地での地上権設定契約を結んだ。連携により「循環する森づくり」を目指す。
2022/12/22	CO_2に課金、28年度導入＝企業配慮で先送り、排出削減に不安	政府は、企業のCO_2排出に金銭負担を課す「カーボンプライシング（CP）」の本格導入を2028年度とする方針を決めた。企業の負担に配慮して5年以上の準備期間を設け、対象も絞っており、排出削減が遅れる懸念が伴う。
2022/12/26	有機野菜の産地形成へ協定＝JA、楽天農業などと―島根県	島根県は、JAしまね、楽天農業、浜田市など県西部の9市町と「有機野菜の産地づくりに関する連携協定」を締結した。有機野菜を栽培する生産技術の確立や、人材育成、耕作放棄地の解消などに取り組む。

2023/1/6	農地利用の計画でマニュアル案＝自治体の役割例示─農水省	農林水産省は、市町村が農地利用の将来像を示す「地域計画」作りに向けたマニュアル案をまとめた。策定や実行など各段階での都道府県や市町村、農業委員会の役割を例示。農用地の集積・集約化といった協議事項も盛り込んだ。
2023/1/17	中小企業のCO_2見える化＝福岡県北九州市	福岡県北九州市は、コストや取り組みの「分かりにくさ」がネックとなっている中小企業の脱炭素化を後押ししようと、小倉南区の工業団地に事業所を置く金属や機械、自動車関連などの19社を対象に、CO_2排出量を見える化する支援事業を始めた。
2023/1/19	ツアーや「里親」で新規就農者確保＝香川県	香川県は、農業者の高齢化や減少が進行する中、就農者を確保・育成するために、新規就農者をターゲットにした支援事業を実施している。県外者に向けたツアーや、先進農家が就農希望者を育てる「里親」制度などが功を奏し、２年間で２組の夫婦が移住するなど、成果が見え始めている。
2023/1/20	農業機械・資材をマッチング＝福島県鮫川村	福島県鮫川村は、使用していない農業機械や資材を、必要としている人へ譲るマッチング事業を始めた。再利用できる仕組みをつくり、農家のコスト軽減と資材の有効活用を進め、新規就農者の支援や農業規模拡大を後押しする狙い。
2023/1/23	特定外来生物の防除支援で交付金＝事業推進へ交付税措置も─環境省	環境省は、アライグマなど特定外来生物による被害防止や拡大抑制に取り組む自治体向けの交付金を創設する。
2023/2/20	農家に堆肥を無償提供＝新潟県阿賀野市	新潟県阿賀野市は、肥料価格高騰の影響を受ける農家向けに、10アール当たり500キログラムの堆肥を無償で提供する。
2023/3/1	中小企業の温室ガス削減を支援＝福島県いわき市	福島県いわき市は、市内中小企業の温室効果ガス排出量の算出や削減目標設定などを支援する。温暖化対策とともに、脱炭素社会での企業価値と競争力の向上につなげるのが狙い。
2023/3/7	集落の寄り合い調査、方法を変更＝市町村に対象者の個人情報求めず─農水省	農林水産省は、集落の寄り合いの状況が分かる「農業集落調査」の手法を変更する方針を決めた。各個人情報保護条例などを背景に情報を得られない事例が増えたため、同省の管理する農業者の名簿を基に行うことにする。
2023/3/16	水産資源回復へ藻場を調査＝和歌山県	和歌山県は、近年減少している藻場の回復に向け、減少要因を特定するための調査を行う。調査結果を踏まえて対策を検討し、藻場で生育する魚や貝など水産資源の回復につなげたい考えだ。
2023/3/22	加工品の認定ブランド立ち上げ＝和歌山県紀の川市	和歌山県紀の川市は、市の農産物を使った加工商品を対象とした独自の認定ブランド「ISSEKI」を立ち上げ、認定品の販売を開始した。基幹産業である農業で商品開発を促すとともに、ブランドのPRを通じて販路拡大を支援する狙いだ。
2023/3/23	「スマート林業」へ産官学連携＝実証実験に向けマッチング─林野庁	林野庁は2023年度、情報通信技術（ICT）や人工知能（AI）を活用した「スマート林業」の推進に向け、産官学連携のプラットフォームを設ける。林業関係者だけでなく、通信業といった他業種や自治体などに参加を呼び掛け、今夏にも参加者の登録を開始する予定。
2023/3/23	斎宮跡で産業用大麻栽培へ＝三重県明和町	三重県明和町は、伊勢神宮にゆかりのある町内の国史跡「斎宮跡」で、産業用大麻を栽培するプロジェクトを始めると発表した。神事やしめ縄などに用いられる大麻の生産が減少する中、大麻の栽培を通じ、歴史文化の継承や産業振興に取り組む。
2023/3/27	「ペーパー狩猟者」らに捕獲体験＝千葉県	千葉県は、イノシシなど野生動物による農業被害が深刻化する一方で、高齢化や担い手不足が進む狩猟者を確保するため、免許はあっても普段狩猟しない「ペーパーハンター」らに捕獲体験をしてもらう「有害鳥獣捕獲協力隊」（仮称）を結成する。
2023/3/28	被災地農業、担い手確保課題＝農地復旧は進展─東日本大震災	東日本大震災で津波被害を受けた農地は、福島県内を除いて復旧がほぼ完了し、農業の再開が進む。避難先にとどまり農業をやめる生産者が出る一方、被災農地の復興では法人による農業経営が増えた。しかし、復興は道半ばで、担い手の確保が急務となっている。
2023/3/31	新築のZEH購入支援＝栃木県	栃木県は、再生可能エネルギーの活用などにより家庭の消費エネルギー量を実質ゼロにする住宅「ネット・ゼロ・エネルギー・ハウス（ZEH）」を普及させるため、新築ZEHの購入に補助金を支給する。
2023/4/7	農業団体と全国初の相談窓口＝福島県	福島県は、「県農業経営・就農支援センター」を県自治会館内（福島市）に開設した。県内の農業関係３団体と共同でワンストップ型の相談体制を整備したのが特徴で、全国初の取り組みという。
2023/4/10	ZEH普及へ宿泊体験＝岡山市など	岡山市など岡山県内の６市３町は、再生可能エネルギーの活用により消費エネルギーを実質ゼロにする「ネット・ゼロ・エネルギー・ハウス（ZEH）」に、無料で宿泊体験ができる事業を始めた。宿泊をきっかけにした普及拡大を目指す。
2023/4/13	森林環境譲与税、成果を周知＝自治体広報の調査結果公表へ─林野庁	林野庁は、国から自治体に配分する森林環境譲与税を活用した取り組みの成果について、国民への周知を強化する。2024年度から、譲与税の原資となる森林環境税の課税が始まるのを前に、森林整備や木材利用などに有効活用していることを示すのが狙いだ。

2023/ 4 /18	農業DX導入で半額補助＝新潟市	新潟市は2023年度から、農業DXの技術を新たに導入する農家に対し、事業費の２分の１を補助する。農家に営農管理システムやリモートセンシングなど「スマート農業」の中心となる技術の普及が狙い。
2023/ 4 /19	AIでシラウオの鮮度評価＝茨城県行方市	茨城県行方市は、霞ヶ浦特産のシラウオの鮮度を人工知能（AI）によりランク付けする認証制度を導入する。新鮮なシラウオをより高く評価してもらうことで、ブランド力を確立したい考え。
2023/ 4 /20	「環境不動産制度」を創設＝高知県	高知県は、県産木材を一定以上の割合で使用している建築物を、県独自に「環境不動産」として認定し、不動産取得税の免除などを行う制度を創設した。
2023/ 5 / 9	北九州市に水素大規模拠点＝官民協議会を11日設立－福岡県	福岡県は、北九州市の響灘臨海部を中心として、再生可能エネルギーに基づく「グリーン水素」を利活用する大規模拠点の構築に乗り出す。県や北九州市、響灘臨海部で水素の利活用を目指す企業などで構成する協議会を設立。
2023/ 5 /29	マンションの省エネ、再エネに補助＝初期費用・節電効果検討に37万円－東京都	東京都は、マンションの省エネ改修や再生可能エネルギー導入に向けた検討費用を補助する事業を始めた。都の補助事業を活用した場合の初期費用と、実施後の電気代の削減効果を具体的に専門家が示すことにより、取り組みを後押しする。
2023/ 6 / 6	農業体験、教科に位置付け＝北海道美唄市教委	北海道美唄市教育委員会は2023年度から、小学校の「総合的な学習の時間」に行ってきた「農業体験」を「農業科」と位置付けた。市教委によると、小学校で農業科の授業に取り組むのは福島県喜多方市に続き全国で２例目。
2023/ 6 / 6	天然ガス導入にアドバイザー＝愛媛県	愛媛県は、事業所で使う燃料を天然ガスに転換する中小企業を対象に、専門のアドバイザーを派遣する。アドバイザーから具体的な設備更新などの提案を行う。中小企業の脱炭素化に向け、CO_2排出量が石油に比べて少ない天然ガスへの転換を後押しする。
2023/ 6 / 7	新特産品へウナギ養殖＝北海道神恵内村	北海道神恵内村は、ウナギの陸上養殖に乗り出す。建設会社のケンショウ（大阪市）と連携し、2023年度中にも施設を造り、24年度の販売開始を目指す。
2023/ 6 / 7	林業効率化へ森林情報提供＝高知県	高知県は、県内の市町村や林業事業者向けに、国有林を除く県内全域の森林の生育状況などの情報をインターネット上のクラウドで無償提供する施策を始めた。すべての木の種類や大きさ、地形の状態を詳細に把握することで、自治体による管理や林業事業者の業務が３～４割効率化されることが期待されている。
2023/ 6 /19	札幌をGX拠点、産官学連携＝40兆円投資呼び込み	北海道と札幌市は、同市をグリーントランスフォーメーション関連の世界的な金融取引拠点とすることを目指し、産官学連携のコンソーシアムを設立すると発表した。再生可能エネルギーの供給促進に向け、国内外から資金調達を進めるとともに、情報や人材の集積にも力を入れる。
2023/ 6 /20	既存建築物のZEB化に補助＝福島県	福島県は2023年度から、省エネと創エネにより建物の消費エネルギー量をゼロにする「ネット・ゼロ・エネルギー・ビル（ZEB）」を普及させるため、既存建築物の改修費用を補助する。
2023/ 6 /20	再造林促進で助成や認定制度＝秋田県	秋田県は、木を切った後に再度植栽する「再造林」に力を入れている。再造林を行う事業者や森林所有者への助成制度を導入したほか、新たに課を設置。
2023/ 7 /10	森林ファンドで脱炭素化貢献＝10社出資、総額600億円－住友林業	住友林業は、森林運営に投資して脱炭素社会実現に貢献する「森林ファンド」を組成し、運用を始めたと発表した。ENEOSや大阪ガスなど日本企業計10社が総額600億円を出資。植林などで森林のCO_2吸収力を高め、CO_2排出量を相殺できるカーボンクレジットを年平均約100万トン分創出することを目指す。
2023/ 8 / 1	省エネ住宅普及へ提案募集＝PPA活用、補助金で支援－福岡県	福岡県は、戸建て住宅供給事業者とPPA（電力販売契約）事業者を対象に、省エネ住宅普及に向けた共同提案を募集すると発表した。PPAは、住宅所有者と契約した事業者が太陽光発電設備を設置して電力供給する仕組みで、所有者が初期費用をかけずに設備導入できる。
2023/ 8 /11	民有地と支援企業をマッチング＝生物多様性保全－環境省	環境省は、生物多様性の保全が行われている民有地の森林や湿地などと、支援を申し出る企業をマッチングさせる制度を導入する方針だ。間伐や外来種の駆除などに伴う土地所有者の負担を企業のサポートで軽減し、継続的な保全につなげる。
2023/ 8 /18	森林環境譲与税、配分見直し＝山間地自治体に手厚く－林野庁検討	自治体の森林整備事業などに活用される「森林環境譲与税」で、山間地の自治体への配分強化に向けて林野庁が基準の見直しを検討していることが分かった。複数の関係者が明らかにした。現行基準では人口が多い都市部の額が多くなるため、森林面積が多い自治体により多く配分するよう是正する狙いがある。
2023/ 8 /23	支笏湖の環境協力金で実証事業＝北海道地方環境事務所・支笏洞爺国立公園管理事務所	北海道地方環境事務所・支笏洞爺国立公園管理事務所は、支笏湖（北海道千歳市）の利用者に500円の環境保全協力金を求める実証事業を行う。徴収体制などの課題を検証し、協力金の正式導入に向けた検討に生かす。

2023/9/5	シカの駆除を効率化＝札幌市	札幌市は、シカによる農作物被害を防ごうと、効率的な駆除を目指す実証実験を始めた。スタートアップが開発したシステムを使って、農業者の情報発信から出没場所を可視化し、ハンターによる迅速な駆除につなげる。駆除したシカは食肉として出荷し、有効活用する。
2023/9/28	自然保全にNFT活用へ＝岡山県真庭市	岡山県真庭市は、市の豊かな自然を保全するため、NFT（非代替性トークン）などのデジタル技術を使って資金を調達する仕組みを検討する。事業者からの提案を踏まえ、年度内に具体的な活用方法をまとめたい考えだ。
2023/9/29	林業大学校、25年度に開校＝鹿児島県	鹿児島県は、県内初となる林業大学校の2025年度開校を目指す。林業従事者の高齢化が進む中、人材育成のため就業希望者の長期研修プログラムを設ける。
2023/10/6	生産緑地貸借をマッチング＝大阪府東大阪市	大阪府東大阪市は、市内にある生産緑地の借り受けを希望する人と所有者のマッチング事業を始めた。新規就農者の参入や農業規模拡大をサポートし、地域農業の振興につなげたい考え。

11. 観光

新型コロナウイルスの感染症法上の位置付けが「5類」へ移行したことに伴い、国内、国外の観光需要が急速に回復している。円安も加わり、インバウンドも急増している。一方で、コロナ禍で打撃を受けたホテル・旅館業界では人手不足も顕著になっている。

観光需要の急回復を受けて、宿泊税の導入検討を開始（再開）する自治体が急増している。北海道、同ニセコ町、同斜里町、青森県弘前市、宮城県仙台市、島根県松江市、熊本市、沖縄県、同北谷町、同本部町が導入に向けた検討を行っている。

2002年に宿泊税を導入した東京都（100円または200円）は、制度の見直しについて議論する方針。また、福岡県は導入後3年が経過し、県下では福岡市と北九州市も宿泊税を導入していることから、あり方などについて再検討を行う。

インバウンド客の急増もあり、クレジットカードのタッチ決済で乗車できる公共交通が増加している。Suicaなどの交通系ICカードに対応していない地方交通機関や海外からのインバウンド需要が大きい地域では特に観光客の利便性が高まると期待されている。日本国内では、約50の交通事業者がクレジットカードのタッチ決済を導入している。

図表Ⅱ-4-11　観光の動き

年月日	見出し	内　容
2022/10/7	ロケ地散歩マップ作成＝年間100カ所も－東京都府中市	東京都府中市が事務局を務め、市商工会議所や地元企業などで構成する「ふちゅうロケーションサービス」は、市内で撮影が行われた映像作品と、その撮影地を紹介するマップ「エンタメ色に染まるロケ地散歩in府中」を作成した。
2022/12/15	「地域まるごとホテル」で認証式＝蔵王エリア、平戸市など5地域	村や集落などを一つのホテルとして捉える観光のビジネスモデル「アルベルゴ・ディフーゾ」の認証式が、東京・銀座の時事通信ビルで行われた。日本では「地域まるごとホテル」とも呼ばれる。認証式には、、認証予定の宮城県蔵王エリア、長崎県平戸市など4地域と認証済みの岡山県矢掛町エリアの関係者が参加。
2022/12/26	宿泊業の人材確保を支援＝沖縄県	沖縄県は、コロナ禍で打撃を受けた宿泊業の深刻な人材不足に対応するため、人材派遣会社などに委託し、宿泊業者と求職者のマッチングを始める。県内外の学生らに職業訓練を実施し、正社員の確保につなげる。

2023/ 2 /22	ねぶた師とオンライン交流＝誘客へ冬も祭りイベント－青森県	青森県は、東北を代表する夏祭り「青森ねぶた祭」を冬でも楽しんでもらえるよう、ねぶた制作者（ねぶた師）とオンラインによる双方向の交流イベントを初めて開く。有料プランには青森の酒とそれに合うおつまみ、菓子のセットを用意。
2023/ 3 /15	観光など多分野で交流促進＝連携協定を締結－長野、沖縄両県	長野、沖縄両県は、相互の交流連携に関する協定を締結した。山と海に対比されるような両県の異なった観光資源、気候などの強みを補完し、観光をはじめとした多くの分野での交流促進を目指す。
2023/ 3 /17	宿泊税導入へ＝北海道ニセコ町	北海道ニセコ町は、観光振興に必要な財源を確保するため、町内に宿泊する観光客らに課税する宿泊税の導入を決めた。税率は宿泊料金の2%とする方針。
2023/ 3 /27	観光振興で連携協定＝長野県白馬村と長野、松本両市	長野県白馬村と長野、松本両市は、「インバウンドを柱とする長期滞在型観光振興に関する連携協定」を締結した。徐々に観光客が戻りつつある中、自治体間の連携を深めることで、さらなる誘客を目指す。
2023/ 4 /13	観光客の夜間消費増へ実証実験＝鹿児島市	鹿児島市は、インバウンド回復や観光客の滞在時間延長、消費額の拡大を狙い、夜間の観光コンテンツを創出する「ナイトタイムエコノミー」の実証実験を行う。
2023/ 4 /19	星空を観光資源に誘客＝福島県南会津町	福島県南会津町は、星空を観光資源として活用するため、観望スポットの整備やガイド育成を始めた。宿泊や自然体験などと組み合わせた、新しい観光商品の開発にもつなげる。
2023/ 5 /11	ベジタリアン対応店、冊子で紹介＝長野市	長野市は、ベジタリアンらに対応した飲食店を日本語、英語、中国語で紹介する冊子を作成した。インバウンドの回復を見込み、さまざまな食習慣を持つ人のニーズを捉え、再訪したくなるまちを目指す。
2023/ 5 /11	宿泊税導入、検討再開へ＝北海道	北海道の鈴木直道知事は、コロナ禍で中断していた観光振興税（宿泊税）の導入検討について、再開する考えを示した。道は2020年２月に有識者懇談会から、１人１泊100円を徴収することが妥当との意見を受けていた。
2023/ 5 /15	只見線と名所連絡のバスを実証＝福島県只見町	福島県只見町は、町内を訪れる観光客の利便性向上のため、JR只見線や既存の定期運行ワゴン車と連絡する観光周遊バスの実証運行を始めた。
2023/ 5 /24	宿泊税の在り方議論＝導入３年経過、検討委設置－福岡県	有識者らでつくる「福岡県宿泊税検討委員会」は、2020年４月の導入から３年が経過したのを踏まえ、今後の税制度の在り方に関し議論を始めた。税収を充当した事業の効果なども考慮し、見直しの必要性を検討。
2023/ 5 /29	農泊事業拡大へ支援見直し＝実行計画策定へ－農水省	農林水産省は、大阪・関西万博が開催される2025年に向け、農山漁村に泊まって食事や体験を楽しむ「農泊」を推進するため、実行計画を近く策定する。
2023/ 6 /12	宿泊税の導入検討へ＝上定松江市長	島根県松江市の上定昭仁市長は定例記者会見で、市内に宿泊する観光客らに課税する宿泊税の導入に向けた検討を始めると発表した。市議会で、検討会を設置するための条例制定案を提出する。
2023/ 6 /27	無料の夜間循環バスを運行＝大分県別府市	大分県別府市は、夜間に市内を循環する「ナイトバス」の運行を始める。新型コロナウイルスの感染が落ち着き、飲み会や外食で夜に外出する市民や観光客が増えることが見込まれる中、外出先から自宅やホテルなどに戻る際の手段として活用してもらう狙い。
2023/ 7 / 4	ラーメン店巡る専用タクシー＝岡山県笠岡市など	岡山県笠岡市などでつくる笠岡市観光協会は、市の名物「笠岡ラーメン」などを提供するラーメン店を巡る専用の貸し切りタクシー「ラータク」の運行を７月から始めた。土日と祝日のみで９月末まで実施する。
2023/ 7 /10	観光財源確保へ宿泊税検討＝北海道斜里町	北海道斜里町は、観光振興の財源を確保するため、観光客が町内に宿泊した際に課す宿泊税の導入へ検討を始めた。地元への説明や協議を経て、2024年秋以降の導入を目指す。
2023/ 7 /22	電車はクレカでGO！＝訪日客にらみタッチ決済拡大	クレジットカードのタッチ決済で乗車できる電車が増えつつある。「Suica」などの交通系ICカードが使えない地方の交通機関に加え、首都圏でも導入事例が出てきた。タッチ決済が普及する海外からのインバウンド増加をにらみ、普段使っているカードがそのまま使える利便性をアピールする。
2023/ 7 /26	東北復興ツーリズム組織発足＝83団体が参加	東日本大震災の教訓を伝えつつ、東北の観光の魅力も発信する官民組織「東北復興ツーリズム推進ネットワーク」の発足式が、宮城県仙台市内で行われた。同組織はJR東日本が中心となって発足。ネットワークには、復興庁や青森、岩手、福島、宮城の４県、東北各県の市町村、南三陸鉄道をはじめとする企業など計83団体が参加している。
2023/ 7 /31	「訪問税」を導入へ＝沖縄県竹富町	沖縄県竹富町は、観光客から徴収する「訪問税」の導入を検討している。近年、観光客が増えて水道利用やごみ処理などの負担が増大していることが理由だ。検討に向けた審議委員会を８月に立ち上げ、議論に着手。

2023/8/14	町外からタクシー確保＝冬季の不足解消へ－北海道倶知安町	北海道倶知安町は今年度、観光客が多い冬季のタクシー不足を解消するため、町外からタクシーを確保し、アプリで観光客らに配車する実証試験を行う。地元タクシーの一部は町民専用とする。
2023/8/28	宿泊税の導入検討へ＝10月に委員会設置－熊本市	熊本市は、市内に宿泊する観光客らを対象とした宿泊税導入の検討を始めると発表した。大西一史市長は、「観光振興策の充実には、新たな財源を確保することが重要。有効な財源だと考えている」と述べた。
2023/8/29	SAに地域通貨が当たるガチャ＝宮崎県延岡市	宮崎県延岡市は、西日本高速道路と連携し、市内で利用できる地域通貨「のべおかCOIN」のポイントが手に入る小型カプセル自動販売機を福岡県と大分県の高速道路のサービスエリア（SA）に設置した。市外からの観光誘客や経済活性化につなげる狙い。
2023/8/31	宿泊税、26年度導入目標＝コロナで中断、議論再開－沖縄県	沖縄県は、法定外目的税「宿泊税」の導入に向けた議論を再開する。県は当初、2021年度中の実施を目指していたが、コロナ禍で中断。導入目標を26年度に設定し直した。今後、市町村との調整や観光業界との意見交換を進め、使途などを議論。
2023/9/1	「宿泊税」導入を検討＝沖縄県北谷町	沖縄県北谷町は、観光などの目的で町内に宿泊する人から徴収する「宿泊税」の導入を検討している。観光客の受け入れ環境の整備などの財源としたい考え。今後、税収の使途や徴収の仕組みなどを関連団体と協議して決定し、2026年度までの導入を目標としている。
2023/9/6	「観光公害」で初会合＝混雑、マナー違反防止へ－観光庁など	観光庁は、観光客の急増により住民生活や自然環境などに悪影響が及ぶオーバーツーリズムの防止策を話し合う関係省庁対策会議の初会合を開いた。観光庁のほか、国土交通省や環境省などで構成。
2023/9/11	宿泊税の導入検討へ＝青森県弘前市	青森県弘前市は、市内の宿泊施設を利用した宿泊者を対象に、法定外目的税として徴収する「宿泊税」の導入に向けた検討を始める。
2023/9/15	宿泊料に応じ100～500円＝「観光振興税」たたき台－北海道	北海道は、観光振興を目的とする新税導入のたたき台をまとめ、専門家らで構成する懇談会に提示した。名称は「観光振興税」で、ホテルなどの宿泊料金に応じて課税額を1泊100円から500円まで段階的に増やす案とした。
2023/9/19	年払い申請「想像より多く」＝宮島訪問税－広島県廿日市市長	広島県廿日市市の松本太郎市長は、世界遺産・厳島神社がある宮島を訪れる観光客らに課す「訪問税」の1年分を納める年払い制度について、納付したことを示す証明書の発行件数が15日時点で1319件だったと発表した。
2023/9/20	宿泊税の導入を検討＝沖縄県本部町	沖縄県本部町は、観光客ら町内に宿泊する人から徴収する宿泊税の導入を検討している。2026年度までの導入を目指す。
2023/9/22	デジタル使った観光振興でNTT東と連携＝横浜市	神奈川県横浜市は、デジタル技術を使った観光振興や教育環境の改善などに向け、NTT東日本と連携協定を締結したと発表した。同社の技術を応用し、子育て支援や観光振興、脱炭素化などの重点施策を推進する。
2023/10/2	白川郷にチケット制導入＝岐阜県白川村	岐阜県白川村と白川郷観光協会は今冬から、多くの観光客が集まる合掌造り集落「白川郷」のライトアップイベントで、オーバーツーリズムを防ぐため、来場者を制限し参加資格の有無を可視化する「チケット制」を導入する。

第Ⅲ部

公民連携キーワード解説

【欧文キーワード】

BID（Business Improvement District）

地権者等の合意に基づいて特定地区を指定し、その地区内の地権者・事業者から強制的に負担金を徴収しまちづくり活動を行う仕組みとその主体となる非営利組織のこと。北米、イギリス、オーストラリア等で採用されている。その財源に基づき、清掃活動・街区メンテナンスといったまちづくり活動を行うほか、駐車場や交通機関の運営・景観維持・公共空間の管理運営・新規テナントの誘致、将来計画の策定といった自治体では担いきれないエリアマネジメント活動を行う例も多い。

2018年６月の地域再生法の改正で「地域再生エリアマネジメント負担金制度」（日本版BID）が創設された。特定の地域で受益者（事業者）の３分の２以上の同意を得てエリアマネジメント団体が「地域来訪者等利便増進活動計画」を自治体に対して申請、認定されれば、自治体が条例を制定して負担金を徴収する。自治体は、徴収した負担金を交付金として当該地域のエリアマネジメント団体に交付する。なお、日本版BID制度創設の前に、大阪市では梅田駅周辺（うめきた地域）の地権者から地方自治法に基づく分担金を徴収してエリアマネジメントに充てる仕組みを導入していた。
関連用語：エリアマネジメント

BOT/BTO/BOO/RO/BLT/DBO

PFI等公共サービス型PPP事業の事業方式の類型である。

BOT（Build Operate Transfer）とは、民間事業者が自ら資金を調達し、施設を建設し、契約期間中の維持管理・運営を行い資金回収後、公共主体に施設所有権を移転する方式。

BTO（Build Transfer Operate）とは、民間事業者が自ら資金を調達し、施設を建設、その所有権を公共主体に移転し、その代わり契約期間中の維持管理・運営を行う権利を得る方式。

BOO（Build Own Operate）とは、民間事業者が自ら資金を調達し、施設を建設し、契約期間中の維持管理・運営を行うが、所有権は公共主体に移転しない方式。

RO（Rehabilitate Operate）とは、民間事業者が自ら資金を調達し、既存の施設を改修・補修し、契約期間中の維持管理・運営を行う方式。

また、類似した手法として、BLT、DBO等の事業方式がある。

BLT（Build Lease Transfer）とは、民間事業者が自ら資金を調達し、施設を建設し、公共主体にその施設をリースし、契約期間中の公共主体からのリース料と施設の維持管理・運営で資金を回収する方式。契約期間終了後は、有償または無償により、施設の所有権を公共主体へ移転する。

DBO（Design Build Operate）とは、公共が資金調達を負担し、設計・建設、運営を民間に委託する方式。公共主体が資金調達を行うことから、民間が資金調達を行うのに比べて資金調達コストが低く、VFM評価で有利になりやすいとされている。一方、公共が資金調達を行うため、設計施工、運営段階における金融機関によるモニタリング機能が働かない（働きづらい）とされている。

関連用語：PFI、PPP、VFM

CSR（Corporate Social Responsibility）

CSRすなわち企業の社会的責任とは、企業が社会や環境と共存し持続可能な成長を図るため、その活動の影響について責任をとる企業行動であり、企業を取り巻くさまざまなステークホルダーからの信頼を得るための企業のあり方を指す。具体的な行動には、適切な企業統治とコンプライアンスの実施、リスクマネジメント、内部統制の徹底ばかりでなく、時代や社会の要請に応じた自主的な取り組みも含まれる。その範囲は環境や労働安全衛生・人権、雇用創出、品質、取引先への配慮など、幅広い分野に拡大している。また、近年では、慈善活動にとどまらず、社会と企業の両方に価値をもたらすCSV（Creating Shared Value）活動も注目されている。

KPI（Key Performance Indicator）

重要成果指標。成果の達成に必要な項目のうち、重要なものを抽出し、客観的に評価する。PPPにおける市場化テストの実施の際に注目され、現在では地方創生事業等でも設定が求められる。結果や成果に関する客観的指標を設定することにより、依頼人は、代理人が望ましい行動をとっているかどうかを監視する（モニタリング）費用を削減できる。加えて、要求水準を示す適切な指標の設定が可能であれば、細かな仕様を指定する発注方式（仕様発注）から、サービスの質を指定する発注方式（性能発注）への転換も可能となる。

例えば、職業訓練校の運営委託を行う場合に、KPIとして就職率を設定するなどの試みもみられた。サービスの質に応じた適切な指標の設定には課題もあるが、KPIの導入は、PPP分野のみならず、さまざまな契約に共通して応用できる概念である。
関連用語：モニタリング、モラルハザード、性能発注／仕様発注、市場化テスト、地方創生

NPM（New Public Management）

民間企業における経営理念、手法、成功事例などを公共部門に適用し、そのマネジメント能力を高め、効率的で質の高い行政サービスの提供を目指すという考え方。新公共経営といわれる。1980年代の財政赤字の拡大や、当時の政府／行政部門の運営の非効率性への認識から、90年代に入り大きな政府から小さな政府への動きの中で英国、ニュージーランドをはじめとする欧米で導入された。基本的方針として、成果主義の導入、市場メカニズムの活用、市民中心主義による多様なニーズへの対応、組織の簡素化と組織外への分権などが挙げられる。

日本では、小泉内閣の「今後の経済財政運営及び経済社会の構造改革に関する基本方針（骨太の方針）」（2001年６月閣議決定）の中で、新しい行政手法として取り上げられ、多くの自治体で取り入れられている。
関連用語：PPP

NPO（Non-Profit Organization）

営利を目的としない団体の総称。ボラン

ティア団体や市民団体、財団法人、社団法人、医療法人、学校法人、生活協同組合、自治会なども含まれる。このうち、特定非営利活動促進法（NPO法）に基づき認証を受け、法人格を取得したものをNPO法人（特定非営利活動法人）といい、NPO法人のうち、一定の基準を満たし所轄庁の認定を受けたものを認定法人という（2022年9月末時点の認証法人数は5万541法人、認定・特例認定法人数は1,254法人）。認定NPOへの寄付は、寄付者に対する税制上の優遇措置および、認定NPO法人に対する税制上の優遇措置が適用される。

2017年4月1日に「特定非営利活動促進法の一部を改正する法律」が施行された。NPO法人の設立の迅速化や情報公開の推進などが主眼の改正となった。主な改正点は①認証申請縦覧期間の短縮（従来の2カ月から1カ月に）とインターネット公表を可能とする、②貸借対照表の公告を義務付ける（公告の方法は官報、日刊新聞、電子公告、公衆の見やすい場所への掲示）、③内閣府NPO法人情報ポータルサイトでの情報提供の拡大、④事業報告書等を備え置く期間の延長（従来3年から5年に）。また、認定NPO法人、仮認定NPO法人については、①海外送金に関する書類の所管庁への事前提出を不要とする、②役員報酬規程等を備え置く期間を従来の3年から5年に延長、③「仮認定」の名称を「特例認定」に変更することが定められた。

なお、NPOと同様に用いられる言葉として、NGO（Non Governmental Organization）があるが、一般的に国際的な活動をしている非営利団体を指すことが多い。また、EUにおいては社会的経済（Social Economy）という言葉が使われている。

関連用語：新たな公／新しい公共／共助社会づくり

PFI（Private Finance Initiative）

わが国におけるPPPの代表的な事業手法であり、公共施設の建設、維持管理等全般に、民間の資金・経営能力・技術力を活用するための手法である。1992年に英国で道路建設等に導入されたのが発祥で、わが国では1999年に「民間資金等の活用による公共施設等の整備等の促進に関する法律（PFI法）」が制定された。

2022年の法改正では、PFI法の対象となる公共施設の定義にスポーツ施設と集会施設を追加、公共施設等運営事業において改修工事などを柔軟に行えるようにする実施方針の変更手続きの創設、PFI推進機構の業務期限の5年延長に加えて、機構の業務に地方銀行などに対する助言、専門家派遣等を追加した。

2018年6月の法改正では、政府へのPPPワンストップ窓口の設置と助言等機能の強化、コンセッション事業では利用料金の設定に関して指定管理者制度上の承認を得ずに届け出で済むようにするなどの特例、運営権対価を使って水道事業等の財投資金への繰上償還をする場合の補償金免除などが盛り込まれた。

2011年の改正では、公共施設等運営権（コンセッション）の創設等、13年の改正では、官民連携インフラファンドの機能を担う「民間資金等活用事業推進機構」の設立が盛り込まれた。15年の改正では、コンセッション事業者等に対しての公務員の派遣制度を導入した。

なお、PFI発祥の地である英国では、

2018年秋に、中央政府とイングランドで新規のPFI事業を実施しない方針を打ち出した。一方で、スコットランド、北アイルランド、ウェールズではPFIを改善したPPP手法が導入されている。

PFI事業の基本的なスタンスは、民間資金を活用することにあるが、クリーンセンター等におけるDBO方式や公営住宅整備におけるBT方式+余剰地活用など補助金・交付金、起債による公共側の資金調達であっても、複数の業務を束ねて一括して民間に事業を委ねるための手法としても用いられている。

関連用語：コンセッション（公共施設等運営権）、サービス購入型／独立採算型／混合型

PPEA（Public Private Educational Facilities and Infrastructure Act）

2002年に米国バージニア州で制定された法律である。民間からの自由な提案により公共施設整備と民間プロジェクトを同時に実行できるのが特徴。名称に、Education（教育）が含まれているが、学校などの教育施設だけでなく、庁舎、病院、駐車場、下水処理場、図書館などすべてのインフラ整備が対象とされ、多くの実績をあげている。米国内では、本法をモデルとしたPPP法を制定する州が増加している。

この法律では、民間が自由に実施する事業、規模、手法のアイデアを提案することができ、提案時に民間が自治体に審査料を支払うこととなっている。自治体は、この審査料を活用して提案された事業の妥当性審査を行い、事業可能と判断した場合、対抗提案を募集する。世界的に、PPP法に民間提案制度を盛り込んでいる例は多いが、審査料を徴収する例は珍しい。

関連用語：民間提案制度

PPP（Public Private Partnership）

狭義には、公共サービスの提供や地域経済の再生など何らかの政策目的を持つ事業を実施するにあたって、官（地方自治体、国、公的機関等）と民（民間企業、NPO、市民等）が目的決定、施設建設・所有、事業運営、資金調達など何らかの役割を分担して行うこと。その際、①リスクとリターンの設計、②契約によるガバナンスの２つの原則が用いられていること。広義には、何らかの政策目的を持つ事業の社会的な費用対効果の計測、および官、民、市民の役割分担を検討すること。世界の代表的なPPP研究機関のNCPPP（National Council for PPP、米国PPP協会）では、以下の通り定義されている。

"A Public-Private Partnership is a contractual agreement between a public agency (federal, state or local) and a private sector entity. Through this agreement, the skills and assets of each sector (public and private) are shared in delivering a service or facility for the use of the general public. In addition to the sharing of resources, each party shares in the risks and the rewards potential in the delivery of the service and/or facility."

CRE/PRE（戦略）

CRE（Corporate Real Estate）とは、企業価値を最大化するため、企業が所有・賃

貸・リース等により、事業を継続するために使用するすべての不動産を、担当部署の垣根を越えて経営的観点から効果的に運用しようとする戦略。

同様にPRE（Public Real Estate）とは自治体や国において低・未利用資産を含めて公有資産を最大限有効に活用する戦略。売却可能資産の算出などの自治体の公会計改革、資産債務改革はPREを導入・推進する好機となる。政府調査によると、公的不動産はわが国の不動産規模約2500兆円のうち、金額規模で約580兆円（全体の約23%相当）、面積規模で国土の約36%を占めている（国土交通省「PRE戦略を実践するための手引書（2012年３月改訂版）」p. 2）。

関連用語：公共施設マネジメント（白書）、公会計改革

PSC（Public Sector Comparator）

PSC（Public Sector Comparator）とは、公共が施設の設計、施工、維持管理の各業務を個別に発注・契約する従来型の公共事業を実施した場合のライフサイクルコスト。PFI事業での事業実施が従来型の公共事業方式に比べてメリットがあるかを評価するVFMの算定の際に試算する。

関連用語：VFM

TIF（Tax Increment Financing）

米国で広く利用されている課税制度であり、特に衰退した中心市街地の再生に使われるシステムの一つ。各州の州法で規定された一定の要件を満たす地域・プロジェクトを対象とするもので、But-for Test（TIF以外の手法では再生が実現されないと認められること）等の要件を課す例も多い。TIF地区を指定し、区域内での財産税等の課税評価額を一定期間固定した上で、新たな開発などによる課税評価額の上昇分にかかる税収を、基盤整備や民間事業者への補助等の財源に充てる仕組み。将来の税の増収分を償還財源としてTIF債として証券化することや、基金に税の増加額が積み立てられた時点で事業を行うことなども可能。開発利益が生まれないと成立しないため、ポテンシャルの低い開発を淘汰する効果や、地域内での再投資により第三者の信頼を得やすいという効果もある。

VFM（Value For Money）

VFM（Value for Money）とは、支払い（Money）に対して最も価値の高いサービス（Value）を供給するという考え方である。同じ質のサービスであれば、より価格の安い方がVFMがあるとし、同じ価格であれば、より質の高いサービスの方がVFMがあるということになる。

VFMの定量的な算定方法としては、PSCの現在価値とPFI事業として行うライフサイクルコスト（PFI LCC）の現在価値を試算し、(PSC－PFI LCC)÷PSC×100で算定される。PFI LCC<PSCとなればVFMがありPFI事業で実施するメリットがあるということを示す。

関連用語：PFI、PSC

WTO政府調達協定

WTO政府調達協定（Agreement on Government Procurement：略称GPA）

は、ウルグアイラウンドの多角的貿易交渉と並行して交渉が行われ、1996年1月1日に発効した国際協定。1995年1月に発効した「世界貿易機関を設立するマラケシュ協定（WTO協定）」の附属書四に含まれる四つの複数国間貿易協定の一つ。

それまで政府調達において適用されていた、自国と他の締約国の産品や供給者の待遇を差別しないことを定めた「内国民待遇の原則」や「無差別待遇の原則」の適用範囲を新たにサービス分野の調達や地方政府機関（都道府県と政令指定都市）による調達等にまで拡大した。適用基準額は産品、サービスによって異なるが、建設工事の調達契約においての適用基準額は、国6億8000万円、都道府県、政令市22億8000万円（適用期間は2022年4月1日～2024年3月31日）と定められている。

この要件に該当するPFI事業は一般競争入札となる。

わが国は協定の適用を受ける機関およびサービスの拡大、開発途上国の協定加入に対する特別な待遇、電子的手段の活用による調達手続の簡素化、民営化した調達機関の除外の円滑化等を定めた改正議定書を2014年に受諾した。

【日本語キーワード】

アフェルマージュ（affermage）

アフェルマージュとは、フランスで導入されているPPPの一形態で、行政が施設等の整備を行い、所有権を保有し続けるなど一定の官の関与を残したうえで、民間事業者に施設をリースし、民間事業者が利用料収受・事業収益・自己投資等によって社会資本の運営を行う事業形態である。コンセッション方式との違いは、公共施設の整備を公共が行うこと、期間が8～20年程度と比較的短いことが挙げられる。

関連用語：コンセッション（公共施設等運営権）

新たな公／新しい公共／共助社会づくり

「新たな公（こう）」は、行政だけでなく多様な民間主体を地域づくりの担い手と位置付け、これらの主体が従来の公の領域に加え、公共的価値を含む私の領域や、公と私との中間的な領域で協働するという考え方。2000年7月に閣議決定された「国土形成計画（全国計画）」において4つの戦略的目標を推進するための横断的視点と位置付けられた。民主党政権における「新しい公共」、第2次安倍政権における「共助社会づくり」においても基本的な路線は引き継がれた。

また、地域において、市民や民間主体（企業、NPO等）の活動が多様化、高度化していることから、「公共的価値を含む領域」の範囲が広がっている。これらの多様な主体による地域経営、地域課題解決をめざす「多様な主体による協働」の推進も進められている。

イコールフッティング (equal footing)

競争条件の同一化。商品・サービスの販売で、双方が対等の立場で競争が行えるように、基盤・条件を同一にすることなどを指す。例えば、PFIと従来型の公共事業との比較におけるイコールフッティングの実現のためには、従来型の公共事業における、自治体等が国から供与を受けている補助金、地方交付税のほか、自治体の起債による低利の資金調達、法人税や固定資産税などの非課税措置等によるコスト面での優位性に鑑み、PFI事業者にも同様の優位性を付与すること（あるいは差を除却して比較すること）が求められる。

一括発注

事業実施にあたり、業務の一部、またはすべてを同じ事業者に発注すること。わが国の従来型公共事業では、設計、建設、運営などを別々に発注（分割発注）していたが、これらを同一業者に発注する。例えば、インフラなどの事業を実施する際に、設計（Design）と施工（Build）を一括して同一事業者へ発注するDB方式や、PFIで、設立された特定目的会社（SPC）に、設計・建設・維持管理・運営まで含めたすべての業務を一括して発注する事業契約を締結することなどがこれに当たる。

また、都道府県が県下の複数自治体からの要請に基づいて小規模業務をまとめて発注することを指すこともある。

関連用語：性能発注／仕様発注

インセンティブ (incentive)

取引後に、代理人が依頼人の望んだ行動をしない状態（モラルハザード）を防止するために、代理人の意欲や動機を高める誘因を与えること。代理人の行動がもたらす結果や成果についてあらかじめ指標を設定し、これに報酬を連動させることで、依頼人と代理人の間にある利害の不一致（エージェンシー問題）を軽減しようとするもの。企業経営においては、通常の給与・賞与以外に、社員の業績に応じて支払われる奨励金、報奨金、昇進などの評価等さまざまなものがある。契約にインセンティブ条項を入れることで、通常期待される以上の成果を得られるほか、モニタリング費用が節約されるなどの利点もある。

PPPの事例としては、体育施設や駐車場の指定管理者制度で利用料金制度を採用している場合に、利用料収入が想定を上回ると、収入の一定割合を民間事業者が受け取れるようにしているケース等がこれに当たる。

関連用語：モラルハザード、モニタリング、ペナルティ

インフラ長寿命化基本計画

2013年11月29日「インフラ老朽化対策の推進に関する関係省庁連絡会議」で策定された政府としての計画。国、自治体、その他民間企業等が管理する全てのインフラを対象に、中長期的な維持管理・更新等に係る費用縮減、予算の平準化、メンテナンス産業の強化のために策定された。

同計画では、さらに、「各インフラの管理者及びその者に対して指導・助言するなど当該インフラを所管する立場にある国や地方公共団体の各機関は、インフラの維持管理・更新等を着実に推進するための中期的な取り組みの方向性を明らかにする計画として、インフラ長寿命化基本計画（行動計画）」を策定することとされている。これに基づき、国の機関は、各省所管のインフラに関する行動計画を策定した。また、地方公共団体については、公共施設等総合管理計画として策定が求められている。

国が実施した2022年３月末時点のフォローアップ結果では、20年度末までの策定を求められていた「個別施設計画」については、自治体でも策定が順調に進んでいるが、道路、河川・ダム、公園、住宅等６分野では未策定がわずかに残っている。22年度末時点では、道路、港湾の策定が完了し、海岸、公園、住宅が23年度までに完了する見込み。

関連用語：公共施設等総合管理計画、立地適正化計画

インフラファンド

投資家から資金を集め、キャッシュフローを生む各種インフラ（例：空港、港湾、有料道路、発電所）に事業資金を投下するファンドを指す。欧州をはじめ海外では、安定したキャッシュフローを生む投資対象として年金基金などがインフラファンドへの投資を行っている。

国・地方自治体の厳しい財政状況に加え、高度経済成長期に集中整備されたインフラの整備・更新の必要性の高まりを踏まえ、民間資金を活用しながら社会資本の整備を推進する「株式会社民間資金等活用事業推進機構」が2013年10月に設立され、独立採算型（コンセッション方式を含む）および混合型のPFI事業に対する金融支援を開始した。具体的にはメザニンへの投融資を行うほか、事業安定稼働後におけるPFI事業の株式・債権取得を行うこと等によりPFI事業の推進を図ることを検討している。

関連用語：PFI、コンセッション（公共施設等運営権）

インフラ・マネジメント／省インフラ

道路・港湾・河川・鉄道・通信情報施設・上下水道・公園などの都市基盤施設（インフラ）について、管理運営に要するコスト、利用状況といった動的な情報も含め、データの把握や施設の存続・運営体制の見直し等の議論を共有化して、施設の更新優先順位やコストの削減・平準化の検討および実施を行うこと。

省インフラとは、「公共施設、インフラ双方につき、できるだけ公共サービスとしての水準を維持しつつ、最大限負担を引き下げること」を総称する概念。本センターが、「省エネ」との比較を意識して新たに提唱した。具体的な取り組みとしては、ネットワークインフラの物理的縮減、ライフサイクルコストの抑制を目的とし、物理的インフラや大規模なネットワークインフラに頼らずとも生活の質を維持できるようにする技術、サービス、制度を推進していく取り組みの総称。コンパクトシティや施設の多機能化・ダウンサイジング、長寿命化、サービスのデリバリー、自立供給などさまざまな手法、技術等が挙げられる。

関連用語：公共施設マネジメント（白書）

ウォーターPPP

内閣府の「PPP/PFI推進アクションプラン（令和5年改定版）」で示された水道・下水道・工業用水などのPPPで、管理・更新一体マネジメント方式とも言う。コンセッションに移行するための準備的な手法で、これまでの包括的民間委託に長期契約（原則10年）、性能発注、維持管理・更新一体マネジメント、プロフィットシェアという4つの特徴がある。更新工事については、事業者が自ら実施する「更新実施型」と、事業者が更新計画作成や往時の発注などを支援する「更新支援型」がある。国交省は自治体が汚水管の改築を行う際の社会資本整備総合交付金について、2027年度以降はウォーターPPP（コンセッションも含む）の導入を要件とするとしている。

政府は、2022年度からの10年間で水道100件、下水道100件、工業用水25件のウォーターPPP実施をターゲットとしている。

エリアマネジメント

一定の広がりを持った特定のエリアについて、良好な環境や地域の価値を維持・向上させるため、単発の開発行為など、ただ「つくること」だけでなく、地域の管理・運営という「育てること」までを継続的な視点で一貫して行う活動のこと。地域の担い手による合意形成、財産管理、事業者イベントの実施などの主体的な取り組みまでを含む。その結果として、土地・建物の資産価値の維持・向上や、住宅地における住民主体による取り組みにおいては、住民満足度の高まりも期待される。

エリアマネジメントを法的に支援するものには、都市再生特別措置法に基づく都市再生推進法人、都市利便増進協定、まちづくり支援強化法に基づく歩行者ネットワーク協定などがある。歩行者ネットワーク協定は、歩行者空間の整備、管理について地権者全員が合意し、市町村の認可を得た協定が承継効力を持つのが特徴。

国交省は2008年に「エリアマネジメント推進マニュアル」を公開しているほか、2018年6月施行の改正地域再生法では、地域再生エリアマネジメント負担金制度（日本版BID）が導入され、エリアマネジメント活動の財源確保の幅が広がった。

関連用語：BID（Business Improvement District）

大きな政府（big government）

かつての英国の政策を評した「ゆりかごから墓場まで」という表現に代表される完全雇用政策や社会保障政策を積極的に行うことを志向する福祉国家型の国家概念。大きな政府は、第二次世界大戦後、先進国の政策の主流になったが、財政の肥大化や公企業の非効率化を生み出したとされる。1970年代末以降、英国のサッチャリズムや米国のレーガノミクスによる改革につながった。

関連用語：NPM、小さな政府、第三の道、ナショナル・ミニマム、シビル・ミニマム

ガバナンス

複数の関係者の間で役割を分担して目的を達成する場合に、代理人が望ましい行動をとるように依頼人が規律付けすること。

民間企業では、コーポレートガバナンス（企業経営に対する規律付け）という言葉が有名である。この場合、所有者である株主の利益を経営者にどのように追求させるかが問われる。PPPでは、官が決定した目的の全部または一部の実行を民に依頼する際に、契約に基づいて民の実行をガバナンスする必要があり、これが、PPPの定義に含まれる「契約によるガバナンス」の意味である。
関連用語：PPP、インセンティブ、ペナルティ、モニタリング

行政財産

地方公共団体が所有する土地や建物などの不動産、工作物、船舶や浮桟橋、航空機などの動産、地上権などの物権、特許権などの無体財産、国債や株式などの有価証券を公有財産といい（地方自治法第238条）、行政財産と普通財産に分類される。国の場合は国有財産といい、国有財産法に規定されている。

行政財産は、地方自治体や国が業務で使用する財産のことをいい、公用財産と公共用財産に分類される。公用財産は利用目的が庁舎や警察署・消防署など行政業務上での利用に供するもので、これに対し、公共用財産は道路、公園、学校など住民が公共サービスとして利用するものを指す。利用目的がなくなった行政財産は、用途廃止を行い、普通財産として管理を行う。

行政財産は原則として、貸付、交換、売払等を行うことができないが、近年規制が緩和され、公共施設内に民間企業を誘致する例なども出てきている。
関連用語：普通財産

行政評価

地方自治体における行政評価とは、政策、施策、事務事業について、実施内容やコストなどの現状把握を行い、その達成度や成果および妥当性を検証し、さらに課題整理と今後の方向性を検討するものをいう。評価主体は、事業担当課による自己評価や庁内組織による評価のほか、有識者や市民による外部評価を取り入れている自治体もある。

評価の単位は事務事業が最も多く、評価結果は事務事業評価シート等の名称で呼ばれる統一の書式にまとめられ、行政自ら政策・施策・事務事業の検証改善を行うことや、予算要求・査定等に活用されるほか、議会への報告、ホームページ等により公表し、住民に対する自治体運営の説明責任を果たす役割も担っている。

競争的対話／競争的交渉

現在の調達・契約制度においては、総合評価落札方式など、価格と品質を考慮した手法もあるものの、基本的には、あらかじめ仕様等を定めることができる定型的な財・役務を調達する前提のもと、価格競争・自動落札方式が原則となっている。しかし、社会のニーズが多様化・複雑化し、また、民間における技術革新が進む中、発注者があらかじめ仕様を規定し、それに沿って価格競争を行うことは困難になっており、競争的対話および競争的交渉方式が注目されている。

競争的対話とは、多段階で審査される入札プロセスの中で、発注者と入札参加者が書面や対面によって対話を行うこと。事業

内容や事業で求められる性能（発注内容）などを対話によって明確化し、よりよい事業提案を促すもので、イギリスのPFIで採用された後、欧州では2004年のEU指令を受けて導入されている。日本でも、2006年のPFI関係省庁連絡会議幹事会申し合わせで、対象事業（運営の比重の高い案件に適用、段階的審査、対話方法、落札者決定後の変更）について整理され、国・自治体で多数実施されている。

一方、競争的交渉方式とは、契約者選定に至るまでの段階で、複数の事業者に対して、技術力や経験、設計に臨む体制等を含めた提案書の提出を求め、競争的プロセスの中で各提案者と交渉を行った上、それを公正に評価して業務に最も適した事業者を選定する方式と定義される。WTO政府調達協定では一定の場合に認められているほか、アメリカでは連邦調達規則（FAR）によって認められている。競争的対話と異なり、入札を行わないことから、入札を原則とする日本での導入には会計法令の改正が必要である。

「競争的」の意味は、すべての参加者に対話や交渉の権利を付与し透明性、公平性を確保する趣旨である。

関連用語：民間提案制度

クラウド・ファンディング

クラウド・ファンディングとは、一般に、「新規・成長企業と投資家とをインターネットサイト上で結びつけ、多数の投資家から少額ずつ資金を集める仕組み」といわれている。

出資者に対するリターンの形態により、主に「寄付型」、「購入型」、「投資型」が存在し、その特徴は、「寄付型」はリターンなし、「購入型」は金銭以外のリターンの提供、「投資型」は金銭によるリターンの提供に整理できる。主な事例としてREADY FOR（購入型、寄付型）、セキュリテ（投資型）が挙げられる。

日本においては、必ずしも金銭によるリターンを伴わない形態での取り扱いが中心であり、投資型は限定的であったが、内閣府に設置された「ふるさと投資連絡会議」を通じて良質な案件形成を促進するための環境整備が検討された。これに基づき、2014年金融商品取引法改正により、少額（募集総額１億円未満、１人当たり投資額50万円以下）の投資型クラウド・ファンディングを取り扱う金融商品取引業者の参入要件が緩和された。

関連用語：地域密着型金融（リレーションシップバンキング）

公会計改革

従前の単式簿記・現金主義による手法を改め、複式簿記・発生主義による公会計の整備を行うこと。2006年成立の行政改革推進法、同年の総務省「新地方公会計制度研究会報告書」、2007年の「新地方公会計制度実務研究会報告書」に基づく。対象は自治体と関連団体等を含む連結ベースで貸借対照表、行政コスト計算書（企業会計でいう損益計算書）、資金収支計算書、純資産変動計算書の４表を作成する。資産・負債額を公正価値（再調達価格など）で評価する「基準モデル」、地方公共団体の事務負担等を考慮して既存の決算統計情報を活用して作成することを許容している「総務省方式改訂モデル」がある。その他、東京都や大阪府等の方式は、発生の都度複式仕訳を実施する方式であり、官庁会計処理と連動したシステムを導入している。2010年度決算からは人口規模にかかわらず取り組みが必要になった。

2012年から、国際公会計基準（IPSAS）や国の公会計の動向を踏まえて地方での新公会計についての検討が始まり、2014年10月には、2015～17年度の3カ年で固定資産台帳を整備するよう全国の自治体に通知し、合わせて台帳の整備手順などをまとめた指針を示した。また、台帳の整備に必要な経費に対しては特別交付税措置を講ずる方針を決めた。2019年度末で固定資産台帳、一般会計等財務書類ともに、作成済、作成中を合わせて100%となった。

2018年3月には「地方公会計の活用の促進に関する研究会報告書」をまとめ、先進事例を基に固定資産台帳の更新実務の取り組み方法、民間事業者等への公表のあり方、財務書類の作成の適切性と固定資産台帳との整合性を確認するチェックリストの整理、財務書類の見方や指標による分析の方法と活用プロセスについて考え方と実例を示した。2019年8月には地方公会計マニュアルを改訂した。

関連用語：PRE／CRE（戦略）、公共施設マネジメント（白書）

公共施設等総合管理計画

インフラ長寿命化基本計画で定められた地方公共団体の行動計画に該当する。2014年4月22日付総務大臣通知「公共施設等の総合的かつ計画的な管理の推進について」に基づき策定が要請され、同日付の「公共施設等総合管理計画の策定にあたっての指針」で具体的な内容が示された。

同概要によると、1）所有施設等の現状として、老朽化の状況や利用状況をはじめとした公共施設等の状況、総人口や年代別人口についての今後の見通し、公共施設等の維持管理・更新等に係る中長期的な経費やこれらの経費に充当可能な財源の見込みなどについて、現状や課題を客観的に把握・分析すること、その上で、2）施設全体の管理に関する基本的な方針として、10年以上の計画とすること、全ての公共施設等の情報を管理・集約する部署を定めるなど全庁的な取り組み体制の構築および情報管理・共有方策を講じること、今後の公共施設等の管理に関する基本方針を記載すること、計画の進捗状況等についての評価の実施について記載すること等が示されている。計画策定に要する経費について特別交付税措置（措置率1／2）が講じられた。2017年度には、公共施設等適正管理推進事業債が創設され、長寿命化、転用、除却、立地適正化等への地方債が認められている。

関連用語：インフラ長寿命化基本計画、立地適正化計画

公共施設マネジメント（白書）

公共施設マネジメントとは、公共施設の建築年、面積、構造など建築物の保全管理に必要な静的な情報だけでなく、施設の管理運営に要するコスト、利用状況といった動的な情報も含め、データの把握や施設間比較を可能とすることで、市民と行政が、施設の存続・統廃合の判断、運営体制の見直し等の議論を共有化して、公共施設の更新優先順位、再配置計画の検討等を行うこ

とである。また、そのデータブックとして公共施設マネジメント白書や公共施設白書がある。土地、建物等に対して、経営的視点に基づく設備投資や管理運営を実施してコストの最小化や施設効用の最大化を図るファシリティマネジメントを推進するための基礎資料として極めて有効である。

先進事例として、神奈川県秦野市や千葉県習志野市が知られている。

関連用語：PRE／CRE（戦略）、公会計改革

公募型プロポーザル方式

公募型プロポーザル方式とは、事業の提案を公募し、最優秀提案者を優先交渉権者とする方式。交渉の結果、当該提案者と契約することが原則となる。形式的には随意契約であり、地方自治法上の随意契約の要件（地方自治法第234条第２項、同施行令第167条の２第１項各号）を満たす必要がある。

手続きを透明かつ公平に運用することで、競争力のある優れた提案を誘導することができる方式であり、設計業務が含まれる案件で採用されることが多い。

関連用語：総合評価一般競争入札

公民合築施設

公共施設と民間施設とを組み合わせて多用途一建物として設計・建設する施設のことをいう。合築により管理運営の効率化が図られるほか、公共施設の集客能力と民間施設の魅力付けの相乗効果による施設全体の付加価値向上、ひいては地域経済への波及効果が期待される。岩手県紫波町の塩漬けになっていた10.7ヘクタールの土地を公民連携で開発するオガールプロジェクトの中でこの手法が使われている。

ただし、複数所有者による合築は区分所有建物となるため、区分所有者間の管理運営修繕に対する考え方の調整や将来の建て替え時の合意形成などに留意が必要である。

関連用語：PRE／CRE（戦略）

国家戦略特区

日本企業の国際競争力強化と世界一ビジネスをしやすい環境をつくることを目的に、経済社会分野の規制緩和などを重点的・集中的に進めるための特区。これまでの特区が地方からの提案を受けて行われているのに対し、国主導で進められている。あらかじめ改革を検討する事項が示され、各特区でそれに沿ったプログラムを提案、実施する。まちづくり、医療、雇用、観光、農業等の分野についての検討が行われている。提案のうち、構造改革に資すると考えられるものは、構造改革特区として認定する。構造改革特区の規制の特例措置についても、計画が総理大臣の認定を受ければ活用することができる。

これまでに、東京圏、関西圏、新潟市、兵庫県養父市、福岡市、沖縄県などをはじめ10都市（圏）が指定されている。

また、AIやビッグデータをはじめ新技術を活用した最先端都市「スーパーシティ」構想の実現に向けた検討が進んでいる。

コンセッション（公共施設等運営権）

コンセッションは、ヨーロッパをはじめ

公共施設の整備・運営に関わるPPPの手法として活用されているもの。公共施設の整備・運営において、民間事業者に事業実施に関わる開発・運営等の権利を付与し、民間事業者が民間資金で公共施設を整備し、利用料収入から事業収益を得て独立採算で施設運営を行う事業方式をいう。ヨーロッパでは水道事業をはじめ、橋梁整備、有料道路建設等の幅広い分野でコンセッション方式のPPP事業が実施されている。

わが国では、2011年の改正PFI法で公共施設等運営権が創設された。公共施設等運営権は、譲渡や抵当権の目的となるとともに物権としてみなし、その取り扱いについては不動産に関する規定が準用されることとなっている。

2013年６月には、「公共施設等運営権及び公共施設等運営事業に関するガイドライン」が公表された。ガイドラインでは、運営権対価の算出・支払方法等、更新投資・新規投資の取り扱い、事業者選定プロセス、運営権の譲渡・移転等、事業終了時の取り扱い等について、制度運用に関する基本的な考え方が解説されている。

公共施設等運営権制度は、利用料金を徴収する施設に適用できること、抵当権の設定や譲渡が可能となること、事業期間中で減価償却が可能であることなど、インフラを含む公共施設を民間が包括的に運営する際にメリットがある制度となっており、今後の活用が期待されている。

空港では、仙台空港、関空・伊丹・神戸空港、高松、静岡、福岡、北海道７空港、広島空港で導入が進んでいる。道路分野では、愛知県道路公社の所有する路線で民間事業者による運営が始まっている。また、重点分野に指定されている上下水道でも検討が進んでいる。静岡県浜松市の下水道事業、高知県須崎市の下水道事業、熊本県有明・八代工業用水道、宮城県の上工下水一体運営事業でも事業が始まった。神奈川県三浦市の下水道事業が23年度から始まる予定。

2022年６月に改訂された「PPP/PFI推進アクションプラン」では、コンセッション事業は新型コロナウイルス感染症の拡大を受け、官民でのリスク分担の新しい手法として、プロフィット・ロスシェアリング条項、運営権対価支払方法の見直しなどを検討するとした。

関連用語：PFI、アフェルマージュ、インフラファンド

コンバージョン／リノベーション

採算性や収益性など不動産の存在価値を見直し、有効活用する場合に採用する手法の一つで、躯体は解体せずに、設備や仕様に手を加え、建物の「利用」「用途」を変更すること。コンバージョンは用途変更を伴う改修、リノベーションは必ずしも用途変更を伴わない改修のことを指すのが一般的である。

スクラップアンドビルド（解体&新築）では採算が合わない場合、既存建物に保存すべき価値のある場合、あるいは解体すると同じものを建てられない場合などに活用される。例えば、建物オーナーから一括で借り受けて、建物をコンバージョンすることにより、テナント収入を増加させることも考えられる。家守（やもり）事業や商店街再生など、自治体や民間の不動産活用戦略のメニューの一つである。

関連用語：家守（やもり）

サービス購入型／独立採算型／混合型

PFI事業は、民間事業者の収入の源泉によって、以下の3つの方式に分けられる。

サービス購入型とは、PFI事業者が整備した施設・サービスに公共主体が対価（サービス購入料）を支払うことで、事業費を賄う方式。公共主体からあらかじめ定められたサービス購入料が支払われるため、安定的に事業を行うことができる。

独立採算型とは、PFI事業者が整備した施設・サービスに利用者が料金等を支払うことで、事業費を賄う方式。同方式の場合、利用者の増減によりPFI事業者の収入が影響を受ける等、PFI事業者が長期にわたり大きな事業リスクを負担することになる。

混合型とは、独立採算型とサービス購入型を組み合わせて、利用者による料金等とサービス購入料により、事業費を賄う方式。「ジョイント・ベンチャー型」ともいわれ、官民で応分のリスク負担を行う意図がある。

これまでのPFI事業はサービス購入型が多数を占めてきたが、厳しい財政状況の中、公共主体の支出を伴わない独立採算型や混合型を推進するとともに、サービス購入型でも指標連動方式や包括化など財政負担を圧縮する方法を工夫していく必要があると考えられている。

関連用語：PFI、指標連動方式

債務負担行為

自治体において、議会の議決により、予算内容の一部として契約等で発生する将来の一定期間、一定限度の支出負担枠を設定すること。PFIなどでは民間に長期の契約履行義務を課しているので、民間の立場を安定させるとともに、契約上対等の権能を持つためには必須の手続きである。

現金支出を必要とするときは、改めて歳出予算に計上し現年度化を行う必要がある。継続費と異なり弾力的な財政運営が可能なため、事業期間が複数年度にわたる公共事業等で広く活用される。地方自治法第214条に規定。国が債務を負担する場合には、「国庫債務負担行為」になる。

市場化テスト

公共サービスの提供を、官と民が対等な立場、公平な条件のもとで入札し、価格と質で優れた方が行う制度。競争原理を持ち込むことで、コスト削減や質の向上などが期待されている。英国サッチャー政権が1980年代に導入した「Compulsory Competitive Tendering（CCT）」に起源があり、米国、オーストラリアなどでもすでに導入されている。わが国では2006年「競争の導入による公共サービスの改革に関する法律」（通称「公共サービス改革法」）により導入された。

同法では、特例として民間に委託できる特定公共サービスを定めうるものとされ、現在、住民票交付業務などが指定されている。市場化テストには、官民競争入札および民間競争入札がある。官民競争入札は、「官」と「民」が対等な立場で競争入札に参加し、質・価格の両面で最も優れたものがそのサービスの提供を担う仕組み。民間競争入札は、「官」が入札に参加せず、「民」のみで入札を行うものを指す。通常の業務委託と同じであるが、市場化テストの枠組みで実施することで、公平性、透明性が担保される。

導入決定事業数は430事業で、コスト削減額は年224億円、約24％の削減効果である。

自治体財政健全化法

地方公共団体の財政状況を統一的な指標で明らかにし、財政の健全化や再生が必要な場合に迅速な対応をとるための「地方公共団体の財政の健全化に関する法律（いわゆる自治体財政健全化法）」が2009年４月に全面施行され、４つの指標（実質赤字比率、連結実質赤字比率、実質公債費比率、将来負担比率）の算定と公表が義務付けられた。従来の制度との違いは、①財政再建団体基準に加えて早期健全化基準を設け、早期健全化を促す仕組みを導入したこと、②一般会計を中心とした指標（実質赤字比率）に加え、公社や三セクも含めた地方公共団体全体の財政状況を対象とした指標（連結実質赤字比率）を導入したこと、③単年度のフローだけでなくストックに注目した指標（将来負担比率）を導入したこと、④情報公開を徹底したこと、⑤地方公営企業についても、指標（資金不足比率）を導入し経営健全化の仕組みを導入したこと、などがある。

指定管理者制度

民間企業、NPO等が公の施設（住民の利用に供する目的で自治体が設置する施設。当該自治体による所有権、賃借権の取得など条件がある）を管理できるようにした制度。2003年の改正地方自治法で導入され（地方自治法第244条の２)、2021年４月１日時点で全国で７万7537件の導入例がある。

旧管理委託制度は、公の施設の管理は公共団体（財団法人、公社等）や公共的団体（産業経済団体、自治会等）などに限られていたが、同制度の導入により、民間企業やNPO等による管理も可能となった。利用料金制度の適用も可能で、指定管理者の創意工夫で得た利益は、経営努力へのインセンティブとすることもできる。こうした仕組みにより、施設利用率向上などの効果が上がる事例も見られるが、一方で、指定管理者の硬直化（以前からの管理団体が継続的に受託するケース）などの弊害も指摘されている。

関連用語：利用料金制度

シティ・マネジメント／シティ・マネジャー

シティ・マネジメントとは、自治体運営の経営手法もしくは経営的手法を導入すること一般を指す広い概念であるが、具体的には自治体を経営組織として捉えて地域の客観的データを分析し、公共施設インフラ・マネジメントやファイナンスマネジメント等の多様な民間的経営手法を導入し政策を立案・実行していくことを指す。米国ではシティ・マネジメントの主な担い手として６割以上の市で市長または議会が任命するシティ・マネジャーが置かれている。

指標連動方式

民間事業者に公共サービスの提供を委託する際に、事業の成果指標を設定してその達成状況に連動して支払額が変動する方式。PFIでは「アベイラビリティペイメント」などと呼ばれることもある。アベイラビリティペイメントは、その名の通りアベイラビリティ（利用可能性）に基づいて支払いが行われるもので、例えばPFI手法で建設した鉄道で施設が完成した時点でサービス購入料の一定割合（8割）が確約され、残りは施設が年間360日、営業時間の95％運行が達成された場合に支払いが行われ、実際の運行時間がこれを下回ると減額が行われるというような方法である。ソフト事業では、「成果連動型民間委託契約方式」と呼ばれている。現在、内閣府や国土交通省などが自治体とともに検討を進めている。受託者が指標達成することへのインセンティブが強く働くことが期待されるため、公共サービスの改善につながると考えられている一方で、達成状況が上回った場合のボーナスの設定や、事業者に達成を求める成果指標（KPI）の設定のあり方やその根拠となるデータの不足、減額する金額の妥当性など課題もある。

関連用語：PFI（Private Fiance Initiative）、サービス購入型／独立採算型／混合型、成果連動型民間委託契約／Pay for Success（PFS）

シビル・ミニマム

ナショナル・ミニマムに加えて地方自治体が確保する最低限度の生活環境基準である。松下圭一著『シビル・ミニマムの思想』により理論化された造語。都市間でレベルの引き上げ競争が激化し、結果として今日の財政悪化の一因となったと考えられる。

関連用語：ナショナル・ミニマム、大きな政府

市民参加

市民参加とは、市民が地域的公共的課題の解決に向けて、行政や社会等に対して何らかの影響を与えようとする行為で、ここでいう市民は、在住者だけでなく在勤者・在学者も含め広範な視点で捉えられることもある。日本における住民自治の原理に基づく行政参加権としては、首長選挙権、首長等解職請求権、条例制定・改廃請求権、事務監査請求権、住民監査請求権、住民訴訟権、情報公開請求権、住民投票権等があり、2000年の地方分権一括法施行に至る議論を含めた地方分権改革以降、多くの自治体で市民参加に係る条例が定められるようになった。

PPPとの関連においては、官が、市民の意向を十分に把握せずにサービスの内容や提供方法を決めることによって生じるミスマッチ（官の決定権問題）を回避するために、官の意思決定の前提として、無作為抽出の市民アンケートにより市民の意向を確認することや、特定の公共サービスやボランティア団体等の活動を指定してふるさと納税等を行うことも市民参加の一種と捉えている。

世界的には、国際市民参画協会（IAP2）がまとめた市民参加のスペクトラムが広く使われている。これは、市民参加の目的や手法を市民参加の度合いで5段階に整理したもの。行政が一方的に決定や情報を伝える「情報提供（Inform）」、市民の意見を聞く「意見聴取（Consult）」、市民の意見を聞きそれを施策等へ反映させる「意見反映（Involve）」、市民とともに解決策や代案等

を検討する「共同決定（Collaborate）」、市民に決定の権限を持たせる「権限移譲（Empower）」に分けられている。

市民資金

税金とは異なり、市民の意思で公共サービスに拠出される資金。寄付・地方債（住民参加型市場公募債等）の購入出資等を含む。特徴として、①市民を中心に、企業・団体も含め、幅広い対象から資金の提供を得ること（資金提供者の広範性）、②市民自ら共鳴する公益性の高い公共サービス等に資金が活用されることを前提とすること（事業の特定性）、③市民等が自らの選択と責任のもと参加協力する主体的な意思を有していること（市民の参加意思）、④見返りとして社会的なリターンを含むものであること（社会的リターン期待）等が挙げられる。市民資金の活用により、市民が主体となった自立的な地域経営の実現がなされることが期待される。

関連用語：クラウド・ファンディング、マイクロファイナンス

事務の代替執行

自治体の事務の一部を他の自治体に管理・執行させること。2014年の地方自治法改正により可能になった。従来の事務委託制度では、当該事務についての法令上の責任・権限は受託した団体に帰属することとなっていたが、代替執行の場合は、法令上の責任・権限は委託する団体に帰属する。

主に、都道府県が、小規模で事務の管理・執行が困難な自治体の事務を補完することを想定しており、公共施設・インフラの維持管理等での活用が期待されている。受託した団体は、委託側が定めた方針を遵守して執行することとなる。紛争解決の手続きをあらかじめ盛り込んでいることも特徴である。

関連用語：連携協約

受益者負担

特定の公共サービスを受ける者に対して、享受した利益に応じた負担を求めることをいう。分担金、負担金、使用料、手数料、実費徴収金などの種類がある。財政学分野では、受益者負担の概念とともに受益者負担の基準（応益主義、応能主義）等に関して、多くの研究が蓄積されてきている。法的には、個別法（道路法61条、河川法70条、水道法14条、下水道法20条、都市計画法75条等）に規定があるにとどまり、一般的制度としては確立していない。

従来は、公共財源によって公共サービスを提供し、その費用負担は求めない、もしくは負担の程度を低く抑えるという考え方が一般的であったが、厳しい財政状況等に鑑み、財政の健全化・適切な財源配分等を目的として、見直しを行う動きが広がってきている。なお、地方自治法第224条は、特定の者または自治体の一部に利益のあることに対して分担金を徴収することができるとしていることから、大阪市は、現行法制のもとでBIDを導入した。2018年に地域再生法の改正により、「エリアマネジメント負担金制度」が創設された。

また、受益と負担のあり方を可視化し、公共サービスのあり方の見直しを行う手法として、事業仕分けの実施や、公共施設マネジメント白書や財政白書の作成が挙げら

れる。
関連用語：公共施設マネジメント（白書）、BID

成果連動型民間委託契約／Pay for Success（PFS）

内閣府が2020年3月27日に公表した「成果連動型民間委託契約方式の推進に関するアクションプラン」では「国又は地方公共団体が、民間事業者に委託等して実施させる事業のうち、その事業により解決を目指す行政課題に対応した成果指標が設定され、地方公共団体等が当該行政課題の解決のためにその事業を民間事業者に委託等した際に支払う額等が、当該成果指標の改善状況に連動するものを指す」と定義されている。ソーシャル・インパクト・ボンド（SIB）はその一例。成果を生み出す方法を、ノウハウを持つ受託事業者が自ら決定できることから、サービス向上やイノベーションの促進、複合的・総合的な課題解決、対症療法から予防策への転換などが図られる。アクションプランでは、①医療・健康②介護③再犯防止の3分野を重点分野とし導入マニュアルや共通のガイドラインを整備する。2022年度末に重点3分野での実施自治体数100団体以上を目標としている。

英国では2009年にSIBの導入が始まった。保健、福祉、ホームレス対策等に活用されている。英国内では、政府内の予算の配分などにも成果連動（Payment by Results）の考え方が導入され始めており、インフラ整備の際の成果に交付金を連動させるなどまちづくり分野にも応用されている。
関連用語：指標連動方式

性能発注／仕様発注

性能発注は、発注者側がサービスの満たすべき成果水準（要求水準）を規定する発注方式。性能発注では、仕様を自らデザインして提案するため、提案者の創意工夫の余地が大きく、業務効率化のインセンティブが働きやすい。一括発注が前提となるPFIでは、性能発注が求められている。

これに対し、発注者側が施設や運営の詳細仕様を策定する発注方式を仕様発注と呼ぶ。
関連用語：一括発注、包括民間委託、成果連動型民間委託契約／Pay for Success（PFS）

総合評価一般競争入札

総合評価一般競争入札とは、一定の参加要件を満たす者が公告により自由に参加できる一般競争入札の一種で、入札金額だけでなく、提案内容の性能の評価点を加味した総合評価値を求めて最高の者を落札者とする方式。国においては、1998年に導入の方針が示された後、1999年に試行が始まり、自治体においても、1999年の地方自治法改正（地方自治法施行令第167条の10の2）により可能となった。PFI事業では、本方式または公募型プロポーザル方式が原則となっている。PFI事業ではVFM（ここでは価値÷価格の意味ではなく、PSCとPFIの価格差の意味）の最大化を求めるものと考えられがちであるが、実際には総合評価値が最大化される。

評価の方法には、「性能評価＋価格評価」で採点する「加算方式」と、「性能評価÷価格評価」で採点する「除算方式」がある。
関連用語：PFI、PSC、VFM、公募型プロポーザル方式

第三の道

市場の効率性を重視しつつも国家の補完による公正の確保を志向するという、従来の保守－労働の二元論とは異なる第三の路線。いわゆる資本主義と社会主義という思想や政策を超える新しい路線の一つである。「第三の道」は英国の労働党ブレア元首相が説いたことで知られるが、英国の社会学者アンソニー・ギデンズが著書『第三の道』において体系化し、同書では「(第三の道とは) 過去20～30年間に根源的な変化を遂げた世界に、社会民主主義を適応させるために必要な、思考と政策立案のための枠組みである」(P.55) と述べている。1990年代のヨーロッパ中道左派政権の誕生に影響を与えた。ちなみに、第一の道は福祉国家、第二の道は新自由主義国家路線をいう。
関連用語：大きな政府、小さな政府

ダイレクト・アグリーメント

PFI事業において、国・自治体等と金融機関の間で直接結ばれる協定。契約当事者であるSPC（特定目的会社）が破綻した場合等に備えて、SPCを介した間接的な契約関係にある両者の権利と義務を明確化することで、公共サービスが継続できるようにする趣旨。
関連用語：PFI、プロジェクト・ファイナンス（project finance）

地域密着型金融（リレーションシップバンキング）

金融機関が顧客との間で親密な関係を長く維持することにより顧客に関する情報を蓄積し、この情報を基に貸出等の金融サービスを提供することで展開するビジネスモデルである。資金の貸し手は借り手の信用リスクに関する情報を当初十分有していない（情報の非対称性が存在する）ことから、貸出に当たっては継続的なモニタリングなどのコスト（エージェンシーコスト）を要する。一方、借り手との長期継続関係を築くことにより、借り手の財務諸表等の定量情報からは必ずしも得られない定性情報を得ることができるため、貸出に伴う信用コスト等の軽減が図られることに着目している。地域金融機関は、地域と密着した関係を生かして地域経済活性化や地域再生の支援機能を担うことを求められる。

2016年10月には、「平成28事務年度金融行政方針」が公表され、過去の厳格な資産査定を中心とする監督・検査からの方針転換が示された。主な内容は、規制の形式的な遵守よりも、実質的に良質な金融サービスのベスト・プラクティスを重視すること、過去の一時点の健全性の確認より、将来に向けたビジネスモデルの持続可能性等を重視すること、特定の個別問題への対応より、真に重要な問題への対応ができているかを重視すること。その一環として、金融機関が企業の財務指標を中心とする融資判断を行い、信用力は低くても事業の将来性・持続性が高い企業へ融資をしない「日本型金融排除」が生じていないかについて企業ヒアリング等により実態把握を行うことが盛り込まれた。

2020年11月27日には、地銀の統合・合併を後押しするため、独占禁止法の適用除外とする特例法が施行された。

小さな政府

第二次世界大戦後の先進各国における福祉国家政策による財政支出の拡大の反省から、市場メカニズムが効率的資源配分を実現することを前提とし、政府が行うべきことは、市場が対応できない領域に限定すべきであり、政府の役割は小さく、最低限のセーフティーネットに限定すべきであるという市場原理的国家の概念。

関連用語：NPM、大きな政府、シビル・ミニマム、第三の道、ナショナル・ミニマム

地方創生

地方創生とは、地方において「しごと」を作り出すことによって「ひと」を呼び込み、「ひと」が新たな「しごと」を作り出す「好循環」を確立することで、地方への新たな人の流れを生み出し、「まち」に活力を取り戻すことを目的としている。2014年12月にまち・ひと・しごと創生法と改正地域再生法が成立した。まち・ひと・しごと創生法では、2060年に1億人程度の人口を確保するという国の「長期ビジョン」と5カ年の政策目標である「総合戦略」を策定。これを基に各自治体が2060年までの「人口ビジョン」と5カ年の「地方版総合戦略」を定めることを求めている。地方版総合戦略では、実現すべき成果について数値目標を設定し、各施策についても客観的な重要業績評価指標（KPI）を設定するよう求めている。

地域再生法は、自治体が雇用の創出や地域経済の活性化のための取り組みを定めた「地域再生計画」を策定し、内閣総理大臣の認定を受けることでさまざまな支援措置を受けられるようにするもの。これまで、各省庁の事業の隙間になっていた事業に対して支援を受けられるようになった。

関連用語：KPI

定期借地権

借地権には、期限内で必ず契約が終了する定期借地権と期限の定めだけでは終了しない普通借地権がある。定期借地権は1992年8月に施行された借地借家法により制度化されたもので、①一般定期借地権、②建物譲渡特約付借地権、③事業用定期借地権の3つの種類がある。普通借地権に比べ、契約期間の更新がない、立退料が不要、建物の買い取り請求ができない等の点で借地人の権利が弱まり、土地所有者が土地を貸しやすい制度といえる。

香川県高松市丸亀町商店街の事例のような民間主導型の再開発や、自治体保有地を利用した公共施設等整備などにも活用されており、地域再生やまちづくりのツールの一つとして期待される。

ナショナル・ミニマム

イギリスのS.J.ウェッブ、B.ウェッブ夫妻が1897年に著書『産業民主制論』において提起したもの。国家が国民に保障する生活保障の水準であり、国民に保障された全国一律での福祉の最低限の水準を表す。日本における根拠は、憲法第25条に規定する

「健康で文化的な最低限度の生活」であり、それを法律として具現化したものが、生活保護法などである。したがって、国はもちろんのこと、地方自治体も、独自の判断でナショナル・ミニマムを下回ることはできないと考えられる。
関連用語：シビル・ミニマム、大きな政府

ネーミングライツ（naming rights）

命名権。主に施設などにおいて、スポンサー名等を冠する権利。施設の建設・運営資金調達のための長期的に安定した収入を確保し、公共施設の自立的経営に寄与することを狙いとして導入されている。2003年の味の素スタジアム（東京スタジアム）が公共施設として本邦初の事例で、各地へ広がっている。一方、ネーミングライツの普及により「目新しさ」が薄れ、交渉が難航する事例も発生している。また、近年ではネーミングライツの対象自体の提案を求める事例もある。

パークPFI（Park-PFI）

公募設置管理制度。2017年６月の都市公園法の改正により、創設された。従前からあった、民間事業者等が「公募対象公園施設」を設置・管理できる「設置管理許可制度」では、設置許可の上限が10年だったものを、パークPFIでは上限20年と延長したほか、公園内に設置できる施設の建ぺい率の特例を定めた。民間事業者が公園内での収益活動から得た収益の一部を公園整備、維持管理等に還元してもらい利用者サービスを向上させる。また、都市公園法の改正により公園内への保育所等の社会福祉施設の設置が全国で可能となった。「PFI」という名称だが、PFI法に基づく事業ではなく、SPCの設置や議会の承認は必ずしも必要ない。また、政府は同様の手法を港湾緑地、漁港、河川敷地にも導入するために関連法令の改正を行っている。

バランスバジェット

自治体の単年度収支を赤字とせず均衡させること、もしくはそれを義務付ける法的枠組み。米国では、1980年代の財政赤字拡大を機に85年に連邦法として制定された財政均衡及び緊急赤字統制法（グラム＝ラドマン＝ホリングス法）が有名。

その後、大半の州ではそれぞれ収支均衡（バランスバジェット）制度が規定されている。またその一環として自治体の格付けが資金調達に影響することから、公債費の管理が厳しく行われている（例えば、フロリダ州では一般財源の7%が上限）。さらに自治体によってはバジェットオフィサー（予算編成責任者）が１名または複数任命され、歳入増加（増税、資産売却など）、歳出圧縮の方法や影響などを具体的に分析し専門的な知見から市長・知事やシティ・マネジャーに選択肢を提案している。

普通財産

公共団体が所有する土地や建物などの不動産などの財産のうち、行政の事務事業として供するもの、あるいは公共サービスとして市民が利用するものを行政財産といい、それ以外のものを普通財産という。行政財産では、売却・貸付・譲与・信託・私権の設定等は原則として認められていないが、普通財産には制約がない。このため、近年の自治体財政の逼迫等により、民間への売却のみならず、定期借地権方式による賃貸や別の行政目的での活用など、利活用を進める動きが顕著にみられる。
関連用語：行政財産

プライマリーバランス（primary balance）

基礎的財政収支。国債・地方債の元利払いを除いた歳出（一般歳出）と国債・地方債等の借入金を除いた歳入（税収など）との差によって、国・地方の財政状況を表す指標。均衡している場合、当該年度の政策的な支出を新たな借金（起債等）に頼らずに、その年度の税収等で賄っていることを示す。赤字ならば債務残高が拡大することになり、黒字ならば債務残高が減少する。

プロジェクト・ファイナンス（project finance）

企業全体の信用力に依拠して行う資金調達（コーポレート・ファイナンス）ではなく、ある特定の事業から生み出されるキャッシュフローおよびプロジェクト資産のみに依拠して行う資金調達手法のこと。当該事業のみを担う特定目的会社（SPC）を組成し、当該SPCが資金調達（例：金融機関からの融資）を行うのが一般的である。また、資金の返済義務がSPCの株主企業などに遡及しない点（ノン・リコース）が特徴である。

プロジェクト・ファイナンスでの資金調達が可能となる要件として、融資期間中における当該事業の確実な需要が見込まれること、当該事業から得られるキャッシュフローの安定性が見込まれること、さまざまな事業リスクの分析とリスクが顕在化した場合の対応策の検討が行われていること、それらの対応策に実効性が認められること、といった点が考えられる。主な対応策としては、収入安定化、優先劣後関係、メザニンの導入が挙げられる。

収入安定化の例としては、事業期間中における確実かつ安定した需要を確保すべく需要先（例：行政、メインテナント）との長期契約の締結、リスク分担およびリスクが顕在化した際の対応策の明確化、一定の収入保証や各種保険契約の締結が挙げられる。優先劣後関係とは、資金調達をいくつかの階層に分け、金利は低いものの償還確実性の高い部分（トランシェ）と、償還確実性は低くなるが金利が高い部分を作り出すことにより、資金の出し手の多様なニーズに対応し、資金調達の円滑化を図ることである。メザニンとは、シニアローン（優先ローン）に対する劣後ローン、普通社債に対する劣後社債、普通株に対する優先株のように、弁済の優先順位が中位となる（リスクが高くなる分、金利は高くなり配当は優先される）ファイナンス手法の総称であり、英語の中２階が語源である。

ペナルティ

取引開始後の情報の非対称性を利用して、代理人が、依頼人の望んだ行動をしない（モラルハザード）場合に、報酬を払わない、あるいは罰金を科すなどすること。代理人が依頼人の望んだ行動をしているかどうかを監視する（モニタリング）こととセットで行われる。PFIでは、ペナルティを数値化して一定以上の水準に達した場合には、契約でサービス購入料の減額や契約解除といった事項を定めることがある。
関連用語：モラルハザード、モニタリング、インセンティブ、KPI

包括民間委託

公共サービス型PPPの一形態。公共サービス（施設の管理運営など）にかかわる業務を包括的・一体的に民間主体に委託する形態。複数年契約で性能発注とするのが一般的である。委託した業務にかかるコストは、行政が委託費として民間主体に支払う。個別の業務委託に比し、重複業務にかかるコストが軽減されるとともに、民間主体のノウハウも発揮しやすくなるという利点がある。上下水道事業、工業用水道等における活用が進んでいる。また、最近では、一定の地域内の道路・橋りょう等のインフラ、または、多数の公共建築物を対象とする包括委託の事例も登場している。2014年に改正された公共工事品質確保促進法で列挙された多様な入札契約方式には「地域における社会資本の維持管理に資する方式（複数年契約、複数工事一括発注、共同受注）」が盛り込まれ、今後、包括的民間委託の拡大が期待される。

米国サンディスプリングス市における行政運営全般を一括して委託する方式なども指す。
関連用語：性能発注／仕様発注

マイクロファイナンス

低所得者層を対象に、小口の信用貸付や貯蓄などのサービスを提供し、零細事業を興し、自活していくことを目指す金融サービス。これらの層は、物的担保もなく、必要とする資金額も少額であるため、一般の銀行からの融資を受け難い。これに対して、マイクロファイナンスは、①少額の融資を行い、②無理のない返済計画を設定、③担保や保証人を求めない代わりに利用者が小グループを形成する連帯責任制や、④事業のアドバイスや支援を銀行が実施するなど、回収リスクを抑え金融事業として成立させている。2006年にはバングラデシュのグラミン銀行とその創始者であるムハマド・ユヌス氏がノーベル平和賞を受賞したことでも知られている。

日本国内においては、上記の①～④の条件に全て合致するマイクロファイナンスの事例は見られないが、地域再生やメンバー間での相互経済援助を目的としたコミュニティファンドやNPOバンクの事例が存在する。
関連用語：市民資金、クラウド・ファンディング

民営化

公企業を株式会社化して民間資本を導入すること。国の公社、公団、事業団、公庫、自治体の公営企業を民営化することを指すことが多い。民間の活力を部分的ではなく全面的に活用することにより、サービスの質の向上、財政負担の軽減（もしくは売却益の確保）の効果を期待する。

民間提案制度

日本国内における「民間提案制度」としては、PFI法に位置づけられた民間提案制

度と各自治体が独自に実施している民間提案制度がある。PFI法に位置づけられた民間提案制度は、2011年6月に改正されたPFI法第6条に実施方針の策定の提案として位置づけられている。改正前のPFI法でも、民間発意による事業提案は可能であったが、ほとんど活用されてこなかった。こうした点から改正PFI法では、民間発意による事業提案について行政サイドで必ず検討し、その結果を提案事業者に通知しなければならないこととなった。これにより、民間事業者からの発意を促し、PFIの活用が増えることが期待されている。改正PFI法では、改正前のPFI法で明文化されていなかった手続きの一部が具体化され、2013年6月に公表された「PFI事業実施プロセスに関するガイドライン」において、具体的なプロセスが示されている。

これまで千葉県我孫子市をはじめ各自治体が独自に実施してきた民間提案制度を参考に、内閣府、総務省、国土交通省は2016年に「PPP事業における官民対話・事業者選定プロセスに関する運用ガイド」をまとめ、公表した。マーケットサウンディング型、提案インセンティブ付与型、選抜・交渉型の3つの類型について、先進自治体の事例や留意点、一般的なプロセスなどを示した。内閣府は2022年11月に「公共調達における民間提案を実施した企業に対する加点措置に関する実施要領」を策定し、ボーナス付与のあり方を示した。

関連用語：PFI、競争的対話／競争的交渉

モニタリング（monitoring）

依頼人の望んだ行動を代理人がとるように監視すること。モニタリングの結果、代理人が望ましい行動をしていなければ報酬を払わない、あるいは罰金を科す（ペナルティ）などの対応を行うことにより問題が解決できる。

例えば、PFIでは、事業者自身、発注者、第三者によるモニタリングが行われ、指定管理者制度でも同様の形が踏襲されつつある。モニタリングが行き届かないと、万一、手抜き工事や契約内容とは異なる運営がなされていてもそれを見つけることが困難となり、市民サービスの質の低下を招くことにつながり、行政側の責任も問われることとなる。

他方で、モニタリング費用が膨らみすぎると、結果としてVFMが確保できないことも想定される。かかるモニタリングコスト削減効果を期待し、KPI（重要成果指標）を導入する試みもみられる。

関連用語：モラルハザード、ペナルティ、KPI、VFM

モラルハザード（moral hazard）

代理人が依頼人の望む行動をしないこと。依頼人と代理人の利害が一致しない場合であって、依頼人が代理人の行動を把握できない（取引開始後の情報の非対称性の存在する）場合に引き起こされる。PPPでは、官（依頼人）と民（代理人）との間で起きるモラルハザードの防止のために、契約により、民が官にとって望ましい行動をするように誘因（インセンティブ）を与える、官が民の行動を監視し（モニタリング）、民が望ましい行動をとらない場合の罰則（ペナルティ）を規定することが必要である。

関連用語：モニタリング、インセンティ

ブ、ペナルティ

家守（やもり）

都市活動が衰退した地域において、行政や地域住民と連携し、空きビルや空き地、閉鎖した公共施設などの遊休不動産を所有者から借り上げ、改修や用途の転換等を行いその地域に求められている新たな経済の担い手を呼び込むことで、地域経済の活性化やコミュニティの再生を目指す民間事業者のこと。江戸時代に不在地主の代わりに店子の家賃管理など長屋内の諸事に携わり、地域の他の家守と連携して地域全体のマネジメントも行っていた職業に由来する。その仕事は賃貸借管理だけでなく、テナント募集戦略の企画立案、仲介、改修工事、資金調達、テナントへの指導助言、まちづくりへの貢献など広範囲にわたる。
関連用語：コンバージョン／リノベーション

優先的検討規程／ユニバーサルテスティング

2015年12月15日に開催されたPFI推進会議において「多様なPPP/PFI手法導入を優先的に検討するための指針」が決定されたことを受けて、国の各機関と都道府県ならびに人口20万人以上の地方公共団体に対し、2016年度末までに「優先的検討規程」を定めるよう要請した。同指針で示した対象事業は、「建築物またはプラントの整備に関する事業」や「利用料金の徴収を行う公共施設の整備・運営に関する事業」でかつ「事業費の総額が10億円以上」または「単年度の運営費が１億円以上」の事業。対象事業は、PPP/PFI手法の適用を優先的に検討するよう求める。各団体が策定する規程では、検討の手続きや基準などを示す。同指針の2021年改定版では、規程の策定を求める対象を人口10万人以上の団体へ拡大した。

優先的検討規程は、英国のPFI導入初期において採用されたユニバーサルテスティングと呼ばれる普及策を参考にした。ある事業をPFIで実施することが困難であると立証されない限り公共事業として実施できないとするルールで、公務員の意識改革に大きな効果をもたらした。

立地適正化計画

2014年８月１日施行の改正都市再生特別措置法に基づくもの。市町村が都市全体の観点から作成する「居住機能や福祉・医療・商業等の都市機能の立地、公共交通の充実等に関する包括的なマスタープラン」であり、現状の市町村マスタープランの高度化版と位置付けられている。居住を誘導する「居住誘導区域」や医療、福祉、商業等を誘導する「都市機能誘導区域」等を定める。本計画に位置付けられることで、都市機能立地支援事業、都市再構築戦略事業などの支援を受けることができる。2020年９月７日に施行された改正都市再生特別措置法では、激甚化する災害への対応として、居住誘導区域から災害レッドゾーンの原則除外、居住誘導区域内で行う防災対策・安全確保策を定める「防災指針」の作成を定めた。また、居住エリアの環境向上のため、居住誘導区域内において、住宅地で病院・店舗など日常生活に必要な施設の立地を促進する制度の創設、都市計画施設の改修を立地適正化計画の記載事項とした。
関連用語：インフラ長寿命化基本計画、公共施設等総合管理計画

補足）公共施設等総合管理計画と立地適正化計画の関係

PPP研究センターでは、公共施設等総合管理計画と立地適正化計画の背景は共通であり、記載すべき内容も相当部分重複しているので、地方公共団体にあっては、矛盾が生じないよう両者を一体的にもしくは相互に連携しながら検討することが不可欠であると考えている。

利用料金制度

公の施設の使用料について指定管理者の収入とすることができる制度（地方自治法第244条の２第８項）。指定管理者の自主的な経営努力を発揮しやすくする効果が期待され、また、地方公共団体および指定管理者の会計事務の効率化が図られる。利用料金は、条例で定める範囲内（金額の範囲、算定方法）で、指定管理者が地方公共団体の承認を受けて設定することになる。また、指定管理者に利用料金を設定させず、条例で利用料金を規定することも可能である。利用料金制を採らない通常の公共施設では、条例により施設の利用料金が定められ、その料金は指定管理者が徴収を代行するものの、最終的には地方公共団体の収入となり、別途、管理運営に必要となる経費が指定管理者に支払われる。これは料金収受代行制度と呼ばれる。
関連用語：指定管理者制度

レベニュー債（Revenue Bond）

米国の地方債の一つで、指定事業収益債とも呼ぶ。自治体の一般財源ではなく、①電力・ガス・上下水道の公益事業、②高速道路や空港などの輸送インフラ事業、③住宅事業、病院事業などの分野において、特定のプロジェクトから得られる運営収益（キャッシュフロー）のみで元利金の支払財源を賄う。米国証券業金融市場協会（SIFMA）によると、2022年には総額2452億ドルのレベニュー債が発行され、米国地方債市場全体の62.8％を占めた。自治体の徴税権を裏付けとする一般財源保証債と異なり、仮にレベニュー債の対象事業を担う事業者が破たんした場合でも、自治体は債務を履行する必要がない。

一方、仮に自治体本体の財政が破たんした場合でも、レベニュー債の債権者は当該プロジェクトから優先的に弁済を受けることができるといった利点がある。米国ニューヨーク市が、野球場「ヤンキースタジアム」のチケット収入を裏付けとして発行したレベニュー債のように、収益性の高いプロジェクトを裏付けとすれば、一般財源保証債よりも低利で資金を調達できる場合もある。国内では、茨城県が外郭団体や第三セクターに対して債務保証を行っている借入金のリスクを軽減するために導入した「レベニュー信託」（県環境保全事業団を対象に100億円を調達、2011年６月）、「信託活用型ABL（債権流動化）」（県開発公社を対象に397億円を調達、2013年３月）があり、総務省も第三セクター改革の一環として導入相談を開始した。しかし、公営企業については現行の地方債制度でレベニュー債の発行を認めておらず、これは

変更していない。

連携協約

2014年の改正地方自治法（第252条の2）で創設された自治体間の新たな広域連携を促す制度。自治体は、他の自治体との間で連携して事務を処理するための基本的な方針と役割分担を定める連携協約を結ぶことができる。

従来の一部事務組合のような別組織を作る必要がないため、簡素で効率的な行政運営につながると期待される。また、従来の共同処理に基づく事務分担に比べ、地域の実情に合わせて連携内容を協議することができる。連携協約を全国の自治体に広めるため、一定の条件を満たす三大都市圏以外の政令市、中核市を地方中枢拠点都市として選定し、モデル事業を展開する。
関連用語：事務の代替執行

【執筆者プロフィール】

根本祐二

東京大学経済学部卒業後、日本開発銀行（現日本政策投資銀行）入行。地域企画部長等を経て、2006年東洋大学経済学部教授に就任。同大学大学院経済学研究科公民連携専攻長兼PPP研究センター長を兼務。内閣府PFI推進委員ほかを歴任。専門は地域再生、公民連携、社会資本。著書に『豊かな地域はどこが違うのか』（ちくま新書）、『朽ちるインフラ』（日本経済新聞出版社）ほか。

那須清吾

高知工科大学　経済・マネジメント学群　教授、大学院起業マネジメントコース長、社会マネジメントシステム研究センター長。

1981年東京大学工学部土木工学科卒業後、1990年カリフォルニア大学サンディエゴ校修士課程修了、1999年東京大学で博士号取得。1981年住友金属工業（株）、1986年本州四国連絡橋公団で長大橋の企画設計開発等を、1996年から国土交通省で幅広い行政を担当。2003年高知工科大学に移り、2004年文部科学省21世紀COEの代表研究者に、2008年内閣府主導の地域活性学会の設立理事となり、副会長を６年務めた。2012年株式会社グリーン・エネルギー研究所を起業し、現在は大学院起業マネジメントコース長。

松田浩

長崎大学名誉教授。

1982年九州工業大学大学院開発土木工学専攻修士課程修了、1987年工学博士（九州大学）。1982年から長崎大学工学部助手、講師、助教授を経て、2003年教授。1989～1990年ドイツ学術交流会（DAAD）研究員（シュツットガルト大学）。2007年からインフラ長寿命化センター長を兼任。2013～2019年副学長（情報担当）、（教学担当）、（産学連携担当）、2019～2023年工学部長、工学研究科長を歴任。2023年３月をもって長崎大学定年退職。土木学会、日本コンクリート工学会、日本鋼構造協会、日本工学教育協会、日本実験力学会、国際橋梁構造工学会（IABSE）などの活動に携わっている。

本田信次

富山市政策監。金沢大学法文学部法学科卒業後、富山市役所入庁。環境部長、企画管理部長を経て、2018年より現職。内閣府PFI推進委員会専門委員。

難波悠

東洋大学大学院教授。東洋大学大学院経済学研究科公民連携専攻修了。建設系の専門紙記者、東洋大学PPP研究センターシニアスタッフ及び同大学大学院非常勤講師、准教授を経て、2020年より現職。

公民連携白書 2023～2024
PPPの人材育成

2024年3月1日　初版発行

編著者　東洋大学PPP研究センター
発行者　花野井道郎
発行所　株式会社　時事通信出版局
発　売　株式会社　時事通信社
〒104-8178　東京都中央区銀座5-15-8
電話03(5565)2155　https://bookpub.jiji.com
印刷所　株式会社　太平印刷社

ISBN978-4-7887-1908-8 C0033　Printed in Japan

NOMURA

TAISEI 大成建設
For a Lively World

私たちは、公民連携
(Public/Private Partnership)の
普及を通じて、明日の世代に胸を張れる
地域の実現を支援しています

HULIC ヒューリック株式会社

鹿島
KAJIMA CORPORATION

株式会社共立ソリューションズ

鹿島道路

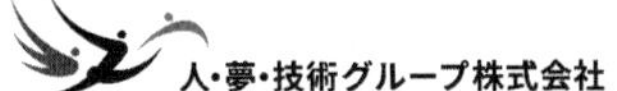

戸田建設

EJEC 株式会社 エイト日本技術開発